국제 이주의 정치학

국제 이주의 정치학

국경을 넘는 사람들이
우리의 삶과 정치를 어떻게 바꾸는가?

이병하 · 장승진 · 한경준 지음

푸른길

차례

머리말

필자들이 박사 학위 과정 중이던 2000년대 초반만 하더라도 '국제 이주의 정치학'은 정치학 내에서 다소 생소한 주제였다. 하지만 2000년대 중반을 거치면서, 이 주제가 정치학 내에서 점점 많이 다루어지기 시작하는 것을 여러 가지 차원에서 발견할 수 있었다. 우선 정치학 관련 학회에서 국제 이주를 다루는 패널의 숫자가 매년 증가하였다. 또한 국제정치, 정치경제학, 비교정치학, 여론 등 정치학 내의 다양한 연구 분야에서 국제 이주 현상을 각자의 이론적 관점에서 다루게 되었다. 점점 많은 대학원생이 이 주제에 대한 학위논문을 쓰기 시작했고, 자신의 연구에 이 주제를 접목하는 중견 학자의 수도 늘어났다. 따라서 이 시기를 거치면서 국제 이주와 관련해서 점점 많은 정치학 연구 결과들이 논문과 책의 형태로 출판되게 되었다.

이제 미국과 서유럽 등 많은 민주주의 국가의 정치는 국제 이주 현상과의 연관성 없이는 설명하기 힘들게 되었다. 1990년대 이후 각국의 정치 구조를 근본적으로 흔들어 놓은 극우 정치의 발현과 성장은 국제 이주에 대한 반발에 기반하고 있다. 이제 이 나라들의 유권자들은, 자신이 국제 이주에 대해 어떤 입장인지 그리고 각 정당과 후보자는 이에 대해 어떤 정책을 내어놓는지를 보고 자신들의 투표를 결정하기도 한다.

하지만 다른 주요한 정치적 사안들과 마찬가지로 국제 이주의 성격도 입체적이어서, 이를 단순한 찬성과 반대의 이분법으로 설명하기 힘들다. 국제 이주는 이민자들을 받아들이는 나라에 안보와 경제, 문화와 인권 등 다양한 영향과 함의를 불러일으키고, 때로는 이러한 가치들이 상충하기도 한다. 따라서 이민자들을 받아들이는 국가들은 이러한 가치들 사이에 조화로운 균형을 맞추어 가며 정책을 입안·실행해야 하는 어려운 상황을 맞이하고 있다.

몇몇 국가에서는 이민자들의 증가가 민족 소수자(ethnic minority)들의 증가로 이어져 민족 혹은 인종 집단들 사이의 인구 구조를 변화시켰고, 이는 경제적·사회적으로뿐만 아니라 정치적으로도 큰 함의와 영향을 불러일으켰다. 정치 행위자들은 한편으로는 이민에 대해 점점 부정적으로 변해 가는 여론을 신경 쓰지 않을 수 없지만, 다른 한편으로는 이민자들이 하나의 거대한 정치 집단이 되는 것 또한 무시할 수 없게 된 것이다. 또한 국제 이주는 국가들 사이에 새로운 협력의 기회를 만들기도 하였지만, 전에는 없던 갈등과 분쟁의 계기가 되기도 하였다. 특히 난민들과 미등록 이민자들의 이동은 관련 국가들 사이의 갈등을 자주 야기했으며, 이러한 다툼은 때로는 무력 충돌과 전쟁으로까지 이어지기도 하였다.

한국에서도 국제 이주가 하나의 주요한 정책적·사회적 사안으로 떠올랐다. 노동력 수급을 위해 외국인 노동자 유입을 확대하는 것이 인구 감소에 대한 적절한 대안인지에 대해 논의가 진행 중이다. 다문화 사회로 나아가는 길목에서, 이를 지원하는 정책과 사회적 합의에 대한 많은 고민이 이어지고 있다. 매년 십만 명 이상의 외국인 노동자들을 받아들이는 상황에서, 구체적으로 어떤 정책이 노동자들의 요구와 사업체들의 필요를 동시에 만족시키는 정책인지에 대한 질문이 끊임없이 제기되고 있다.

한국에서 국제 이주가 하나의 주요한 정치적 사안인지에 대해서는 필자들도 아직은 아니라고 판단한다. 선거에서 국제 이주와 관련된 사안이 주요하게 다루어진 적은 아직까지 없다. 주요 정당이 국제 이주를 주요하게 다루고 있지 않으며, 따라서 이에 대해 서로 의미 있게 차별화된 정책적 입장이 있는지조차 파악하기가 쉽지 않다. 유권자들 역시 정당이나 정치인에 대해 판단을 내릴 때 그들이 국제 이주에 대해 어떠한 입장인가를 고려하는 경우는 많지 않다고 본다.

국제 이주의 정치학

하지만 어떠한 나라들은 정작 국제 이주를 주요한 정치적 사안으로 다루어야 할 때가 왔을 때, 이를 예측하지도 못하고 미리 준비하지도 못해서 시행착오를 거치며 결과적으로 큰 정치적 혼란을 맞이하는 불운을 경험하기도 했다. 1990년대 초에 구 유고슬라비아로부터 많은 난민들이 서유럽 국가들로 유입되었을 때, 이들 국가의 주요 정당은 때로는 이 문제에 대한 언급 자체를 피했고 때로는 난민들을 포용할 것인가 배제할 것인가 갈팡질팡하는 모습을 보였다. 그리고 많은 국민은 이러한 모습을 적절하지 못한 대응으로 보았고, 결국 이는 극우 정당의 성장을 돕는 결과를 낳는 동시에 이후 많은 기존의 정당들이 쇠퇴의 길을 겪게 되었다.

따라서 우리는 어쩌면 '국제 이주의 정치'가 아직 부재한 상태에서 '국제 이주의 정치학'을 미리 고민하고 논의할 필요가 있을지 모른다. 한국보다 앞서서 국제 이주의 정치화를 경험한 국가들에서는 어떠한 일들이 있었고 그들은 어떻게 이에 대응하였는지를 알고 있게 된다면 한국도 비슷한 상황에 처했을 때 좀 더 효율적으로 그리고 조금이나마 정치적 비용을 줄이면서 이에 반응하고 대응할 수 있을 것이다.

이 책은 필자들의 이러한 문제의식에서 시작되었다. 국제 이주가 하나의 사회적 현상과 정책적 사안을 넘어서 정치적 사안이 되는 것이 과연 바람직한 현상인지, 아니면 우리가 피하고 싶은 미래인지라는 질문에 대한 대답은 이 책의 범위를 넘어선다. 하지만 그 일이 현실이 되었을 때, 이 책이 선례습지(先例習之)에 도움이 되기를 바랄 뿐이다.

이 책의 필자들은 국제 이주라는 공통된 주제를 놓고서 서로 다른 지역에서의 상이한 질문에 대해 연구를 진행하여 왔다. 이병하 교수는 주로 동아시아 국가의 이민정책에 대한 연구를 하며, 한국 정부의 이민정책에 대해서도 많은 조언을 하고 있다. 장승진 교수는 미국의 다양한 이민자 집단의 정치행태와 이들에 대한 여론을 연구했다. 한경준 교수는 국제 이주의 정치경제적 측면에 대해, 그리고 국제 이주가 서유럽의 정당정치에 어떠한 영향을 끼치는지에 대한 연구를 진행하여 왔다. 이 책은 국제 이주와 관련된 서로 다른 질문과 관점을 가지고 연구를 진행해 오던 세 사람이, 장승진 교수가 연구년을 맞아 한경준 교수가 근무하는 테네시대학교에 방문학자로 체류한 것이 계기가 되어 집필되었다. 공통의 주제를 서로 다른 질문과 관점을 가지고 접근하는 세 사람의 조합이 오히려 국제 이주라는 현상을 종합적으로 소개하는 작업에 적합할 것이라는 생각이 다행히 이렇게 결과물로 이어질 수 있었다.

　세 사람이 개별적으로 걸었던 학업과 연구의 여정이 이렇게 공동의 결과로 이어지는 것이 학문의 힘과 의미임을 느끼며, 앞으로도 국제 이주의 다양한 측면들에 대한 종합적인 이해를 위해 이러한 공동 작업이 계속해서 이어지기를 바란다.

2025년 7월
필자들을 대표해서 한경준

제1장

서론

이 책은 국제 이주 현상이 가져온 정치적인 영향과 함의를 소개하고 논의하는 데 그 목적이 있다. 따라서 이 장에서는 우선 국제 이주의 개념을 명확히 한 이후에, 국제 이주 현상과 관련된 용어 중 —의도하든 의도하지 않았든 간에— 서로 다른 함의를 내포하는 용어들에 대해 논의하고자 한다. 이후에 국제 이주 현상이 정치적 사안으로 대두하는 과정과 조건에 대해 논의하고, 마지막으로 이 책의 개요를 소개한다.

1. 국제 이주의 개념

국제 이주는 넓게 보았을 때 사람이 한 국가에서 다른 국가로 옮겨가는 행위를 의미한다. 하지만 우리는 이러한 행위 중 특정 조건을 만족시키는 경우에만 국제 이주라는 용어를 사용한다. 따라서 이 절에서는 국제 이주와 비슷하면서도 다른 의미를 가진 용어들과의 비교를 통해 국제 이주의 개념을 규정하고자 한다.

(1) 거주지의 변화 여부

국제 이주는 이주하는 사람의 거주지가 변하는 행위이다. 거주지가 변하지 않는 이동은, 비록 그것이 국경을 넘는 행위이더라도 '비이주 이동(non-migratory mobility)'이라고 부른다. 대표적인 경우는 여행이다. 다른 나라로 여행을 하는 것은 분명히 국경을 넘는 행위이지만, 기본적인 거주지가 변하는 행위는 아니다. 또한 국경 지역에 사는 사람들은 때때로 물건을 사기 위해 국경을 넘기도 하고, 어떤 경우에는 국경 너머의 국가에 취업을 해서 출퇴근을 하는 일도 있다. 이 역시 자신의 거주지는 변하지 않으면서 국경을 넘어 이동하는 경우이기 때문에 국제 이주가 아니라 비이주 이동으로 간주된다. 본 책에서는 이러한 비이주 이동은 논의 대상에서 제외한다.

(2) 이주의 범위

거주지가 변화하는 인간의 이동이 국가 간 국경을 넘는지 아니면 한 국가 내에서 일어나는지에 따라 국제 이주와 국내 이주를 구별할 수 있다. 한 국가 내에서 거주지가 변화하는 국내 이주의 대부분은 정치·경제·사회적으로 큰 영향을 가져오거나 함의를 주지는 않는다. 하지만 간혹 주요한 영향과 함의를 불러일으키는 국내 이주 현상도 발생한다. 국가 경제가 산업화를 겪으면서 농촌 지역의 인구가 도시로 이동하는 도시화 현상이 하나의 예일 것이다. 도시화는 농촌 지역과 도시 지역 모두의 경제적 구조를 바꾸고 주택 문제 등의 사회적 문제들을 일으킨다. 또한 도시 지역으로 이동한 사람들의 정치적 성향이 변화하면서 정치 지형에 변화를 일으킬 수도 있다.

또한 자연재해나 빈곤 등의 이유로 한 지역에 거주하는 대부분의 사람들이 그 지역을 떠나는 경우도 종종 발생하는데, 이를 이산(displacement)—혹은 실향—이라고 부른다. 이는 난민 현상과 마찬가지로 대규모의 집단이 자의와 상관없이 자신들의 터전을 떠나 다른 곳으로 이동하기 때문에, 비록 한 국가 내에서 다른 지역으로 이동한다고 해도 여러 가지 정치·경제·사회적인 결과들을 가져오기도 한다. 하지만 이 책은 국제 이주에 초점을 맞추기 때문에 이러한 국내 이수 현상들은 주요하게 다루지 않을 것이다.

(3) 이주의 방향

많은 한국인에게 '이주'라는 용어보다는 '이민'이라는 용어가 더 익숙할 것이다. 이주는 영어 'migration'의 직접적인 번역이고 이민은 영어 'immigration'의 번역이다. 그런데 영어를 기준으로 했을 때 'migration'은 위에서 설명한 것처럼 거주지가 변화하는 사람의 이동이라는 포괄적인 의미를 가지는 반면에, 'immigration'은 이주의 방향성을 전제하는 다소 협소한 의미를 가진다. 즉 특정 국가를 기준으로 그 국가로 들어오는 이주를 'immigration'이라고 지칭하고, 그 국가를 떠나 다른 국가로 나가는 이주를 'emigration'이라고 표현한다. 이처럼 영어 표현에서는 두 단어가 분명한 차이를 갖고 쓰이지만, 한국어에서는 이민이라는 하나의 단어가 'immigration'과 'emigration'의 두 가지 의미로 혼용되어 사용되곤 한다.

이 책은 국제 이주를 받아들이는 나라와 사회에서 발생하는 현상들에 초점을 맞추기 때문에 'emigration'과 관련된 사안들을 논의하는 경우가 많지 않고, 따라서 이주(migration)와 이민(immigration)을 거의 비슷한 의미로 사용한다. 즉 특정 국가로 사람들이 이주하여 들어오는 현상에 대해서 넓은 의미의 (국제) 이주라는 표현을 사용할 수 있지만, 많은 한국인 독자들에게 이민이라는 표현이 더 낯익을 수 있기에 문맥상 한 국가에 들어오는 이주 현상이 분명한 경우에는 이민이라는 표현을 사용하기도 할 것이다. 다만 예외적으로

'emigration'에 대해 논의하는 경우에는 이민이라는 표현과 함께 영어 표현을 병기하여 구분하도록 한다.

한 가지 추가적으로 언급할 것은 'immigration'이 이주의 방향성에 더해 거주국에서 영구적으로 거주할 의도를 갖고 이주하는 행위를 표현하기 위해 사용되는 경우가 있다. 아래 박스에서 설명하는 미국의 비자 체계가 이에 해당하는 예이다. 하지만 'immigration'을 이러한 의미로 사용하는 것은 영어를 사용하는 국가 중에서도 미국에만 해당하기 때문에, 이 책에서는 이민이라는 표현을 이주의 지속 기간이나 이민자의 의도와 무관하게 사용할 것이다.

(4) 이주의 지속 기간

어떤 사람들은 일시적으로만 거주할 의향을 가지고 다른 나라로 이주하지만, 다른 사람들은 영구적으로 거주할 의향을 갖고 이주하기도 한다. 이처럼 의도하는 이주의 지속 기간에 따라 일시적(temporary) 이민과 영구적(permanent) 이민으로 나눈다. 일시적 이민은 일정 기간 이후 이민자들이 다시 자신이 떠나온 국가로 돌아갈 의향이 있다고 간주되는 이주 행위로, 유학생과 단기 취업 이민자가 여기에 속한다고 할 수 있다. 영구적 이민은 이주한 국가에 영구적으로 거주할 의향이 있다고 판단되는 이주 행위로, 장기 취업 이민자와 가족 이민자—예를 들어 내국인의 직계 가족 신분으로 체류자격을 획득한 사람—가 그 예라고 할 수 있다.

미국의 비자는 크게 이민 비자(immigrant visa)와 비이민 비자(non-immigrant visa)로 나뉜다. 비이민 비자는 여행 비자, 학생 비자, 단기 취업 비자 등을 포함하며, 이 비자를 통해 오는 이민자들은 미국에 영구적으로 거주할 의향이 없다고 간주한다. 반면 이민 비자는 가족 비자와 장기 취업 비자 등을 포함하며, 이 비자를 통해 오는 이민자들은 미국에 영구적으로 거주할 의향이 있다고 간주한다.

이러한 구분은 이민자들을 받아들이는 행정 과정에 있어 매우 중요한 구분이 될 수 있다. 많은 국가의 비자 체계는 새로운 이민자들이 이주의 지속 기간에 있어 어떠한 의도를 가지고 있는지 구분하고 있다. 또한 내국인들도 이민자들이 영구적 거주 의향을 갖고 있다고 판단될 때와 일시적 거주 의향을 갖고 있다고 생각할 때, 이들에 대한 태도가 달라질 수도 있다. 예를 들어 제2차 세계대전 이후 미국과 서유럽 국가들이 노동력 부족 문제를 해소하기 위해 멕시코, 북아프리카, 중동 등에서 노동자들을 단기 계약으로 받아들였지만, 결국 이들 중 많은 사람들이 영구적으로 체류하게 되는 결과가 발생하자 각국의 정책과 여론은 국제 이주에 대해 부정적인 방향으로 돌아섰다. 따라서 이주의 지속 기간을 이해하는 것 역시 국제 이주의 정치적 측면을 이해하는 데 중요하다.

2. 용어의 정치학

국제 이주 현상을 둘러싼 용어 중, 어떤 경우에는 같은 대상을 표현하기 위한 용어가 복수로 존재하는 경우가 있다. 서로 대체 가능한 용어들을 별 의미 없이 다양하게 사용하는 경우도 있지만, 때로는 각각의 용어들이 서로 다른 함의를 가지는 경우도 있다. 또한 때로는 국제 이주 혹은 이민자들이 가지고 있는 특정한 측면을 강조하기 위해 용어를 선택적으로 사용하기도 한다. 따라서 본 절에서는 가치중립적으로 보일 수도 있는 용어가 경우에 따라 어떠한 의미들을 내포할 수 있는지, 또한 특정한 용어를 사용하는 것이 어떠한 의도하지 않은 결과들을 가져올 수 있는지를 논의하고자 한다. 단, 대부분의 용어가 영어 표현을 한국어로 옮겨온 단어들이기에, 각 용어가 내포하고 있는 의미를 논의할 때, 영어 표현이 가지고 있는 본래의 의미를 중심으로 할 것이다.

(1) 국제 이주에 개입된 국가들에 대한 용어

국제 이주는 사람들이 한 국가에서 다른 국가로 이동하는 현상이다. 따라서 국제 이주는 사람들이 떠나는 국가와 도착지가 되는 국가를 포함하는 현상인데, 이 두 국가를 칭하는 용어들이 다양하게 존재한다.

1) 본국(home country)과 목적국(host country)

이민자들을 받아들이는 나라를 'host' 국가라고 표현할 때 이민자들이 '손님(guest)'이라는 인상을 주게 된다. 이 경우 결국 이민자들이 그들이 현재 거주하는 나라의 온전한 일원이 아니라는 의미를 내포하게 된다. 그들의 법적 신분, 언어 능력, 혹은 사회적 통합의 정도와 상관없이 그들은 손님처럼 한 나라에 일시적으로, 또한 피상적으로 머무르며 존재하는 사람들이라는 인상을 줄 수 있다.

또한 '가족', '본래의'라는 의미로 해석될 수 있는 'home'이라는 단어를 사용하는 것은 결국 이민자들이 속하는 곳은 그들이 현재 거주하고 있는 나라가 아니라 그들이 떠나온 나라라는 의미를 주기도 한다. 무엇이 우리의 'home'인가라는 것은 외생적으로 주어지고 고정된 것이 아니라 경험과 사회적 의미에 따라 변할 수 있는 것인데, 이민자들이 떠나온 나라를 'home'으로 고정하고 현재 거주하는 곳을 'host'로 지칭함으로써, 그들을 영원한 이방인으로 만들어 버리는 결과를 가져올 수 있는 것이다.

2) 송출국(sending country)과 수용국(receiving country)

이 용어들은 앞에서 언급한 용어들이 가지고 있는, 이민자들은 그들이 거주하고 있는 나라의 진정한 구성원이 아니라는 편견을 내포하지 않는 중립적인 용어라고 할 수 있다. 하지만 영어 표현을 문법적으로 해석한다면, 한 국가가 이민자들을 내보내고(sending) 다른 국가가 이들을 받아들임으로써(receiving), 국제 이주 현상에서 국가들이 적극적 주체가 되고 이민자들은 국가들에 의해 보내지고 받아들여지는 수동적 행위자가 되어 버린다.

국제 이주의 역사 속에 국가가 적극적인 주체가 되었던 경우들은 존재한다. 예를 들어 제2차 세계대전 이후 미국과 서유럽 국가들은 노동력 부족의 문제를 겪었다. 경제 재건을 위해 많은 노동력이 필요했지만, 수많은 젊은 사람들이 전쟁의 희생자가 되어 절대적 노동인구가 부족했기 때문이었다. 따라서 미국과 독일, 프랑스 등의 국가들은 방문노동자 프로그램(guest worker program)을 시행하였다. 이들 국가는 각각 멕시코(미국), 튀르키예(독일), 북아프리카 국가들(프랑스)과 상호 조약을 맺고, 상대 국가에서 노동자들을 모집하여 매년 일정 숫자를 단기 계약을 통해 받아들였다. 또한 이민자들을 받아들이는 나라는 국경 통제와 이민정책을 통해 이민자들을 선택적으로 받아들일 수 있는 어느 정도의 재량권이 있기에, 수용국이라는 용어가 갖는 주체적 존재로서 국가의 의미가 타당하기도 하다.

하지만 이 용어들을 사용하는 것은 거꾸로 이민자들을 단순히 '보내지고' '받아들여지는' 수동적 존재로 묘사하고, 국제 이주 현상에서 이민자들이 갖는 능동적 결정의 중요성을 과소평가한다는 비판도 있다. 그들의 이주 행위가 수용국의 정책에 큰 제약을 받는 것은 사실이지만, 기본적으로 이주는 이민자들의 자율적인 결정으로 시작되는 경우가 많다. 따라서 이민자들이 왜 이주를

제2차 세계대전 중 미국 내의 노동력 부족 문제를 해결하기 위해 미국이 멕시코 정부와의 협약을 통해 멕시코로부터 노동자들을 고용한 방문노동자 프로그램을 브라세로 프로그램(Bracero program)이라고 한다. 1942년 시작되어 매년 수십만 명의 멕시코 노동자들을 받아들여 주로 미국의 농업 부문과 철도 건설업에 부족한 노동력을 충원하였다. 브라세로 프로그램은 멕시코 노동자들의 장기 체류를 허용하지 않았지만, 계약이 종료된 이후에도 불법적으로 체류하는 사람들이 늘어나고 특히 제대군인들의 유입으로 실업률이 상승하면서 1964년에 종료되었다.

결정하는지, 어떠한 요인에 의해 이주할 국가를 결정하는지, 또한 정착한 국가에서 어떻게 살아가는지를 이해하는 데에 있어 이민자들의 속성을 이해하는 것이 중요한데, 송출국과 수용국이라는 용어는 우리의 관심을 이민자로부터 국가로 옮겨가게 한다는 지적이 있다.

3) 출신국(country of origin)과 거주국(country of residence)

영어의 'origin'이라는 단어는 '원천', '출신'을 의미한다. 따라서 이민자들이 떠나온 국가를 출신국이라고 표현할 때, 앞에서 본국(home country)이라는 용어를 사용할 때와 마찬가지로 이민자들을 그들이 거주하는 나라의 자국민들과 구분하고 분리하는 왜곡된 시각을 불러일으킬 수 있다는 단점이 있다. 그럼에도 불구하고 본국이라는 용어는 한 나라에 오래 살았더라도 결국 이민자들이 속하는 곳은 그들이 떠나온 나라라는 인상을 주는 반면, '출신(origin)'이라는 용어는 이민자들의 과거의 시작을 알려주는 의미를 내포하기 때문에 이민자들을 구별 짓는 편견의 정도는 상대적으로 약하다고 할 수도 있다.

또한 '거주국'이라는 용어도 다른 용어들에 비해 가치중립적인 용어로 평가받는다. 말 그대로 이민자들이 현재 거주하고 있는 나라라는 의미를 지니기 때문에 이들에 대한 구별과 차별의 의미를 크게 내포하지 않고 있다고 이해된다.

4) 용어의 사용

이 책은 이러한 다양한 용어들이 가지고 있는 각각의 의미들과 장단점들을 고려하여, 다음과 같이 용어들을 선택적으로 사용하고자 한다. 우선 이민정책 등 국가가 주체가 되는 개념과 현상들을 설명할 때에는 송출국/수용국이라는 용어를 사용할 것이다. 반면 이민자들의 정치적, 경제적, 사회적 행위 등 이민자들이 주체가 되는 개념과 현상들을 설명할 때에는 출신국/거주국이라는 용어를 사용할 것이다. 이 용어들이 본국/목적국에 비해서는 이민자들을 내국인들과 구별하고 차별하는 함의가 더 약하다고 판단되기 때문이다.

(2) 적절한 체류 신분을 갖추지 못한 이민자들에 대한 용어

이민자들은 거주국에 체류하기 위해 적절한 신분 상태를 유지해야 한다. 이러한 적절한 신분 상태는 대부분 체류 비자를 발급받음으로써 유지되는데, 어떤 이민자들은 유효한 상태의 비자 없이 체류하기도 한다. 이들 중 일부는 국경을 적법한 절차 없이 통과한 사람들도 있고, 일부는 적법한 비자를 발급받아 거주국에 입국했지만 해당 비자의 유효기간이 끝났음에도 비자를 연장하지 않고 계속 체류하고 있는 사람들도 있다.

이렇게 비자를 발급받아 적절한 신분 상태를 유지하며 거주국에 체류하지 않는 이민자들을 지칭하는 용어 역시 하나로 통일되어 있지 않다. 오히려 이들을 지칭하는 용어들에 대해서는, 앞에서 논의했던 국제 이주와 관련된 국가들을 지칭하는 다양한 용어들에 대해서보다 더 정치적으로 민감한 논쟁이 존재한다.

1) 불법(illegal) 이민자

이 용어는 말 그대로 이러한 이민자들이 적법한 절차를 따르지 않은 상태, 즉 법을 어긴 상태에서 거주국에 체류하고 있음을 나타낸다. 비록 이들이 거주국의 법을 어긴 것은 맞고, 그러한 의미에서 불법적인 행위를 한 것은 맞지만 이 용어에 대한 비판들도 존재한다. 우선 이 용어는 불법의 대상을 행위가 아닌 사람에게 돌리기 때문에 비인간적인 표현이라는 지적이 있다. 즉 불법인 것은 적절한 체류 신분 없이 거주국에 체류하는 행위이지 그 행위를 하는 사람이 아니라는 것이다. 따라서 이러한 주장을 하는 사람들은 불법 이주(illegal migration)라는 용어는 받아들이지만 불법 이민자(illegal migrants)라는 용어에는 반대한다.

또 다른 비판은 많은 경우 우리가 일반적으로 불법적인 행위를 지칭할 때, 그 불법의 내용을 구체화하는 용어를 사용한다는 것이다. 즉 음주 상태로 운전함으로써 법을 위반하는 행위를 음주 운전이라고 하지 불법 운전이라고는 하지 않는다. 면허 없이 운전함으로써 법을 위반하는 행위를 무면허 운전이라고 하지 불법 운전이라고 하지 않는다. 마찬가지로 적절한 서류와 과정을 통해 국경을 넘지 않는 것이나 비자가 만료된 후에도 거주국에 체류하는 것이 불법이지만, 이러한 행위를 불법 이주라고 부르기보다는 그 불법의 내용을 구체화하는 용어를 사용해야 한다는 주장이다.

또한 이들을 포괄적으로 불법 이민자라고 부름으로써, 이들 사이에 존재하는 다양한 법적·행정적 상태를 간과한다는 비판도 있다. 예를 들어 미국에서 텍사스 등 많은 주에서 이들은 운전면허를 취득할 수 없지만, 캘리포니아 등 몇몇 주에서는 가능하다. 또한 대부분의 국가 혹은 행정 단위와는 달리 스페인의 몇몇 시에서는 이들이 주민등록을 하고 제한적인 의료 혜택도 받는 것이 가능하다. 따라서 불법과 합법은 선명하게 이원화할 수 있는 구분이 아니기에, 그 중간 지대에 있는 사람들에게 '불법'이라는 표현을 사용하는 것을 지양해야 한다는 의견도 존재한다.

2) 미등록(undocumented) 이민자

따라서 불법 이민자라는 용어가 갖는 비판과 한계점에 대한 대안으로 미등록 이민자라는 용어가 많이 사용된다. 이는 불법 이민자라는 용어가 갖는 비인간화의 비판으로부터 어느 정도 자유롭다. 또한 그들이 적법한 절차 없이 국경을 통과했든 아니면 비자가 만료된 이후에도 체류하는 것이든, 문제의 핵심은 그들이 적절한 서류(비자)가 없는 상태라는 점을 구체적으로 표현한다는 장점도 있다.

하지만 이 용어 역시 문제가 전혀 없는 것은 아니다. 무엇보다도 이러한 이민자들의 문제는 법적인 문제이기도 하고, 때로는 격렬한 정치적 문제로 다루어지기도 하는데, 미등록 이민자라는 용어는 이를 행정적·절차적 문제로 축소시킨다는 것이다. 또한 불법 이민자는 문제의 근원이 그 이민자들에게 있다는 함의를 가지고 있지만, 미등록 이민자는 마치 문제의 책임이 이민자들이 아닌 이들을 관리하는 행정 당국에 있는 것처럼 들릴 수도 있다는 지적이다.

3) 용어의 사용

이 책은 미등록 이민자라는 용어를 일관되게 사용하고자 한다. 이 용어에 대한 비판이 존재하는 것도 사실이지만, 불법 이민자라는 용어에 대한 문제제기에 동의하는 바가 더 크기 때문이다. 또한 국제 이주와 관련된 대표적인 영어권 교과서에서도(예를 들어 de Haas, Castles, Miller 2020) 국제 이주 행위에 대해서는 '불법 이주'라는 용어를 사용하기도 하지만, 이민자들에 대해서는 주로 미등록 이민자라는 용어를 사용하기에, 이들과의 일관성을 유지하고자 하는 이유도 있다.

> 미국의 미등록 이민자들의 정확한 숫자를 파악하는 것은 쉽지 않다. 그럼에도 불구하고, 이주연구센터(Center for Migration Studies)의 한 통계에 의하면 2016년에 미국에 생겨난 새로운 미등록 이민자들은 약 51만 명이었는데 이 중 32만 명은 비자가 만료된 이후에도 미국에 남아 있는 초과 체류자(overstayer)였으며, 19만 명만이 국경을 적법하게 통과하지 않은(EWI, Enter without inspections) 사람들이었다.

3. 국제 이주의 정치화

특정 사안이 정치화(politicization)된다는 것은 그 사안에 대한 시민들의 관심이 높아지고, 그 사안에 대해 시민들과 정치적 행위자들의 의견과 입장이 나뉘어서, 선거 과정을 통해 혹은 의회와 같은 정치적 제도 안에서 이 사안에 대한 집중적인 논의가 이루어지는 것을 의미한다. 짧게는 지난 40여 년의 시간 동안, 길게는 지난 100여 년의 시간을 거치면서 미국과 서유럽에서는 국제 이주가 정치적 사안으로 자리매김하게 되었다. 이 책이 국제 이주를 정치학적 관점에서 이해하고 설명하고자 하는 것은, 국제 이주가 많은 국가에서 주요한 정치적 사안으로 자리를 잡았기 때문이다.

19세기까지 존재하였던 아프리카 흑인들의 노예무역 역시 국제 이주의 한 형태였고 19세기 초에 노예무역 폐지가 영국에서 주요한 정치적 쟁점 중 하나였기에, 이 역시 국제 이주의 정치화의 한 예라고 할 수 있다. 하지만 노예무역처럼 특정한 국제 이주의 형태가 아니라 전반적인 국제 이주 현상이 처음으로 정치화된 것은 20세기 초 미국에서였다. 당시 미국으로의 이민자들의 숫자는 1860년대에는 10년간 약 230만 명이었으나 1900년대에는 거의 900만 명으로 늘어났다 (〈그림 1-1〉 참고).

이 시기 이민자들의 증가가 이민자들에 대한 미국 내에서의 여론을 악화시킨 측면도 있지만, 또 하나의 주요한 요인은 이민자들의 출신 지역 변화였다. 1880년대까지 미국으로 오는 이민자들의 대다수는 영국과 독일 등 서유럽 출신이었다. 그런데 1890년대부터 이러한 흐름에 변화가 생기면서 이탈리아와 같은 남유럽과 폴란드 등 동유럽으로부터의 이민자들이 증가하기 시작하였다. 1870년대에는 남유럽과 동유럽 이민자들의 숫자가 서유럽 이민자들의 숫자의 10% 정도에 불과하였지만, 1890년대에는 서유럽에서보다 남유럽과 동유럽에서 더 많은 이민자들이 미국으로 입국했다. 또한 중국으로부터의

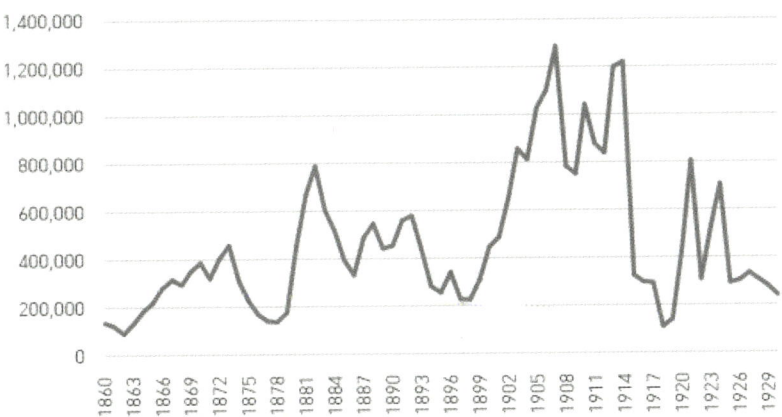

〈그림 1-1〉 미국으로 입국하는 이민자 수의 변화

출처: Timmer and Williamson(1996)

이민자들의 숫자도 증가해서 1840년대까지는 중국 이민자들의 비율이 전체 이민자의 1%에도 미치지 못하였지만, 1870년대에는 4%를 넘어서게 되었다 (Tichenor 2002).

서유럽에서 건너와 미국 사회의 주류 집단이 된 미국인들은 중국과 같은 아시아에서 온 이민자들은 물론이고 남유럽과 동유럽, 심지어 서유럽 국가인 아일랜드에서 온 이민자들에 대해서도 차별적인 시각을 갖고 있었다. 우선 이 국가들은 서유럽 국가에 비해 경제 수준이 낮았기에 미국인들은 이들을 무시하는 태도를 보였다. 또한 미국인들은 이 새로운 이민자들과는 상당한 정도의 문화적 거리를 느꼈다. 인종이 다른 아시아 이민자들에 대해서는 물론이고, 아일랜드, 남유럽, 그리고 동유럽에서 온 이민자들에 대해서도 자신들이 속했던 신교(Protestant) 기독교가 아니라 로마 가톨릭과 같은 구교 기독교를 믿는다는 점에서 문화적 거리감을 가지고 있었다. 그래서 이들이 주로 이주한 뉴욕에서는 이들에 대한 차별적인 행위들이 경제적 관계와 일상생활 가운데에 흔하게 존재하였다.

특히 이민자 문제는 1880년 미국 대통령선거에서 전국적인 정치적 사안이 되었다. 미국의 서부는 당시 많은 중국 이민자들을 받아들여서 이미 중요한 정치적·사회적 사안이 되었지만, 사실 다른 지역에서는 국제 이주가 주요한 사안은 아니었다. 하지만 당시 선거 과정에서 미국 서부 지역이 경합지역으로 떠오르면서 대통령 후보들은 서부의 이민자 문제를 묵과할 수 없었고, 결국 당시 제조업과 철도업의 이해관계를 대변하느라 국제 이주 문제에 있어서는 관대한 태도를 취하던 공화당마저 강경한 입장으로 돌아서게 되었다 (Tichenor 2002). 따라서 미국은 이민 자체를 제한하기 위해서라기보다는 이러한 새로운 이민자들을 제한하기 위해 정책들을 도입하였다. 1882년에는 「중국인 배제법(Chinese Exclusion Act)」을 통해 중국 출신 이민자들의 이주를 금지하였고, 1917년에는 이주 과정에 언어 능력 시험을 도입함으로써 영어에 상대적으로 불리한 아시아 이민자들과 동유럽 이민자들을 제한하고자 하였다. 이어서 1924년에는 국가별 쿼터제(national quota system)를 도입해서 더 노골적으로 특정 지역으로부터의 이민자들을 제한하고자 하였다. 당시 국가별 할당을 정할 때 1890년의 이민자들의 출신 지역별 비율을 기준으로 하였고, 이는 결국 1890년에 이민자들의 대부분을 차지하고 있었던 서유럽 이민자들을 더 우대하는 결과를 가져왔다.

20세기 초 미국이 겪었던 국제 이주의 정치화 과정은 우리에게 주요한 점을 시사한다. 국제 이주가 주요한 정치적·사회적 사안으로 대두하게 만드는 것은 단순히 이민자들의 숫자가 많아지는 것만은 아니라는 것이다. 그것과 함께 주요한 것은 그 이민자들이 가지고 있는 속성이다. 사람들은 서로 다른 경제적·문화적 배경을 가진 이민자들에 대해 상이한 태도를 취한다. 어떤 이유에서든, 특정 이민자들을 다른 이민자들에 비해 더 선호하거나 더 회피하는 경향이 있다. 따라서 국제 이주의 정치학을 논의하는 데 이민자들의 구성을 이해하는 것은 매우 중요하고, 이 책에서는 이러한 점을 간과하지 않을 것이다.

4. 책의 구성

이 책의 제1부에서는 국제 이주의 개념과 현황을 살펴보며 정치학적 이해의 필요성을 논의할 것이다. 제2장은 국제 이주의 규모와 양상이 지난 수십 년 동안 어떻게 변해 왔는지, 그리고 국제 이주에는 어떠한 형태가 존재하는지에 대해 다룰 것이다. 제3장은 국제 이주를 받아들여 온 나라들이 국제 이주에 대해 어떻게 반응해 왔는지에 있어 몇 가지 유형을 발견할 수 있음을 이야기하며, 그 유형들에 대해 논의할 것이다.

이 책의 제2부는 이민정책을 다룰 것이다. 제4장에서는 이민정책의 결정 과정에 있어 주요한 영향을 미치는 요인들을 이익, 권리, 그리고 제도의 개념들을 중심으로 소개할 것이다. 제5장은 새로운 이민자들을 받아들이고, 정착한 이민자들이 수용국 사회에 적응하고 통합해 나가는 과정을 결정하는 정책들이 어떠한 형태로 집행되는지를 다룰 것이다. 마지막으로 제6장에서는 국제 이주와 관련된 사안들을 국가들이 어떻게 서로 간의 협력을 통해 조절하고 통제하려고 노력해 왔는지를 이야기할 것이다.

이 책의 제3부는 국제 이주의 국제정치적인 결과들을 다룰 것이다. 제7장은 국제 이주가 국가 안보에 어떠한 영향을 미치는지를, 그리고 제8장은 국제 이주가 국제정치경제와 어떠한 상호 관계를 형성하는지를 논의할 것이다. 제9장에서는 점점 주요한 국제 이주의 형태로 떠오르는 난민에 대해 논의하면서, 이 현상이 우리에게 주는 여러 가지 함의를 다룰 것이다.

마지막 제4부는 국제 이주가 이민자들을 받아들이는 국가들의 정치 과정에 미치는 영향들을 소개할 것이다. 제10장은 이민 수용국의 정당정치가 국제 이주 현상에 어떠한 영향을 받았는지, 그리고 제11장은 수용국의 내국인들은 국제 이주 현상 및 이민자들에 대해 어떠한 태도를 취하는지 살펴볼 것이다. 마지막 제12장은 이민자들은 그들이 거주하는 국가에서 어떠한 형태로 그 국가의 정치에 참여하는지, 그 특성은 무엇인지를 다룰 것이다.

제1부

배경

제2장

국제 이주의 현황

　국제 이주는 미국이나 유럽의 많은 국가에서 가장 중요한 정치적 이슈 중 하나라고 할 수 있다. 끊임없이 유입되는 이민자의 숫자를 어떻게 적절한 수준에서 통제할 것인가, 목숨을 걸고 국경을 무단으로 넘는 미등록 이민자들에게는 어떻게 대응할 것인가, 그리고 이미 국내에 들어와서 살아가고 있는 이민자와 그 자녀들에게 어떠한 법적·정치적 지위를 부여할 것인가 등의 문제를 둘러싸고 사회적 논란과 갈등이 반복되고 있다. 더구나 국제 이주는 이제 경제적으로 부유한 몇몇 서구 국가에만 국한된 문제가 아니다. 중동의 산유국이나 한국을 비롯한 동아시아 국가들 역시 이미 경제 구조의 상당 부분을 상대적으로 가난한 국가로부터 유입되는 값싼 노동력에 의존하고 있다. 즉 이러한 국가들 역시 가까운 미래에 현재 서구 국가들이 겪고 있는 사회적 논란과 갈등을 비슷하게 맞이할 가능성이 크다는 것이다.

　그러나 정작 어떤 사람들이 어떠한 규모와 형태로 국경을 넘어 다른 국가로 이주하는지에 대해서는 상당한 오해와 편견이 존재한다. 국제 이주와 관련하여 우리가 일반적으로 가지고 있는 인식은 언론과 미디어를 통해 전해지는 단편적인 이미지와 에피소드에 기반하고 있는 경우가 대부분이다. 국제 이주가 가져오는 다양한 결과에 대한 우리의 판단 역시 객관적인 근거에 기반하기보다는 감정적이고 때로는 모순적인 주장에 의해 영향받는 경우가 적지 않다. 따라서 국제 이주를 둘러싸고 벌어지는 여러 가지 정치적인 현상을 본격적으로 다루기에 앞서, 현대 사회에서 국제 이주가 어떠한 모습으로 이루어지고 있는지에 대한 기본적인 사실을 확인할 필요가 있다. 이러한 관점에서 본 장에서는 전 지구적인 차원에서 벌어지는 국제 이주의 현황과 특징, 그리고 국제 이주의 다양한 유형에 대해 간략히 살펴본다.

1. 국제 이주의 현황과 특징

여러 나라에서 국제 이주를 둘러싼 논란과 갈등이 증가하고 있다는 사실은 마치 국경을 넘어 이주하는 사람들의 숫자가 급격하게 늘어나고 있다는 인상을 주기 쉽다. 국제 이주의 규모가 증가하면서 각국이 —자발적으로든 비자발적으로든— 받아들이는 이민자의 숫자가 늘어났고, 이러한 변화가 국제 이주에 어떻게 대응할 것인가에 대한 논란과 갈등을 불러일으키는 것이 자연스러운 귀결이기 때문이다. 실제로 각종 언론과 미디어는 관련 국제기구의 통계를 인용하여 국제 이주가 사상 최고치를 경신했다는 보도를 매년 반복하고 있으며, 이러한 보도에는 흔히 국경을 넘기 위해 길게 늘어선 이민자들의 행렬에 대한 묘사가 뒤따른다. 그리고 일부 정치인들은 통제되지 않고 몰려든 이민자들에 의해 내국인들의 삶과 일자리가 위협받고 있다고, 특단의 조치 없이는 당장이라도 이민자들로 온 나라가 뒤덮일 것이라고 목소리를 높인다.

그렇다면 실제로 국제 이주는 어느 정도 규모로 이루어지고 있는가? 과연 최근 들어 국경을 넘어 이주하는 사람들의 숫자가 통제하기 어려울 정도로 증가했는가? 〈그림 2-1〉에서는 유엔 인구국(UN Population Division)이 각국 인구 중 해외에서 출생한 비율에 대한 통계를 사용하여 10년 단위로 추산한 국제 이주 규모의 변화를 보여 주고 있다. 그림에 따르면 1960년 이후로 국경을 넘어 이주한 사람들의 비율이 지속적으로 증가하고 있으며, 2020년 현재 약 2억 8천만 명에 달하는 것으로 추산된다. 그러나 같은 기간 세계 인구 역시 마찬가지로 증가하여, 2020년 세계 인구에서 이민자가 차지하는 비율은 여전히 3.6%에 그치는 것으로 나타났다. 결과적으로 1960년 이후 60년 동안 세계 인구 중 태어난 국가를 떠나 다른 국가에서 거주하는 비율은 약 1%p 정도 증가했을 뿐이다.* 다시 말해서 최근 국경을 넘어 이동하는 인구의 규모가 과거에 비해 늘어난 것은 사실이지만, 그렇다고 해서 국제 이주라는 현상이 현대 사

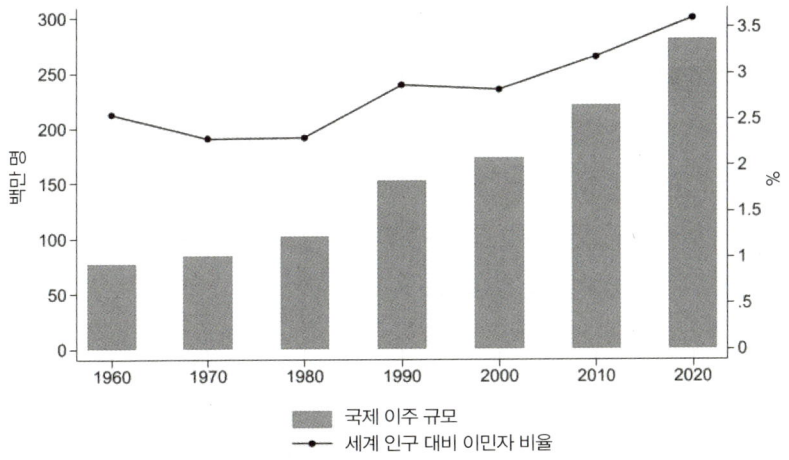

〈그림 2-1〉 국제 이주 규모의 변화

출처: United Nations, International Migration Stock 2020.

---

* 더구나 과거에는 통계의 부정확성으로 인해 국제 이주의 규모가 과소평가되었을 가능성이 크다는 점에서 세계 인구 대비 이민자 비율이 증가한 정도는 더 낮을 수 있다.

회의 새로운 문제라거나 혹은 최근 이민자의 숫자가 감내하기 어려울 정도로 급격하게 늘어났다고 하기는 어렵다는 것이다.

국제 이주의 증가가 예상보다 제한적임에도 불구하고, 여러 국가에서 국제 이주와 관련한 이슈는 그 어느 때보다도 정치적으로 중요하게 등장하고 있다. 2016년 6월 영국은 다른 유럽연합 국가로부터의 이민에 대한 통제를 요구하며 국민투표를 통해 유럽연합으로부터의 탈퇴(Brexit)를 결정하였다. 같은 해 미국에서는 멕시코로부터 유입되는 미등록 이민자들을 막기 위해 국경 장벽 건설을 포함한 강경한 이민정책을 천명한 트럼프가 예상을 뒤엎고 대통령선거에서 승리하였다. 나아가 2010년대 후반 이후 프랑스나 헝가리 등 유럽의 많은 국가에서 극우 정당이 반이민·반난민 정서에 힘입어 정치적 영향력을 크게 확대하였다. 국제 이주와 관련한 이슈에서 상대적으로 자유로웠던 한국에서도 2018년 제주도에 입국한 예멘 출신 난민들을 둘러싸고 한동안 상당한 사회적 논란을 경험한 바 있다.

국제 이주 이슈의 정치적 중요성이 증가한 배경으로는 국제 이주 자체의 증가보다는 국제 이주의 성격이 과거와는 달라졌다는 점이 더 크게 작용하였다. 무엇보다도 국제 이주의 방향이 과거와 달라졌다. 15~16세기 대항해시대 이래로 유럽 국가들이 범지구적인 차원에서 제국주의 정책을 펼치면서, 국제 이주의 가장 큰 부분을 차지했던 것은 유럽인들이 새로운 식민지로 이주하는 형태였다.* 즉 과거의 국제 이주에서는 유럽 국가들이 주된 송출국이었다는 것이다. 그러나 제2차 세계대전 이후로 이러한 패턴이 역전되어 미국을 비롯한 유럽 국가들이 국제 이주의 수용국으로서 가장 큰 지분을 차지하게 되었다. 예를 들어 〈그림 2-2〉가 보여 주는 2020년 유엔 인구국의 집계에 따르면

---

* 물론 유럽인들 외에 아프리카나 아시아 출신들도 노예무역이나 도급제(indentured) 노동계약을 통해 국제 이주의 일부분을 차지하기는 했지만, 이들의 목적지 역시 유럽인들이 경영하는 신대륙의 식민지였다.

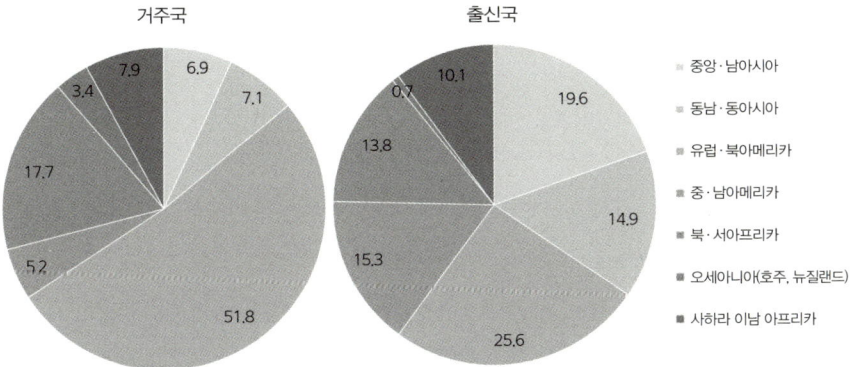

거주국

출신국

■ 중앙·남아시아
■ 동남·동아시아
■ 유럽·북아메리카
■ 중·남아메리카
■ 북·서아프리카
■ 오세아니아(호주, 뉴질랜드)
■ 사하라 이남 아프리카

〈그림 2-2〉 국제 이주의 구성, 2020년(단위: %)

출처: United Nations, International Migration Stock 2020.

전체 국제 이주의 절반 이상이 유럽과 북아메리카 대륙의 국가를 향해 이동한 것으로 나타났다. 반면에 2020년 현재 유럽과 북아메리카 대륙 출신이 국제 이주에서 차지하는 비중은 25% 남짓에 그치며, 대신에 아시아 및 중·남아메 리카 대륙의 국가 출신이 절대다수를 차지하게 되었다.

국제 이주의 새로운 양상은 미국과 유럽 국가로 유입되는 비서구권 이민자 들의 숫자가 급격하게 늘어나는 결과를 가져왔다. 예를 들어 2020년 유럽과 북아메리카에 거주하는 이민자의 63.3%가 다른 지역 출신이었으며, 이는 불 과 30년 전인 1990년과 비교해서도 11%p 가까이 증가한 수치이다. 같은 기간 유럽과 북아메리카 대륙의 총인구 대비 이민자의 비율이 5.3%p 증가했다는 점을 고려한다면, 이들 국가에 최근 30년 동안 새롭게 정착한 이민자들의 절 대다수가 비서구권 국가 출신이었다고 할 수 있다. 그리고 비유럽 국가 출신 이민자의 증가는 서구 사회가 경험하는 인종적·문화적 다양성이 크게 증가했 다는 사실을 의미한다.

미국의 경험은 국제 이주의 변화와 그에 따른 인종적·문화적 다양성 증가 를 잘 보여 주는 사례이다. 〈그림 2-3〉의 (A) 패널에서 보여 주듯이 최근 약 백만 명 정도 수준의 새로운 이민자가 매년 미국에 합법적으로 이주하고 있다. 사실 이 정도 규모의 이민은 1900년대 초반에도 이미 경험했던 것으로서 특별히 새롭다고 할 수 없다. 그러나 (B) 패널이 보여 주듯이 1900년대 초반까지

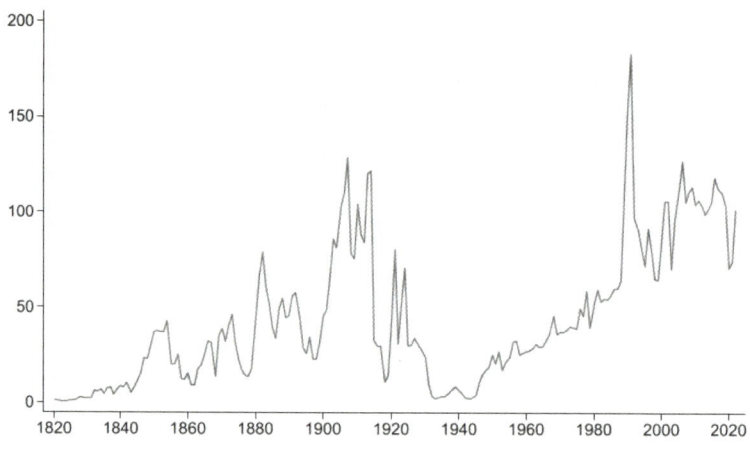

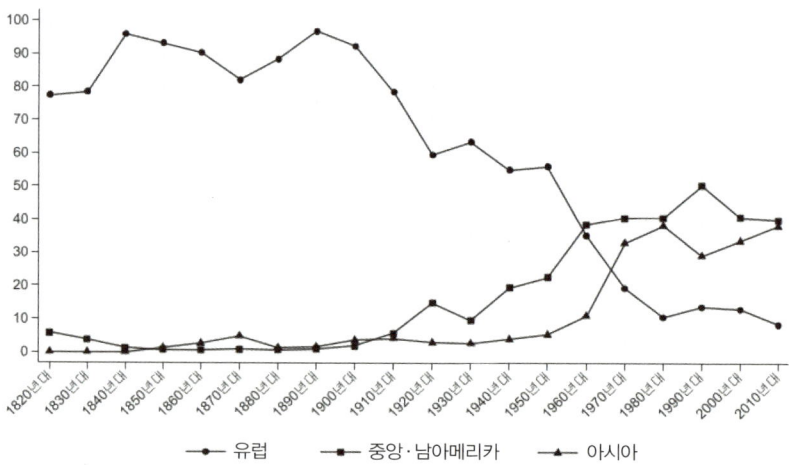

〈그림 2-3〉 미국으로의 국제 이주의 변화

자료: U.S. Department of Homeland Security, Yearbook of Immigration Statistics.

국제 이주의 정치학

매년 미국으로 입국하는 이민자의 압도적 다수는 유럽 국가 출신이었다. 그러나 시간이 흐름에 따라 유럽 국가 출신 이민자들의 비율이 점차 줄어드는 대신에, 중남미와 아시아 국가 출신 이민자들의 비율이 지속적으로 증가하였다. 중남미와 아시아 국가 출신 이민자의 비율은 1960~1970년대 유럽 출신 이민자의 비율을 넘어섰으며, 최근에는 매년 미국이 받아들이는 이민자의 80% 가까이를 중남미와 아시아 국가 출신들이 차지하고 있다.

미국으로 이주하는 이민자들의 구성이 변화함에 따라 미국 사회의 인종적 구성도 크게 변화하였다. 미국 인구총조사에 따르면 1960년 전체 인구의 85%가 백인이었으며, 중남미와 아시아 출신 미국인의 비율은 각각 3.9%와 0.5%에 그쳤다. 그러나 50년 뒤인 2010년 백인의 비율은 63%로 하락했으며, 대신에 중남미와 아시아 출신 미국인의 비율은 16.3%와 4.7%로 급증하였다. 나아

흔히 '이민의 나라'라고 불리기도 하지만, 미국이 항상 이민에 대해 관대한 정책을 펼쳐왔다고는 할 수 없다. 건국 이래로 거의 무제한적으로 이민을 받아들이던 미국은 19세기 말 남유럽 및 동유럽, 그리고 아시아 국가로부터의 이민이 늘어나면서 반이민 정서가 급격하게 증가하는 경험을 하게 된다. 이후 1924년 「이민법」 개정을 통해 미국의 이민정책이 급격하게 변화하게 되는데, 새로운 정책은 각 나라별로 1890년 기준으로 미국에 거주하는 해당 국가 출신 인구의 2%까지만 이민을 받아들이는 쿼터제를 도입한다. 쿼터제의 목적은 기본적으로 당시까지 미국에 거주하는 숫자가 많지 않았던 비-서유럽 국가로부터의 이민을 제한하는 것이었다. 1924년에 도입된 국가별 쿼터제는 1965년에 와서야 폐지되게 되며, 새로운 법에서는 미국 시민과 영주권자의 가족이나 특수 기술을 가지고 있는 이민자에게 우선권을 부여하는 제도를 도입하였다.

1965년 「이민법」 개정은 냉전 시기 소련과의 체제 경쟁을 하는 와중에 이민제도에서 인종주의적 요소를 제거하려는 목적과 함께, 1960년대 절정에 달했던 민권운동이 배경으로 작용하였다. 그리고 당시의 정책결정자들은 새로운 제도를 도입해도 미국의 인종 구성이 크게 달라지지 않을 것이라고 예상했다. 그러나 1965년 「이민법」 개정 이후 예상과는 전혀 다른 상황이 벌어졌다. 특히 가족초청 이민의 도입은 이미 미국에 정착한 중남미와 아시아 국가 출신 이민자들이 추가로 가족 구성원과 친지들을 데려오는 것을 가능하게 만듦으로써 미국 사회의 인종 구성에 커다란 변화를 가져왔다.

가 미국 인구조사국의 추계에 따르면, 현재의 추세가 지속된다면 2050년이면 미국인 중 백인이 차지하는 비율이 50% 이하로 떨어질 것이라고 예상된다.

특히 최근 서구 사회가 경험한 인종적·문화적 다양성 증가는 20세기 말에 발생한 몇 가지 사건과 결합하면서 국제 이주 문제의 정치화를 가속하게 된다. 먼저 국내적으로 인권과 다양한 사회적 소수자의 상황에 대한 관심이 높아지면서, 이민자의 법적 지위와 권리를 둘러싼 논쟁이 본격적으로 벌어졌다. 이와 함께 이민자들 스스로도 자신들의 이해관계를 지키기 위한 목소리를 적극적으로 내기 시작했다(12장 참조). 국제적인 차원에서도 탈냉전과 함께 안보의 내용이 군사적 차원을 넘어 경제, 문화, 환경, 보건 등 다양한 영역으로 확산되는 동시에, 국가 외에 테러 집단과 사회조직 등 비국가 행위자들이 안보의 주체로 등장하였다. 이러한 과정을 거치면서 국제 이주 문제 역시 중요한 안보 문제로 등장하는 안보화(securitization)을 겪게 되었다(7장 참조).

이상의 논의가 의미하는 것은 최근 많은 국가에서 국제 이주가 중요한 정치적 사안으로 떠오른 것은 단순히 얼마나 많은 이민자가 들어오는가의 문제보다는 어떤 이민자들이 들어오는가의 문제에서 비롯되었다는 사실이다. 실제로 이민을 받아들이는 국가의 대중들이 이들을 어떻게 바라보는지 분석한 많은 연구에 따르면, 대부분의 경우 비슷한 인종적·문화적 배경을 공유하는 이민자들에 비해 그렇지 않은 이민자들에 대해서 더 부정적인 태도를 보이는 것으로 나타났다(11장 참조). 다시 말해서 국제 이주가 과거에 비해 증가한 것은 사실이지만, 보다 중요한 변화는 국제 이주의 양상과 그것이 가지는 정치적 의미의 변화라는 것이다.

국제 이주의 정치학

최근 국제 이주의 규모보다는 어떤 사람들이 이주하는지가 더 중요하다는 사실은 난민을 수용하는 문제에서도 마찬가지로 적용된다는 것을 보여 주는 흥미로운 연구가 발표되었다. 이 연구(Pepinsky et al. 2024)는 반이민·반난민 정서가 강하기로 유명한 헝가리에서 2022년 러시아의 우크라이나 침공 이후 발생한 난민을 수용하는 것에 대해서는 오히려 긍정적인 여론이 형성된 원인을 찾기 위해 설문 실험(survey experiment)을 실시하였다. 응답자들에게 분쟁 중인 국가를 탈출한 난민을 받아들일 용의가 있는지 질문하면서, 해당 난민의 출신 국가를 우크라이나, 벨라루스, 아프가니스탄, 그리고 파키스탄 등 네 국가 중 하나를 임의로 배정하였다. 실험 결과 응답자들은 아프가니스탄이나 파키스탄 출신 난민보다 같은 유럽에 속하는 우크라이나와 벨라루스 출신 난민에 대해 훨씬 더 긍정적인 태도를 보였으며, 같은 유럽 출신 난민 중에서는 벨라루스보다는 분쟁이 더 심각한 우크라이나 출신 난민에게 더 호의적인 모습을 나타냈다. 결국 이 연구는 과거의 다른 난민들과는 달리 우크라이나 출신 난민을 받아들이는 것에 대해서 긍정적인 여론이 형성된 이유는 이들이 같은 유럽 출신의 백인 기독교도로서 분쟁으로 인해 어려움을 겪고 있다고 인식하기 때문이라는 사실을 보여 주고 있다.

2. 국제 이주의 다양화와 한국의 경험

〈그림 2-2〉에서 발견할 수 있는 국제 이주의 또 다른 변화는 과거 이민을 거의 받아들이지 않던 국가들로 향하는 국제 이주의 흐름 역시 눈에 띄게 증가했다는 점이다. 특히 1970년대 이래로 급속한 경제성장을 이룩한 아시아 국가나 중동 및 북아프리카의 산유국 등으로 향하는 국제 이주가 지속적으로 증가했다. 실제로 전체 국제 이주에서 이 두 지역으로의 이주가 차지하는 비중은 1990년 16% 정도에서 2020년에는 4명 중 1명 수준까지 증가하였다. 이러한 변화는 국제 이주가 단순히 미국을 비롯한 몇몇 유럽 국가에만 국한되지 않는 전 세계적인 차원의 이슈로 확장되는 데 기여했다. 그리고 이와 같은 국제 이주의 다양화 추세 속에서 한국으로 유입되는 이민자의 규모 역시 상당히 증가하게 되었다.

한국으로 유입되는 이민자의 숫자는 1970년대까지 매우 미미한 수준이었으며, 이 시기 동안에는 일시적인 해외 취업이나 영주이민 등을 위해 해외로 이주하는 한국인의 숫자가 한국으로 유입되는 이민자의 숫자보다 오히려 더 많았다. 그러나 1980년대부터 한국인의 해외 이주는 감소했지만, 외국인의 국내 이주가 지속적으로 증가해 왔다. 우선 중국과의 관계 개선 이후 중국 동포를 비롯하여 한국을 방문하는 중국인의 숫자가 늘어나기 시작했으며, 이후 중국과의 경제적·사회적 교류가 크게 증가하면서 중국으로부터의 국제 이주가 급격하게 증가하였다. 또한 1990년대 초부터 동남아시아 국가들로부터의 노동 이주가 본격적으로 시작되었다. 특히 1993년에 도입된 산업기술연수생제도를 통해 아시아 국가들로부터 외국인노동자를 공식적으로 받아들이기 시작하면서, 한국으로 유입되는 이민자의 구성이 다양해졌다. 결과적으로 한국에 거주하는 이민자의 숫자는 빠르게 증가하여, 2023년 현재 국내 체류 외국인의 숫자는 약 250만여 명으로서 총인구의 4.89%를 차지하고 있다.

국제 이주의 대부분은 이주 비용이 저렴하고 인종적으로나 문화적으로 상

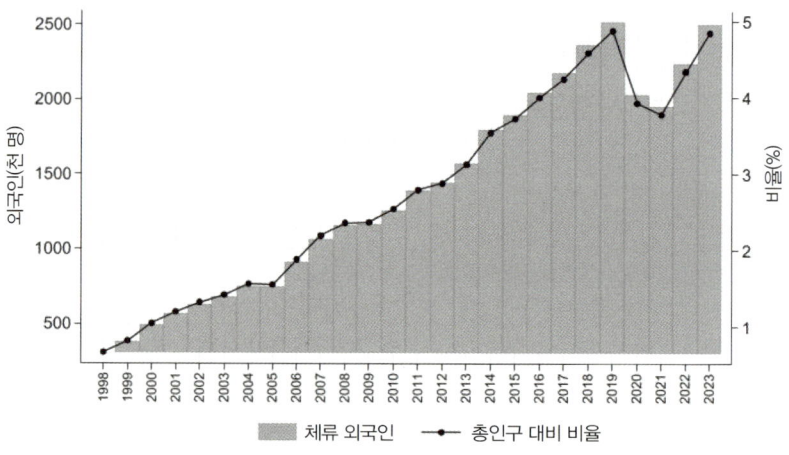

〈그림 2-4〉 한국으로 향하는 국제 이주 규모

출처: 법무부, 출입국·외국인정책 통계연보.

출신	숫자(명)	비율(%)
중국(중국 동포 포함)	465,843	40.7
베트남	181,415	15.8
우즈베키스탄	48,371	4.2
필리핀	40,687	3.6
캄보디아	40,222	3.5
네팔	38,527	3.4
인도네시아	33,239	2.9
타이	30,801	2.7
미국	25,910	2.3
미얀마	24,985	2.2
몽골	24,515	2.1
기타 국가	191,025	16.7
계	1,145,540	100

출처: 법무부, 출입국·외국인정책 통계연보

대적으로 가까운 이웃 국가로 향하는 경우가 많다. 한국의 경우도 마찬가지여서, 2020년 현재 한국에 거주하는 등록 외국인*의 40.7%가 중국 출신이며, 15.8%의 베트남이 그 뒤를 이었다. 그 외에도 한국에 거주하는 등록 외국인의 92.6%가 아시아 국가 출신이며, 그 외 지역 출신의 비중은 그리 크지 않다.

이어서 〈그림 2-5〉에서는 한국에 거주하는 등록 외국인들의 체류 목적을 유형별로 살펴보았다. 단순기능인력에 해당하는 비전문직 취업에 해당하는 비율이 가장 높은 35.3%를 차지했으며, 반면에 전문직 취업은 4.2%에 그쳤다. 두 번째로 많은 체류 목적은 투자, 경영, 혹은 주재원 근무였으며, 한국에

---

* 등록 외국인은 90일을 초과하여 한국에 체류할 목적으로 입국하여 관할 지방출입국·외국인관서에 외국인 등록을 한 외국인을 의미하며, 관광 등의 목적으로 90일 이내 단기간 체류하는 외국인을 의미하는 단기체류 외국인과 구별된다. 등록 외국인과 단기체류 외국인, 그리고 외국국적 동포—한국 국적을 보유하였던 사람으로서 외국 국적을 취득한 사람 혹은 그 직계비속—등 국적을 가지고 있지 않으면서 한국에 체류하고 있는 모든 외국인을 통틀어 체류 외국인이라고 표현한다.

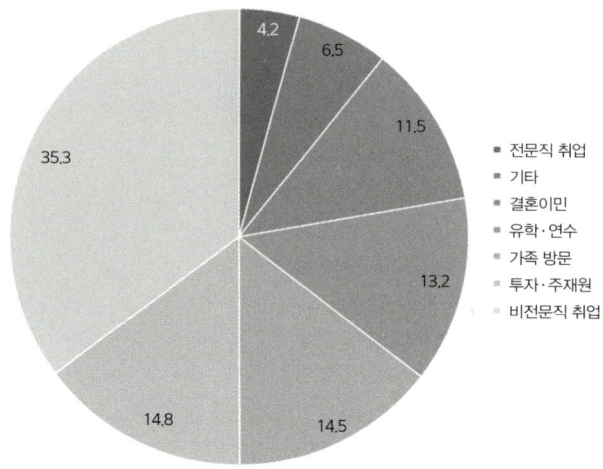

전문직 취업
기타
결혼이민
유학·연수
가족 방문
투자·주재원
비전문직 취업

〈그림 2-5〉 한국 내 이민자의 체류 목적 (등록 외국인 기준, 2020년)

주: 체류 목적은 입국 당시 발급받은 비자를 근거로 판단하였음. 비전문 취업은 E-9, E-10, H-2
　　비자, 투자/주재원은 D-7~D-9, F-5 비자, 가족방문은 F-1, F-2, F-3 비자, 유학/연수는
　　D-1~D-4 비자, 결혼이민은 F-6 비자, 전문직 취업은 D-10, E-1~E-7 비자에 해당함.
자료: 법무부, 출입국·외국인정책 통계연보

거주하는 가족을 방문하는 목적이 근소한 차이로 뒤를 이었다. 결혼이민을 목
적으로 한국에 입국한 이민자는 11.5%였다.

　한국으로 유입되는 이민자의 숫자가 빠르게 늘어나고 있는 것은 사실이지
만, 아직까지 한국에서 국제 이주와 관련한 이슈가 특별히 정치화되었다고 평
가하기는 어렵다. 선거에서 국제 이주 관련 이슈가 주요 의제로 다뤄지지 않
으며, 나아가 특수한 경우를 제외하고는 주요 정당이 국제 이주와 관련하여
상반된 입장이나 공약을 제시한 바도 찾아보기 어렵다(설동훈·전진영 2016).
이처럼 국제 이주 관련 이슈가 정치화되지 않은 원인은 빠른 증가율에도 불구
하고 아직 한국에 체류하는 이민자의 절대적인 규모가 그리 크다고 할 수 없
으며, 무엇보다도 이민자의 대다수가 한국인들에게 인종적으로나 지리적·문
화적으로 거리감이 상대적으로 약한 지역 출신이라는 점을 들 수 있다. 다시

말해서 한국으로 유입되는 이민자들의 특징이 아직 한국인들에게 실질적인 위협으로 인식되지 않을 가능성이 크다는 것이다.

물론 그렇다고 해서 한국이 국제 이주와 관련한 정치적·사회적 이슈로부터 전적으로 자유롭다고 할 수는 없다. 국제 이주의 규모 자체보다는 그들의 특징이 더 중요하다는 사실은 한국처럼 이민자들을 대규모로 받아들이지 않는 국가에서도 상황에 따라 관련 이슈가 중요하게 부각될 수 있다는 점을 의미한다. 대표적인 최근 사례로 2018년 제주도에 무비자로 입국한 500여 명의 예멘 출신 난민들을 둘러싸고 벌어진 논란을 들 수 있다. 단기간 동안 집중적으로 난민이 유입되었으며 이들의 대다수가 무슬림으로서 한국인들과 종교적·문화적 유사성이 낮다는 점들이 결합하면서, 이들에게 난민 지위를 부여할 것인가를 놓고 한국 사회가 상당한 논란과 진통을 경험한 바 있다. 또한 2021년 이후 대구에서 무슬림 유학생들이 종교 행사를 위한 모스크를 건립하려고 시도하면서 인근 주민들과 개신교계가 반발하고 상호 간에 법적·행정적 다툼이 벌어지기도 했다.

3. 국제 이주의 유형

그렇다면 어떤 사람들이 어떠한 목적으로 국경을 넘어 이주하는가? 국제 이주를 둘러싼 논쟁에서 가장 중요한 이슈는 불법적으로 국경을 넘어 입국하거나 거주 국가에서 합법적인 체류 신분을 상실한 미등록 이민자의 존재이다. 한국의 경우 법무부 통계에 따르면 2023년 현재 전체 체류 외국인 중 16.9% 그리고 등록 외국인 중 10.2%가 입국 당시의 체류 기간이나 목적을 넘어 불법적으로 체류하고 있는 것으로 파악된다. 사실 이민에 대한 대중들의 반감의 상당 부분은 지나치게 많은 미등록 이민자들이 통제되지 않은 채로 유입되고 있으며, 이러한 미등록 이민자들이 거주 국가에서 부당한 경제적·사회적 혜택을 보고 있다는 인식에서 비롯하고 있다.

미등록 이민자의 특성으로 인해 그 규모를 정확하게 파악하는 것은 어렵지만, 가능한 자료에 기반한 추산에 따르면 전체 국제 이주의 흐름에서 차지하는 비중은 생각보다 크지 않다. 유럽의 경우 2022년 한 해 동안 불법적으로 국경을 넘으려 적발된 비-유럽연합 출신 미등록 이민자의 숫자는 약 33만여명으로서, 합법적으로 이주하는 사람들에 비해 그 규모가 1/10에도 미치지 못하는 것으로 나타났다. 사실 유럽으로 향하는 미등록 이민자의 규모는 시리아 내전에 따른 예외적인 경우인 2015년 전후를 제외하고는 비슷한 수준을 유지해 왔다.

멕시코와의 국경을 통한 불법 이주가 큰 이슈가 되고 있는 미국의 경우 미등록 이민자의 비율이 상대적으로 높은 것은 사실이다. 실제로 2022년 현재 미국에 거주하는 미등록 이민자의 숫자는 약 1,100만 명 정도로 추산되며 이는 총인구의 3.3% 그리고 전체 이민자의 약 23%에 해당하는 규모이다(Passel

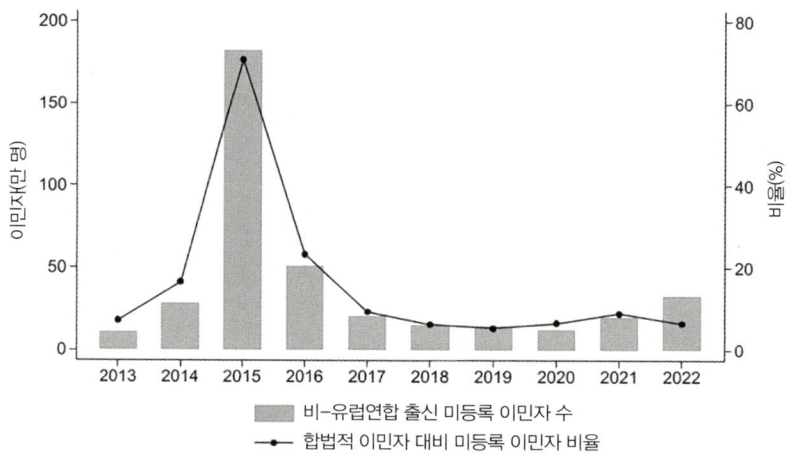

〈그림 2-6〉 유럽연합으로 유입되는 비-유럽연합 출신 미등록 이민자 규모 변화

자료: Eurostat

국제 이주의 정치학

and Krogstad 2024). 그러나 미국의 미등록 이민자의 규모는 1990년부터 2005년 사이에 급증하였으며, 최근 20여 년 동안은 미등록 이민자의 숫자가 비슷한 규모를 유지하거나 오히려 조금씩이나마 줄어드는 추세를 보이고 있다.

국제 이주의 대부분을 차지하는 것은 합법적 이민자들이며, 이들이 국경을 넘는 가장 큰 이유는 경제적 동기에서 비롯된다. 다시 말해서 이민자의 대부분은 더 나은 일자리와 경제적 기회를 추구하기 위해 국제 이주를 선택하며, 따라서 국제 이주를 추동하는 가장 중요한 요인은 국제적으로 존재하는 노동력의 수요와 공급의 변화라는 것이다. 제2차 세계대전 이후 국제 이주의 방향이 변화한 것도 급속한 경제성장을 이룩하는 과정에서 미국 및 서유럽 국가들이 노동력 부족을 경험했고, 이에 대응하기 위해 정부 차원에서 적극적으로 이민자들을 유치한 결과라고 할 수 있다. 대표적인 예가 바로 방문노동자(guest worker) 제도이다. 1942년 미국과 멕시코 사이에 체결된 브라세로(Bracero) 프로그램을 필두로, 많은 서유럽 국가들은 정해진 계약기간 동안만 일하고 계약 종료와 함께 귀국하는 조건으로 젊은 남성 노동자들의 이민을 받아들였다.

물론 1970년대 이후 각국의 경제성장이 둔화하면서 정부 차원에서 이민을 장려하는 모습을 찾아보기 어려워졌다. 그러나 민간 차원에서는 이주 노동자들에 대한 수요와 모집이 계속 유지되었으며, 이전에 유입된 이민자들의 배우자를 비롯한 가족 구성원의 이주가 계속되었다. 특히 1990년대 이후 미국을 비롯한 유럽 각국이 국경에 대한 통제를 강화하면서 이민자들이 제공하는 노동력에 대한 수요와 그 수요를 합법적으로 채울 수 있는 통로 사이에 커다란 간극이 발생했으며, 미등록 이민자들이 이러한 간극을 채우게 되었다. 결론적으로 현재 세계가 경험하고 있는 국제 이주 문제의 대부분은 갑자기 등장한 외부의 위협이라기보다는 각국이 스스로 만들어 낸 문제라고 할 수 있다.

물론 경제적 동기만으로 모든 국제 이주를 설명할 수 있는 것은 아니다. 비현대 사회의 국제 이주 대부분이 저개발국에서 선진국으로 이루어지며, 그 배후에는 경제적 동기가 존재한다는 사실은 이들 국가가 경제적으로 발전하면 자연스럽게 국제 이주도 줄어들 것이라는 예상으로 이어질 수 있다. 그러나 실제로는 일정 수준에 도달하기 전까지 저개발국의 경제가 성장하면서 오히려 국제 이주가 증가하는 경향이 나타난다(de Haas 2010; de Hass and Fransen 2018). 국제 이주는 단순히 출신국이 가난하다는 이유만으로 발생하는 것이 아니며, 국제 이주를 가능한 선택지로 고려할 수 있는 정보와 그 과정에서 필요한 비용을 감당할 수 있는 능력이 요구되기 때문이다. 또한 가족 차원에서도 구성원이 국제 이주를 선택했을 때 발생하는 소득의 감소를 견딜 수 있는 경제력도 필요하다. 다시 말해서 저개발국의 경제발전은 국제 이주를 위한 열망과 능력을 키워줌으로써 단기적으로는 오히려 국제 이주의 증가를 가져올 수 있는 것이다.

록 출신국을 떠나 국제 이주를 선택하는 것은 더 나은 일자리와 경제적 기회가 가장 중요한 이유이겠지만, 그렇다고 해서 이들이 경제적으로 선진국이라면 아무 국가로나 무작위로 향하는 것은 아니다. 다시 말해서 이민자들이 구체적으로 어떻게 이주를 계획하고 실행하는가에 영향을 끼치는 맥락적(contextual) 요인이 존재한다. 예를 들어 유럽으로 이주하는 이민자의 상당수는 과거 해당 국가의 식민지였던 지역 출신이다. 즉 식민 지배의 유산으로 인해 두 국가 사이에 존재하는 정치적·경제적·문화적 연계가 해당 국가로의 국제 이주를 상대적으로 용이하게 선택할 수 있도록 하는 것이다. 비슷한 맥락에서 누군가가 이미 특정 국가로 이주하여 시민권을 획득하였다면, 이들이 출신국에 남아 있는 다른 가족 구성원이나 친지들을 가족 초청(family reunification)의 형태로 거주국에 초청하는 것이 가능하다. 다시 말해서 이미 이루어진 국제 이주가 또 다른 추가적인 국제 이주의 흐름을 만들어 낼 수 있는 것이다.

마지막으로 살펴볼 국제 이주의 중요한 유형은 바로 난민(refugees)이다. 난민은 정치적 박해를 비롯한 여러 가지 이유로 강제적으로 국경을 넘어 다른 국가로 이주했으며, 출신 국가의 보호를 받을 수 없거나 원치 않는 사람들을 의미한다. 다시 말해서 다른 이민자들과 난민을 구분하는 가장 중요한 차이는 이주의 비자발성에 있다고 할 수 있다. 그리고 바로 이러한 특징으로 인해 난민에 대해서는 유엔을 비롯한 다양한 기구에 의한 국제적 지원과 보호가 제공되고 있다(9장 참조).

최근 들어 국제적 분쟁이 빈번하게 발생하면서 난민 문제를 둘러싼 관심과 논란이 증가하고 있는 것이 사실이다. 실제로 유럽에서 국제 이주와 관련한 정치적·사회적 논란이 급격하게 늘어난 계기 역시 1990년대 초반 유고슬라비아 전쟁으로 인해 각각 발생한 대규모의 난민과 이들의 수용을 둘러싼 유럽국가 간 갈등이었다고 할 수 있다. 1990년대 중반 이후 다소 감소하던 난민의 규모는 2010년대 초반 시리아 내전으로 인해 다시 한번 대규모의 난민이 발생한 이후 다시 증가하는 추세를 보이고 있다. 그러나 실제 통계를 통해 드러나는 난민의 전체 규모는 언론 보도나 정치적 수사가 묘사하는 것처럼 크지 않아서, 전 세계 인구 중 난민은 0.4% 정도에 그치며 국제 이주 중 차지하는 비중도 10%대 초반에 머무는 것이 현실이다.

한국의 경우 난민 관련 업무를 시작한 1994년부터 2023년까지 누적 난민

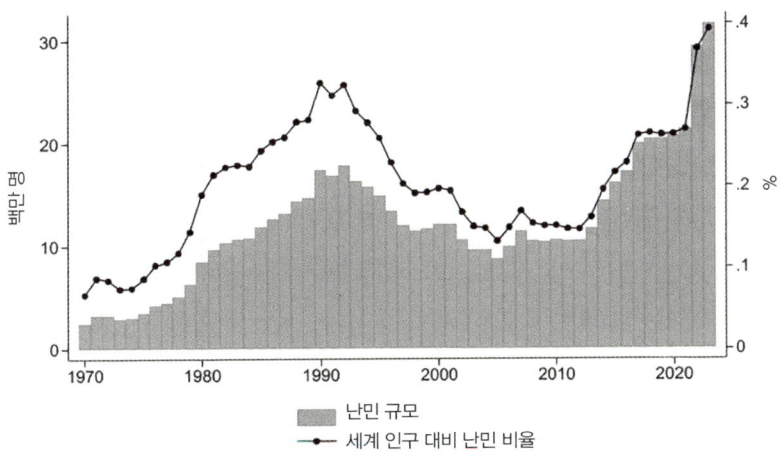

〈그림 2-7〉 전 세계 난민 규모의 변화

출처: UNHCR.

(A) 난민 인정신청 건수

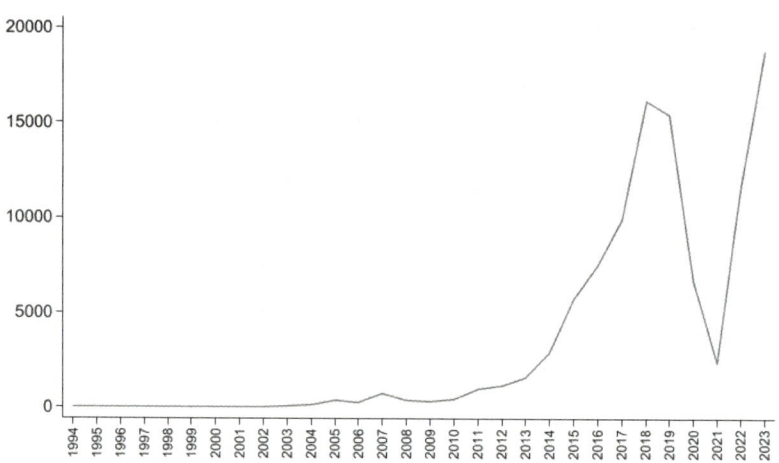

(B) 난민 및 인도적 체류자 인정 건수

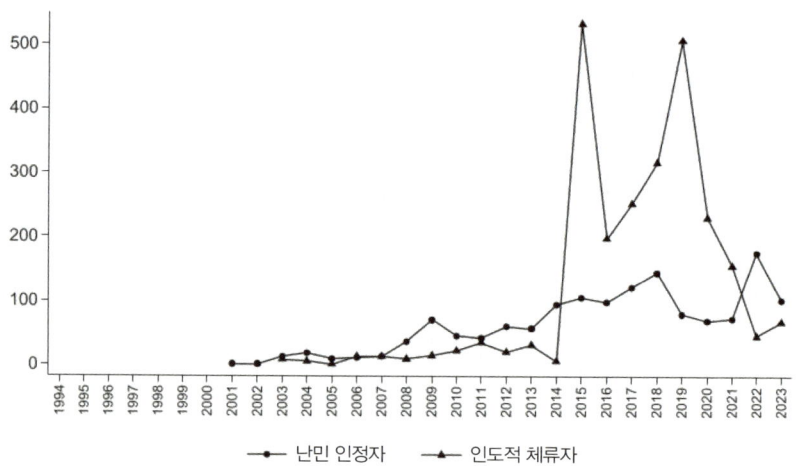

〈그림 2-8〉 한국의 난민 인정신청 및 인정 현황

자료: 법무부, 출입국·외국인정책 통계연보

국제 이주의 정치학

인정신청 건수는 103,759건이다. 특히 2013년 난민법 시행 이후로 난민 인정신청 건수가 큰 폭으로 증가해 왔으며, 가장 최근인 2023년 한 해 동안에만 18,837건의 난민 인정신청이 접수되었다. 그러나 한국에서 난민으로 인정받은 사례는 2001년에 와서야 최초로 나타났으며, 1994년 이래 2023년까지 통틀어 1,439건에만 난민 지위가 부여되었을 뿐이다. 결과적으로 한국의 누적 난민 인정률은 2.8%에 그쳤다.* 난민에 해당하지 않지만 생명의 위협이나 신체의 자유가 침해당할 수 있다고 인정되어 한국에서 체류할 자격을 받은 인도적 체류자는 2,613건이었으며, 난민과 인도적 체류자를 합산하여 계산한 누적 난민 보호율은 7.8%였다.** 참고로 2000년부터 2017년까지 세계 190개국의 평균 난민 인정률은 29.9%였으며 보호율은 42.5%였다.

한국은 난민 인정심사에 지나치게 오랜 시간이 걸리며 난민을 인정하는 것에도 소극적이라고 평가받아 왔다. 특히 난민법 시행 이후 난민 인정신청이 급격하게 증가하면서, 인도적 체류자 지위를 부여함으로써 난민 인정을 회피·우회하고 있다는 비판이 제기되기도 한다. 난민 인정자와는 달리 인도적 체류자들은 단순노무직으로만 취업이 제한되어 있으며, 가족 초청이나 혼인도 허락되지 않는 등 한국 사회에서의 생활에 여러 가지 제약이 존재하기 때문이다.

---

* 난민 인정률이나 보호율을 계산하기 위한 분모는 전체 난민 인정신청 건수가 아니라 심사가 완료된 건수로서, 2023년 기준 한국의 누적 심사완료 건수는 51,991건이다. 나머지는 신청을 철회했거나 아직 심사대기 중인 건수이다.
** 2023년 한 해 동안의 현황을 살펴보면 난민 인정심사를 완료한 7,089건 중 난민 인정은 76건, 인도적 체류허가는 141건이었다.

4. 소결

 본 장에서 살펴본 국제 이주의 현황과 유형은 크게 두 가지 정도의 함의를
보여 주고 있다. 첫 번째로 국제 이주 자체는 전혀 새로운 현상이 아님에도 불
구하고 최근 이민을 둘러싸고 관심과 논란이 증가한 이유는 단순히 국경을 넘
어 이동하는 사람들의 숫자가 늘어났기 때문이 아니라, 과거와는 다른 인종
적·문화적 배경을 가진 사람들이 유입되고 있기 때문이다. 따라서 이민 문제
의 핵심은 단순히 자국으로 유입되는 사람들의 숫자를 어떻게 통제할 것인가
의 문제에 그치는 것이 아니라, 우리와 다른 사람들을 어떻게 대우하고 이들
과 어떻게 하나의 공동체 안에서 어울려 살아갈 것인가의 문제까지를 포괄한
다. 이러한 의미에서 국제 이주는—비록 국제 이주의 대부분은 경제적 동기
에서 비롯된다고 해도—단순히 경제적 논리로만 접근할 수 없는, 본질적으로
정치적인 문제라고 할 수 있다.

 두 번째로 국제 이주에 대한 논의를 본격적으로 촉발한 것은 미등록 이민자
나 난민과 같이 상대적으로 눈에 띄는 유형이지만, 이들은 전체 국제 이주의
흐름에서 그리 크지 않은 비중을 차지하고 있다. 우리가 경험하는 국제 이주
는 대부분 각국이 설정한 법적·제도적 틀 안에서 합법적으로 이루어지고 있
다. 다시 말해서 국제 이주는 특별한 대책이 필요한 비정상적인 현상이 아니
라, 일상적인 정치과정을 통해 다루어지고 해결책이 모색되어야 하는 여러 정
치적 이슈 중 하나일 뿐이라는 것이다.

제3장

이민국가: 국제 이주에 대한 대응

국제 이주는 상품 및 자본의 이동과 더불어 국가 간 그리고 지역 간에 상호 의존성을 심화시키는 주요 요인 중 하나이다. 세계화라는 시대적 흐름 속에 국제 이주는 선진국에 값싼 노동력을 제공함으로써 하나로 통합된 시장 경제를 구축하는 데 큰 역할을 하였다. 하지만, 그 이면에는 일자리 잠식, 집단정체성에 대한 위협 등 문화적 역풍과 사회·안보적 우려도 존재한다. 이러한 맥락에서 국가는 국제 이주로부터 가해지는 압력에 대응하고, 국익에 맞도록 국제 이주를 관리하는 데 중요한 역할을 한다. 국제 이주의 시대에 국가는 이민정책을 통해 국경을 넘나드는 인구의 이동을 효율적으로 통제하고, 원하는 이민자를 수용하여 자국의 경제적·사회적 발전을 촉진하려고 하며, 포용적인 통합을 통해 공동체의 응집력을 유지하고자 노력할 수밖에 없다. 하지만 문제는 주요 이민 수용국들이 국제 이주의 압력에 대해 균형적인 대응을 하는 데 어려움을 겪고 있다는 점이다.

본 장에서는 국제 이주에 대한 국가의 대응을 홀리필드(James F. Hollifield)의 이민국가(migration state) 개념과 네 가지 측면의 게임(four-sided game) 모델을 활용하여 설명하고자 한다. 이 모델은 국가가 이민정책을 결정하고 집행하는 과정에서 시장, 권리, 문화, 안보라는 네 가지 핵심 기능 간의 복잡한 상호작용과 딜레마를 분석하는 이론틀을 제공한다. 본 장에서는 이민국가들을 유형화하고 각 유형별로 이 네 가지 기능의 역학 관계 속에서 국제 이주의 압력에 대해 어떻게 대응하고 있는지를 살펴보고자 한다.

1. 이민국가 개념과 이민정책에 있어 국가의 기능

최근 이민정책 연구에서는 국가가 다시 소환되고 있다. 대표적인 시도가 홀리필드의 이민국가 개념이다. 홀리필드는 국민국가의 발전 과정에서 국가의 핵심 기능이 변화해 왔다고 보며, 이를 통해 이민국가 개념을 도출하였다. 즉 16세기에서 17세기에 이르기까지는 안보가 강조된 병영국가(garrison state)가 나타났고, 18세기에서 19세기에는 경제적 기능에 초점을 맞춘 무역국가(trading state)의 특징이 강조되었으며, 20세기 들어서는 개인의 권리가 중요한 이민국가로 변모하고 있다고 주장한다(Hollifield 2004).

홀리필드의 이민국가 개념에서 중요한 전제는 이민 수용국에서 소위 '자유주의적 패러독스(liberal paradox)'가 나타난다는 점이다. 자유주의적 패러독스는 이민 수용국이 대외적으로는 경제발전을 위해 개방성을 추구하지만, 대내적으로는 국가정체성과 사회질서 유지를 위해 정치적·법적 폐쇄성을 유지하려는 노력 사이의 긴장 관계를 말한다. 여기에 이주민의 인권과 법적 지위 보장 요구까지 더해지면서 딜레마는 더욱 복잡해진다. 예를 들어 값싼 노동력에 대한 자본의 수요에 반응하여 이민의 문호를 활짝 연다면, 이민자 증가로 인해 국가정체성이 훼손되거나 국가 및 사회 안보가 위협받는 것을 걱정하는 목소리가 커질 수밖에 없다. 이 점에서 국가는 국제 이주의 영향력에 맞서 개방적인 경제, 법과 질서에 기초한 안보, 이민자를 위한 권리, 집단정체성과 같은 문화적 가치 등을 조화롭게 구현해야 하는 난제를 안고 있다. 홀리필드의 이민국가 개념은 국제 이주의 압력이 증가하고 있는 시대에 경제, 안보, 권리, 더 나아가 집단정체성과 같은 문화 기능을 선택적으로 추진할 수밖에 없는 딜레마를 설명하고, 국가가 시장, 안보, 문화, 권리라는 네 가지 기능 사이에서 어떤 선택을 하고, 이 기능들이 어떻게 상호작용하며 정책으로 나타나는지를 설명한다.

홀리필드는 이민정책에 내재된 네 가지 국가의 기능으로 시장, 안보, 문화, 권리를 들고 있다. 〈표 3-1〉은 이민정책에 내재된 네 가지 국가 기능을 정리한 것이다. 안보는 국경 통제를 통한 안정적 질서를 구현하는 기능이고, 시장은 경제발전을 통해 국익을 추구하는 기능이다. 권리는 국내의 법·제도와 국제인권 규범 등을 통해 이민자의 권리를 보장하는 역할을 말하고, 문화는 국가의 집단적 정체성을 의미한다.

이민정책의 방향성에 대한 논쟁은 이 네 가지 기능 간의 끊임없는 줄다리기

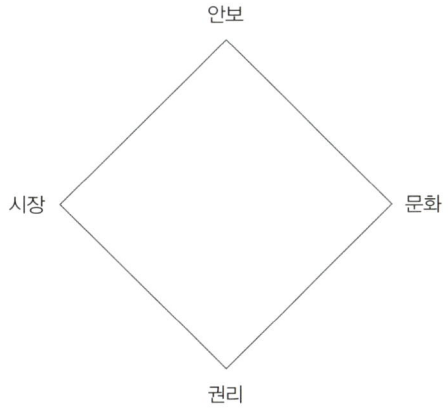

〈그림 3-1〉 이민정책에 내포된 국가의 네 가지 기능
출처: Hollifield and Foley(2022)

〈표 3-1〉 이민정책에 내재된 네 가지 기능

국가의 기능	주요 특징	대표적인 관심사
시장	노동력 수요, 경제 성장	외국인 노동자 정책, 숙련 이민 쿼터
권리	인권, 국제 규범, 시민사회 압력	차별금지법, 정규화 조치, 기족결합권, 이민자 사회보장
문화	국가정체성, 사회통합	사회통합 프로그램, 언어 및 문화 교육
안보	국경 통제, 국가 안보, 공공질서, 테러 방지	출입국 심사, 비자 정책, 미등록 이주민 단속

과정이다. 예를 들어, 경제발전(시장)을 위해 더 많은 이민자를 받아들이자는 주장과 이민자의 실질적 권리 보장(권리)을 위해 이민 규모를 제한해야 한다는 주장이 대립할 수 있다. 혹은 인도주의적 차원에서 이민자의 수와 권리(권리)를 확대하자는 주장에 대해, 이민 확대가 국가정체성에 대한 도전(문화)으로 이어지거나 국가 안보를 위협(안보)한다는 주장이 맞설 수 있다(이병하 2023). 이 네 가지 기능이 서로 균형감 있게 추진된다면 이상적이겠지만, 현실적으로 이는 불가능에 가깝다. 이러한 딜레마 상황에서 특정 국가는 특정 기능을 더 강조할 수밖에 없고, 우리는 이를 통해 그 국가가 추진하는 이민정책의 특징을 파악할 수 있다.

이민정책에 내재된 네 가지 국가 기능 중에서 가장 일반적인 관계는 시장과 권리 사이의 긴장이다. 얼마나 많은 이민자를 수용할 것인지, 그들을 권리가 제한된 한시적 노동자로 받을 것인지 아니면 가족재결합 권리와 시민권으로의 경로까지 보장된 영구적 이민자로 받을 것인지에 대한 논쟁이 대표적이다. 제2차 세계대전 이후 미국, 캐나다, 서유럽의 이민정책은 대체로 값싼 노동력 확보를 위한 시장의 요구와 이민자 권리 확대에 대한 권리의 요구 사이의 갈등으로 점철되었다. 하지만 1990년대 이후, 특히 9·11 사태 이후 주요 이민 수용국에서는 이민자들을 국가 혹은 사회 안보의 위협 요인으로 간주하고, 더 나아가 이들을 주류 집단에 통합되지 않는 '타자들'로 인식하는 경향이 강해지면서 국가 기능 중 안보와 문화 기능의 중요성이 커지고 있다.

2. 이민국가의 유형화

여기에서는 이민국가를 크게 전통적 이민국가(미국, 캐나다), 유럽의 이민국가(프랑스, 독일), 후발 이민국가(한국, 일본)로 나누어 각 유형에서 홀리필드의 네 가지 국가 기능이 어떻게 작동하는지 살펴보고자 한다. 먼저 전통적 이민국가는 국가의 형성과 발전과정에서 이민자들이 큰 공헌을 했으며, 따라서 이민이 국가의 바탕을 이루는 역사의식과 국가정체성의 중요한 부분을 차지한다. 전통적 이민국가는 영주 이민을 중심으로 해외 인력 유입을 추진하고 있으며 가족재결합과 고숙련 기반 이민이 주를 이루고 있다. 두 번째로 유럽의 이민국가는 전후 복구 과정에서 식민지로부터의 이주 혹은 방문노동자를 중심으로 해외 인력을 도입하였지만, 이들이 본국으로 귀환하지 않고 정주함으로써 이민자들이 중요한 정치적·경제적·사회적 영향력을 발휘하고 있는 국가라고 할 수 있다. 이민이 국가정체성의 중요한 부분을 차지하지 않고 따라서 이민국가로의 전환을 꺼렸지만, 결국 이민국가로서의 현실을 인정할 수밖에 없었던 경험을 가지고 있다. 마지막으로 후발 이민국가는 제2차 세계대전 이후 1970년대까지 이민 송출국이었던 국가들이 1980년대 이후 새롭게 이민 수용국이 된 국가를 의미한다. 후발 이민국가는 다른 이민 수용국에 비해 해외 인력을 제한적으로 도입하고 있기 때문에 외국 출생 인구의 비율이 상대적으로 낮으며, 이민정책을 사안별로 대응해 왔기 때문에 이민정책 체계가 파편화되고 분절화된 경향을 보인다(석하림·고민희 2022).

(1) 전통적 이민국가

미국은 대표적인 전통적 이민국가이다. 1945년 이전 유럽인들은 선원, 군인, 농민, 무역업자, 신부 그리고 행정가 등 다양한 형태로 전 세계에 걸쳐 식민지로 이주하기 시작했다. 특히 유럽에서 산업화가 가속화되면서 도시 빈민으로 전락한 농민들 중 일부는 미국으로의 이주를 선택하였다. 1800년부터 1860년까지 미국 이민자의 66%가 영국 출신이었으며, 22%가 독일 출신이었다(Castles and Miller 2009). 그리고 1850년부터 1914년까지 미국 이민자 출신지는 아일랜드, 이탈리아, 스페인 그리고 동유럽으로 확대되었다. 또한 노예제가 폐지된 19세기 후반에는 중국인과 일본인이 도급제 계약노동자(indentured workers)로 미국으로 이동했다.

초기 미국의 이민정책은 산업 발전에 따른 노동력 수요를 충족시키기 위해 비교적 자유방임적이었으나, 1882년 「중국인 배제법」을 시작으로 특정 인종을 배제하는 등 점차 문화적·인종적 고려에 기반한 통제를 강화했다. 1924년 「이민법」은 국가별 쿼터를 설정함으로써 서유럽 출신 백인들을 주로 수용한 반면, 남유럽과 동유럽 그리고 남미와 아시아로부터의 이민을 제한하였다. 20세기 초반부터 미국의 정책결정자들은 경제발전을 위해 개방적 이민정책을 추진하면서도, 유럽과 같은 특정 지역 출신의 이민자를 받아들이려고 노력하는 등 시장의 요구와 문화적·인종적 고려를 절충하려 했다. 이러한 시장과 문화 기능 간 긴장 관계는 자유주의적 패러독스의 한 단면을 보여 주며, 자유주의적 패러독스는 20세기 들어 미국의 이민정책이 변화할 때마다 지속적으로 등장했다(Tichenor 2023).

1960년대 중반 이후 민권 운동의 영향으로 제정된 1965년 「이민법」은 국가별 쿼터를 철폐하였고, 이후 미국은 가족 이민과 노동 이민 위주로 영주권자를 받아들이는 이민정책을 유지하면서 권리 기능이 부상하기 시작한다. 1965년 이전까지 미국의 이민국가는 노동력 수요 충족이라는 시장 기능과 인종과 문화적 수용성을 중심으로 한 문화 기능을 강조하면서 이민정책을 발전시켜 왔지만, 1965년 이후 권리의 기능이 강조되면서 미국에서 이민을 둘러싼 논의는 상당히 복잡한 양상을 보이게 된 것이다.

국익과 경제발전을 위해 양질의 이민자를 수용하고, 질서 있는 이민 행정 시스템을 통해 우수한 인력을 관리·통합하자는 데는 이견이 없다. 하지만 이민 확대의 이면에 존재하는 미등록 이민자 문제를 추방 조치로 해결할지 아니면 사면 조치로 해결할지를 둘러싸고 권리와 시장, 그리고 안보 기능 간에 첨예한 대립이 나타났다. 여기에 더해 2001년 9·11 테러는 미국 이민정책에 있어 안보의 기능이 강조되는 결정적인 전환점이었다. 9·11 테러 이후 미국 이민국가는 국경 통제 강화, 비자 정책 기준 강화, 대테러 조치 등을 최우선 과제로 삼았고, 특정 이민자 집단에 대한 우려가 커지는 가운데 "누가 미국인인가?"와 같은 논쟁을 낳게 된다. 전통적인 시장과 문화 기능에 대한 긴장 관계속에 1960년대 중반 이후 권리 기능이 부상하고, 9·11 테러 이후 안보 기능이 강조되면서 미국 이민정책은 복잡한 양상을 띠게 된다. 이러한 복잡한 양상을 잘 반영하는 개념이 '이상한 동거 관계'이다.

1980년대 말까지 미국의 이민국가에서 이민정책을 둘러싼 논쟁은 전통적인 민주당–공화당의 구도를 넘어서는 다양한 정책적 합종연횡이 심화·발전했다. 진보적 이념 내에서는 이민자의 권리를 강조하는 자유주의적 범세계주의 세력과 노동조합에 기반한 경제적 보호주의 세력 간 대립이 발생하였고, 보수적 정치 이념 내에서는 친기업 이민 확대 세력과 문화적 보호주의 세력 간 대립이 나타나게 된다. 그리고 이러한 네 가지 세력들은 이민 개혁에 대한 서로 다른 청사진을 가지고 합종연횡해 왔다. 대표적인 경제적 보호주의 세력인 전통적 노동운동은 1950년대 후반부터는 친이민 연합으로 입장을 바꾸어 기존의 국적별 쿼터 제도를 폐지하고, 가족재결합과 취업을 기반으로 하는 1965년 「이민법」 제정에 기여하였다. 자유주의적 범세계주의자들은 친기업 보수주의자들과 다른 정치 이념을 가지고 있음에도 불구하고 1990년 이민법 개혁 과정에서는 개방적 이민정책 형성에 찬성한 바 있고, 친기업 보수주의자들은 문화적 보수주의자들과 함께 정치적 연합을 형성하여 비시민권자들에 대한 복지 혜택 감소를 내용으로 하는 1996년 이민법 개혁을 추진하였다(이병하 2013). 이러한 이상한 동거 관계는 과거 이민 개혁을 둘러싼 논쟁을 이해하는 데도 중요하지만, 현재 그리고 향후 미국의 이민 개혁의 방향을 예측하는 데 있어 중요한 기준이라고 할 수 있다.

이민정책은 안보, 경제발전, 인권 보장, 사회통합이라는 국가의 기능을 수행함으로써 국민들로부터 정당성을 확보하고자 한다. 이러한 관점에서 볼 때 미국 이민정책은 네 가지 기능의 균형을 이루는 데 어려움을 겪고 있다. 예를 들어 약 1천만 명 이상으로 추산되는 미등록 이민자의 존재는 질서 있는 국경 관리와 이민 통제가 제대로 이루어지지 않고 있음을 보여 준다. 또한 전 세계적으로 우수 인재를 유치하기 위한 경쟁이 치열해지고 있음에도 불구하고, 과거 트럼프 행정부의 제한적 이민정책은 미국에서 유학을 계획하거나 학위를 취득한 이공계 우수 인재들이 다른 국가에서 취업하는 계기를 제공하였고, 결과적으로 미국의 첨단 산업 기업들은 인재 유치에 어려움을 호소한 바 있다. 인도적 보호 측면에서 보더라도 미국은 베네수엘라 등 중남미 지역에서 대규모 난민이 발생하였음에도 이들을 멕시코에 묶어 두고 미국 내에서 난민 인정 심사를 받는 기회를 제한하였다. 과거 트럼프 대통령이 쏟아낸 각종 반이민 수사들은 일반 대중들의 인종차별 담론에 대한 심리적 장벽을 허물어 버림으로써 이민자들에 대한 차별과 혐오를 증가시켰다. 바이든 행정부는 출범 초기부터 이민정책을 팬데믹 극복, 경제 회복, 인종적 정의, 기후 변화 등과 함께 핵심 과제로 설정하고, 트럼프 행정부의 제한적 이민정책 기조를 수정하려고 했다. 그러나 바이든 행정부도 미국 이민 개혁 과정에서 나타나는 전형적인 패턴이라 할 수 있는 '늘어지는 협상과 반복되는 교착상태'를 극복하지 못했다. 캐러밴(caravan)이라 불리는 중남미로부터의 미등록 이민자들이 남부 국경에 몰려들면서 국경 통제에 대한 우려가 커지자, 바이든 행정부는 자신들이 비판했던 트럼프 행정부의 강경한 국경 통제 정책을 수정하기는커녕 이를 유지할 수밖에 없는 딜레마 상황에 빠지고 말았다. 현재 미국 이민정책은 안보와 문화 기능에 무게가 실리고, 상대적으로 시장과 권리 기능은 위축되는 경향을 보인다고 평가할 수 있다.

캐나다는 미국, 호주와 같이 이민자를 적극적으로 수용하는 전통적인 이민국가로 분류되는 대표적인 국가이다. 캐나다의 이민정책과 제도, 이민자의 구성과 역사적 변화, 추진체계 등은 미국과 많은 측면에서 유사하다. 그러나 캐나다의 이민자 비중은 미국에 비해 상대적으로 높은 편이며, 이민에 대한 여론도 미국에 비해 긍정적인 편이다. 또한 정치권에서 이민 이슈는 특별히 대립적 구도로 나타나지 않는다.

캐나다는 미국과 마찬가지로 20세기 전반까지는 유럽 출신의 백인 이민자들을 위주로 영주 이민을 받아들였다. 하지만 1960년대 이후 유럽으로부터의 이민이 감소하자 국적별 쿼터에 기초한 유럽 출신 이민자 선호 정책을 재검토하였고, 1967년 포인트 시스템을 도입하여 교육과 직업교육, 개인적 자질, 이민신청자의 직업, 언어 능력 등을 고려한 경제 이민정책을 수립하였다. 이는 캐나다 이민정책에서 시장 기능을 강조한 정책 전환이었다.

이후 캐나다 이민정책은 가족, 경제, 난민이라는 세 범주를 중심으로 영주 이민을 주요 이민 통로로 활용하고 있다. 이 중에서 특히 경제 이민은 캐나다 이민정책에서 중요한 위치를 차지한다. 캐나다는 광활한 영토에 비해 상대적으로 적은 인구로 인해 이민을 통한 인구 증가와 고숙련 이민자 유입을 통한 지식경제 기반 구축에 노력하고 있다. 예를 들어 캐나다는 2020년 3월 이민수용계획(Immigration Levels Plan)을 발표하여 이민 수용 규모를 지속적으로 늘려가기로 하였다. 이는 캐나다 경제성장에 이민자들의 유입이 긍정적인 영향을 준 것으로 인식하고 있음을 보여 준다. 2021년 계획에서는 2020년 대비 9,000명 많은 350,000명의 이민자를 수용할 계획으로 발표했으며, 이 중 절반 이상인 6,500명을 추가로 캐나다 경제에 직접적 도움을 줄 수 있는 인력으로 그리고 2,500명은 인도적 차원의 이민자 수의 확대를 계획하였다. 이처럼 1960년대 이후 캐나다 이민정책에서 두드러지는 특징은 경제적 기여 가능성이 높은 이민자 집단을 선별적으로 받아들이는 시장 기능이라고 할 수 있다.

캐나다 이민정책의 주요 특징 중 하나는 다문화주의이다. 캐나다는 1971년 공식적으로 다문화주의를 채택하고 이민자들을 통합하기 위한 각종 언어 훈련 및 정착 지원에 힘쓰고 있다. 캐나다의 다문화주의 정책은 다양한 소수자 집단에 캐나다에 대한 소속감을 심어 주어 더 높은 통합을 추구하는 정책이다. 특히 소수자 집단이 독자적인 정체성을 유지하도록 하고 이러한 정체성을 공식적으로 인정함으로써 주류 사회 안에서 다양한 소수자 집단이 캐나다 사회의 부분을 이루고 더 나아가 이러한 소수자 집단이 모여 전체 캐나다 정체성을 구성하도록 유도하고 있다. 다문화주의 정책을 통해 문화적 다양성을 추구하고, 모자이크로 상징되는 새로운 집단정체성을 구성하고 동시에 소수자 권리를 보호하는 문화와 권리 기능 간 연계 현상을 볼 수 있다. 또한 미국과 달리 대규모의 미등록 이민자를 양산하는 국경이 존재하지 않는 지리적 요인으로 인해 미등록 이민자 문제가 심각한 문제로 대두되지 않아 안보 기능이 상대적으로 덜 부각된 측면이 있다.

요약하자면 미국의 경험과 유사하게 캐나다도 20세기 초반에는 인종과 문화적 수용성을 중심으로 한 제한적인 이민정책을 추진하였다. 그러나 1960년대 이후로는 이민국가의 시장 기능을 강조하는 동시에 이민자의 성공적인 통합을 위한 다문화주의를 본격적으로 실천하면서 문화 및 권리 기능을 강조함으로써 이민정책에 내재된 국가 기능 간 갈등을 최소화하는 노력을 기울이고 있다고 볼 수 있다.

(2) 유럽의 이민국가

제2차 세계대전 이후 유럽의 국가들이 경제 재건에 매진하면서 노동력 부족 현상이 발생했고 다시 국제 이주가 증가하기 시작하였다. 유럽의 주요 국가들은 1945년부터 1970년대 초반까지 노동력 부족을 해소하기 위해 저개발국으로부터 노동 이민을 받아들였다. 이러한 노동 이민의 증가는 1973~1974년 석유 파동(oil shock)으로 인해 중단되기까지 계속되었다. 유럽의 이민국가들은 이민정책에 있어 시장 기능을 강조했다고 볼 수 있다. 제2차 세계대전 이후 유럽 이민국가들의 정책은 시장 기능이 지배적이었다. 하지만 옛 식민지로부터의 대규모 이민은 유럽 국가들의 인종 구성에 변화를 가져왔고, 이는 이민자 통합 문제를 야기하면서 시장 기능과 문화 기능 간의 긴장을 초래했다.

또 다른 패턴은 독일식 방문노동자 시스템으로서, 방문노동자 시스템은 제한된 기간 동안 특정 직업과 산업 분야에서 한시적 노동력으로 방문노동자를 수용하는 모델이다. 그러나 가족재결합이 허용되면서 이들이 점차 이민 수용국에서 가족을 형성하게 되었고, 특히 1973~1974년 석유 파동 이후 주요 이민 수용국이 노동 이민을 중단하자 방문노동자들은 본국 귀환 후 재입국이 어려울 것을 우려해 이민 수용국에 정착하기로 결정한다. 이후 한시적으로 노동력 부족 현상을 해소하기 위해 외국인 노동자를 받아들인다는 방문노동자 시스템의 원칙은 무너지게 된다. 방문노동자 시스템이 붕괴하게 된 이면에는 이민정책에 있어 권리 기능이 강조된 측면이 있다. 시장 기능이 강조되면서 늘어난 외국인 노동자들은 헌법에 보장된 가족 권리를 들어 가족재결합을 요구하게 되었고 이로 인해 순환 원칙에 기반한 시장 중심의 방문노동자 시스템을 약화시켰다. 즉 시장 기능이 권리 기능의 도전을 받은 것이다.

프랑스는 다른 유럽 국가에 비해 상대적으로 긴 이민의 역사를 가지고 있다. 프랑스는 18세기부터 노동력 부족 현상을 해결하기 위해 정부 주도로 외국인 노동자를 적극적으로 수용하였고, 속지주의와 속인주의가 결합된 국적 프랑스 공화주의는 혁명을 통해 군주를 없애고 종교를 사적 영역에 가둬 버린 경험에 기초하고 있다는 점에서, 평등주의적이며 세속적이라는 특징을 가진다. 이러한 공화주의는 이민정책에 있어 동화주의로 연결된다. 프랑스 공화주의에서 개인은 정치적 공동체로서의 국가에 속한 시민으로서, 정치적 공동체에 적극적으로 참여할 의지와 국가의 핵심적인 정치적 가치를 준수할 의무를 지닌다. 이는 프랑스 공화국의 가치에 동의하고 이를 준수하려고 한다면, 인종, 종교, 문화 등에 상관없이 누구든 프랑스 시민이 될 수 있다는 것을 의미한다. 따라서 프랑스 시민이 되고자 한다면 자신의 인종, 종교, 문화 등은 개인의 사적 영역에 가두어야 하고, 시민으로서의 개인은 공화국 앞에서 프랑스의 정치적 가치에 동화된 추상화된 개인이어야 함을 의미한다.

법을 채택함으로써 이민자 수용을 촉진하였다. 특히 제2차 세계대전 이후에는 옛 식민지 특히 알제리, 튀니지, 모로코 등으로부터 이민자를 수용하였고, 1970년대 석유 파동 이후 노동 이민을 중단하였음에도 옛 식민지 출신 이민자들의 가족재결합과 난민 수용을 통한 이민이 지속적으로 증가하고 있다.

프랑스 이민정책의 특징은 공화주의에 기반한 동화주의에 있다. 공화주의적 동화주의는 개방적이고 확대된 시민권 개념을 가진 모델이다. 프랑스 공화국의 가치에 동의하고 이를 준수하면 누구나 프랑스 시민이 될 수 있지만, 대신 종교적·문화적 정체성은 사적 영역에 머물러야 하고 공적 영역으로 표출되어서는 안 된다. 이 지점에서 공화주의는 문화적 차이와 조우하고 여러 가지 한계를 낳게 된다. 이를 잘 보여 주는 사례가 무슬림 여성의 히잡 착용 논쟁이다. 1989년 모로코 출신의 무슬림 여중생들이 수업 시간에 히잡을 착용하자 학교에서 이를 금지하고 학생들을 퇴학시키면서 사회적 논쟁이 촉발된 바 있다. 프랑스 공화주의에 의하면 히잡, 십자가, 키파 등은 단순한 종교적 상징물이 아니라 혁명을 통해 성취한 정교분리에 대한 엄중한 도전이라고 판단하기 때문에 히잡 착용이 정치적으로 중요한 논쟁이 될 수밖에 없다. 또 다른 예로 2001년 프랑스와 알제리 간 축구 경기가 열렸는데 알제리 출신 프랑스 국적 젊은이들이 알제리 팀을 응원하고, 프랑스 국가를 거부하며 알제리 국가를 제창한 일이 있었다. 이는 공화주의에 입각한 동화주의적 통합에 의문을 제기하였고, 이후 프랑스는 프랑스 국가와 역사에 대한 교육을 강화하였다.

이처럼 프랑스에서는 개방적 시민권 모델의 이면에서 문화적 차이와 인종적 정체성을 둘러싼 문화와 권리 간의 갈등이 심화되고 있으며, 이는 종종 옛 식민지 출신 이민자들의 사회적 불만으로 표출되고 있다. 이에 대한 주류 집단의 반발은 국민 연합과 같은 극우 정당의 약진으로 이어지면서 문화와 권리 기능 간 갈등이 심화되고 있다.

독일은 1950년대 경제 부흥을 시작하면서 내국인만으로는 저숙련 노동자에 대한 수요를 충족시킬 수 없게 되자, 정부 차원에서 방문노동자를 수입하기 위한 협정을 체결하기 시작했다. 1960년대 후반까지 대부분의 방문노동자는 이탈리아, 스페인, 그리스 등 남유럽 출신이었으나 이후 유고슬라비아나 튀르키예 출신 노동자들이 주류를 형성하였다. 이러한 방문노동자의 수용은 1950~1960년대 독일의 경제성장에 크게 기여한 것으로 평가된다. 그러나 당시 독일 이민정책의 특징은 "독일은 이민국가가 아니다"라는 말로 요약되듯이, 이민은 허용하지만, 일정 기간만 받아들인다는 것이었다. 그러나 1973~1974년 석유 파동에 이은 노동 이민의 중단은 많은 방문노동자들로 하여금 독일에 영구 거주를 위한 권리를 주장하게 했고, 이에 따라 가족재결합도 증가하였다. 방문노동자 제도의 원래 의도와 결과 사이에 간극이 발생하자 독일은 방문노동자의 귀국을 장려하기 시작했다. 1983년 「귀국촉진법」을 통해 출신국으로 돌아가는 외국인에게 정착금을 지원하는 등 방문노동자들의 귀국을 장려하는 동시에, 귀국하지 않은 방문노동자와 그 가족들에 대해서는 사회통합 정책을 추진하였다. 그러나 이러한 정책은 그다지 실효를 거두지 못하고, 많은 방문노동자들과 그 후손들은 독일에서 이민자 공동체를 형성하여 살아가게 된다.

1980년대 말부터는 소련의 붕괴 이후 많은 동유럽 국가 출신 난민들이 독일로 유입되었다. 독일이 제2차 세계대전 중에 저지른 반인도적 범죄를 속죄하는 차원에서 난민에 대한 개방적인 제도를 채택한 것이 하나의 요인으로 작용하였다. 난민의 유입과 함께 동유럽으로부터의 독일계 해외 동포가 유입되고, 구소련 지역으로부터 유대인들이 귀환하면서 독일은 사실상 이민국가로 전환되었다. 결과적으로 2006년 당시 독일에서 30년 이상 거주한 외국인의 비율이 20%를 넘었고 10년에서 19년까지 거주한 외국인의 비율도 28%에 달했다. 그러나 독일이 사실상 이민국가임을 부정하는 동안 외국인과 이민자들의 거주 지역은 주류 사회와 공간적·사회적·문화적으로 분리되는 소위 '병행사회(parallel society)' 현상이 발생하였다. 독일은 이러한 병행사회가 심화되는 것을 막기 위해 이민국가에 걸맞은 법과 제도를 정비하고, 혈통에 기반한 속인주의를 수정하는 등 이민정책 기조에 변화를 주었다.

오랫동안 사실상 이민국가였음에도 불구하고, 이러한 현실을 공식적으로 인정하기 거부해 왔던 독일은 마침내 이민국가임을 인정한다. 전통적으로 독일의 시민권 부여 원칙은 혈통에 기반한 속인주의로서 독일 시민권은 독일인 부모로부터 태어난 경우에만 부여되었다. 그러나 2000년 1월 1일부터 발효된 개정 국적법은 부분적으로 속지주의를 도입하였다. 독일에서 출생한 외국인은 부모 중 한 명이 독일에서 태어났거나 그가 14세 이전에 독일로 이주한 경우 자동으로 독일 국적을 취득할 수 있으며, 원하는 경우 부모의 국적도 함께 보유할 수 있다. 또한 2004년 독일 의회는 「이민법」을 제정하여 이민국가에 걸맞은 법과 제도를 정비하였다. 2005년 1월 1일부터 발효된 새로운 이민법은 비유럽연합 국가 출신도 독일로 이주할 수 있는 기반을 마련하였으며, 이민정책과 이민법의 집행기관으로서 연방이민난민청을 설립하였다. 또한 기존에 파편화되어 있던 외국인력 정책, 사회통합 정책, 난민 정책을 하나의 법체계에 담아 체계화하는 동시에, 연방정부가 이민자 사회통합 정책을 추진할 수 있는 법적 근거를 마련하였다. 독일은 이민국가라는 현실을 받아들이지 않다가 이민으로 인한 사회적 변화를 수용하여 이민국가임을 선언하고 법적·정책적 정비에 나선 사례라고 할 수 있다.

　프랑스와 독일과 같은 유럽의 이민국가는 제2차 세계대전 이후 전후 복구와 경제발전을 위해 옛 식민지 혹은 남부 유럽 혹은 제3세계로부터 저숙련 노동자를 받아들이면서 이민정책의 시장 기능을 강조하였다. 1970년대 노동 이민의 중단은 많은 방문노동자들로 하여금 가족재결합과 영구 거주를 위한 권리를 주장하게 만들었고, 연이은 난민 수용도 이민정책에 있어 권리 기능이 강조되는 계기가 되었다. 하지만 유럽의 이민국가는 식민주의와 제국주의 유산으로 인해 옛 식민지로부터의 이민이 주요 채널이 되었고, 석유 파동 이후 노동 이민을 중단하였음에도 불구하고 가족재결합과 난민 수용으로 인한 이민이 증가하고 있는 국가들이다. 가족재결합과 난민 수용이 주요 이민 통로이다 보니 고숙련 이민자 유치에 어려움을 겪고 있어서 최근에는 자국의 경제발전과 첨단 산업 육성에 도움이 되는 소위 '선택하는' 이민으로의 전환을 추구하면서 다시 시장 기능이 강조되고 있다. 예를 들어 프랑스는 선택적 이민정책을 통한 고숙련 인력 도입과 노동시장 통합정책을 통한 기존 이민자들의 숙련도 향상에 노력하고 있다. 독일도 숙련 노동자 유입을 위해 노력하고 있다. 2019년 독일 연방하원은 「숙련노동 이민법(Skilled Labor Migration Act)」을 제정하고 2020년 시행하였다. 이 법은 숙련 노동자를 독일과 외국에서 대학교육을 받았거나 직업교육을 받은 자로 정의하고 제3국 출신 숙련 노동자는 근로계약이나 자격을 입증하면 연방노동청의 승인 없이 노동 이민을 할 수 있도록 한다. 공인 자격을 가진 경우에는 체류 허가 절차가 신속하게 진행되도록 하였다.

　정리하자면, 유럽 이민국가들의 시장 기능은 국가에 내재된 권리 확보 기능에 의해 제한되면서 시장과 권리 간의 긴장 관계를 낳았다. 또한 국가들마다 다소 차이는 있지만 무슬림, 난민들의 사회통합적 가능성에 대한 의구심이 높아지고, 이러한 우려가 국가 안보와 사회 안보에 대한 위협으로 발전하면서 시장과 권리 간 긴장 관계는 점차 안보와 문화 간 긴장 관계로 옮겨가고 있다고 평가할 수 있다.

(3) 후발 이민국가

한국과 일본은 대표적인 후발 이민국가로서 1970년대까지는 이민 송출국이었지만, 인구감소로 인한 노동력 부족 현상으로 인해 1980년대 이후 외국인 노동자를 받아들이면서 이민 수용국으로 전환되었다. 이들 국가는 공식적으로 이민을 인정하기보다 방문노동자, 산업연수생, 유학생 등과 같은 다른 통로를 통해 노동력 부족 현상에 대응하게 된다. 단일민족국가 관념이 강한 한국과 일본은 이민정책에 내재된 국가 기능 중 국가정체성 유지와 같은 문화 기능을 강조할 수밖에 없었다. 따라서 경제발전에 필수적인 노동력 부족 해결을 위해 외국인 노동자를 도입하고자 했지만, 이민의 문호를 전면적으로 개방하기보다는 국가정체성에 위협이 되지 않는 선에 그치는 동시에 이들에게 제한된 권리만 부여하는 방식으로 이민정책을 추진하게 된다.

미국, 캐나다, 호주와 같은 국가들은 오랜 시간 동안 이민 통제와 이민자 통합정책을 만들어 왔다. 반면에 1980년대, 더 구체적으로는 탈냉전 이후 경제적 세계화로 인한 활발한 노동력 이동을 통해 외국인 인구가 늘어난 후발 이민국가들은 20~30년에 불과한 시간 안에 이민 통제와 이민자 통합을 모두 포괄하는 정책을 모두 수립하여야 한다는 부담이 있다. 더구나 이민으로 수립된 전통적 이민국가에서 이민자란 대부분 잠재적인 시민권자이며 인구 유입의 시작부터 자연스럽게 사회통합의 대상이 된다. 그러나 후발 이민국가는 일시적 노동력 유입과 영구적 이주가 분리되기에 더욱 복잡한 정책이 요구됨에도 불구하고 빠른 세계화의 진전에 따라 정부의 정책이 이민의 현실에 가까스로 따라가는 형국이 되었고, 한국과 일본의 사례 역시 예외가 아니다.

1980년대 말부터 이민 송출국에서 이민 수용국으로 전환된 한국은 다양한 정책 수립과 법안 제정으로 이민 관련 문제들에 대응하려고 하였다. 1980년대 말부터 시작된 대기업과 중소기업 간의 임금 격차와 노동력의 고학력화 현상으로 인해 일부 저숙련 제조업은 인력난을 겪게 되었다. 이에 따라 한국 정부는 1991년 해외투자업체연수제도를 시작으로 1993년 11월 본격적으로 산업기술연수생제를 채택하면서 외국인 노동자를 받아들이기 시작했다. 그러나 산업기술연수생제가 지닌 제도적인 결함으로 인해 불법 체류자를 양산하게 되고 1995년 네팔 노동자들의 명동성당 농성을 계기로 외국인 노동자에 대한 인권 문제가 사회적 의제로 부각됨에 따라 외국인 노동자 정책에 대한 논쟁이 촉발되었다. 민간 단체인 중소기업협동조합중앙회가 관리하는 산업기술연수생제의 유지냐 아니면 노동부가 중심이 되어 정부 주도로 관리되는 고용허가제의 도입이냐를 놓고 수년간 논쟁을 거듭하다가 마침내 2003년 「외국인 근로자 고용 등에 관한 법률」을 제정하여 고용허가제와 산업기술연수생제도를 한시적으로 병행하여 실시하기로 한다. 고용허가제는 시장 기능과 권리 기능 사이에 타협이 이루어진 결과라고 평가할 수 있다. 이후 한국의 외국인 노동자 정책은 고용허가제로 단일화되어 현재까지 유지되고 있다. 한국 정부는 네팔, 동티모르, 몽골, 미얀마, 방글라데시, 베트남, 스리랑카, 우즈베키스탄, 인도네시아, 중국, 캄보디아, 키르기스스탄, 태국, 파키스탄, 필리핀 등 17개국의 인력송출기관과의 협력을 통해 외국인 노동자를 도입하고 있다.

한국의 이민정책은 1990년대 초반부터 본격적으로 유입되기 시작한 외국인 노동자들을 관리하기 위한 목적에서 출발하여, 2000년대 중반 이후 결혼이민자라는 정주형 이민자 집단의 출현을 계기로 점차 이민자 통합이라는 기능이 추가되기 시작했다. 2006년 4월 노무현 대통령이 다문화 사회로의 전환은 돌이킬 수 없다고 발언한 이후, 중앙정부 부처들은 서로 경쟁적으로 이민 한국의 산업기술연수생제도는 1991년 해외투자업체의 현지 고용 인력의 기능 향상이라는 명분으로 도입된 제도이다. 하지만 실제로는 기술을 배우기 위해 한국에 온 연수생들에게 노동을 시킴으로써 국내 제조업의 인력 부족 문제를 해결하는 수단으로 활용되었다. 산업기술연수생제도하에서 외국인 노동자는 노동자가 아닌 연수생으로 도입되었기 때문에 한국의 노동 관련 법률의 적용을 받지 못했으며 실질적으로 노동을 제공했음에도 임금이 아닌 '연수수당'이라는 이름으로 저임금을 받아야 했다. 이들의 연수수당은 미등록 노동자 임금의 59.2%에 불과했기 때문에 연수생들이 지정된 사업장을 이탈하여 자발적으로 미등록 노동자가 되면 더 높은 임금을 받을 수 있었고, 실제로 많은 연수생들이 사업장을 이탈하였다. 이에 사업주들은 연수생들의 이탈을 막기 위해 여권을 압수하거나 수당 지급을 미루는 방식으로 대응하였다. 이러한 외국인 노동자들의 권리 침해에 대해 시민사회는 이주노동자 지원 운동을 전개하면서 고용허가제 도입을 요구하였다. 산업기술연수생제도는 고용허가제와 병행 실시되다가, 2007년부터 고용허가제로 일원화되었다. 고용허가제는 외국인 노동자도 내국인 노동자와 마찬가지로 동등하게 노동관계법의 적용을 받게 하여 외국인 노동자를 노동법상 근로자로 인정하였고, 공공기관이 외국인노동자의 도입과 관리를 맡음으로써 공공성을 강화한 것이 특징이다. 물론 고용허가제는 외국인 노동자의 노동권을 형식적으로만 보장하고 실질적으로 작업장 이전 횟수를 제한함으로써 노동자로서의 기본권을 침해한다는 비판을 받고 있지만, 공공성 강화를 통해 외국인 노동자 정책을 정상화하였다는 평가도 받고 있다.

자 통합정책에 뛰어들었다. 2006년 4월 26일 「여성결혼이민자 가족의 사회통합 지원대책」과 「혼혈인 및 이주자 지원방안」이 발표되었고, 5월에는 국무총리실 산하에 외국인정책위원회가 설립되었으며, 이어 「외국인 정책 기본방향 및 추진체계」가 발표되었다. 여러 가지 대책과 정책 방향이 수립된 이후에는 법무부가 2006년 12월 「재한외국인처우기본법」을 국회에 제출하였고, 이듬해 4월 국회를 통과하였다.

일본도 대표적인 후발 이민국가 중 하나로서 1980년대 이후 인구감소와 노동력 부족으로 인해 외국인 노동자와 이민자를 받아들임으로써 소위 '이주의 전환(migration transition)'을 경험하게 된다. 대부분의 이민 수용국에는 노동력 부족을 해소하기 위해 저숙련 외국인 노동자를 수입하라는 기업계의 압력이 존재했다. 하지만 일본의 기업계는 해외로부터 다수의 외국인 노동자를 수입하도록 정부에 요구하는 것에 성공적이지 못했다. 그 결과 일본 정부는 공식적인 채널을 통해 노동 이민을 수용하기보다 과거 남미로 이주했던 일본인 및 그 후손인 일계인(日系人)이나 유학생 등을 활용하는 방식으로 노동력 부족 현상에 대응하게 된다. 또한 주요 이민 수용국의 정치 엘리트들은 이민이 국익에 중요하다는 인식이 강했고, 이는 이민정책의 확대로 이어진다. 이에 반해 일본의 엘리트들은 일본이 이민국가가 아니라는 관념이 강했고, 이민자는 일본인이라는 정체성을 저해할 것으로 판단하였다(Strausz 2019). 이런 점에서 일본은 시장 기능의 필요성과 문화적 동질성 유지(문화), 그리고 제한적 권리 부여(권리) 사이의 복잡한 균형을 보여 준다.

일본은 고숙련 전문인력만을 도입한다는 원칙 아래에 저숙련 외국인력 유입에 부정적이었다. 그러나 1990년 「출입국관리 및 난민 인정법」(입관법) 개정을 통해 연수생, 기능실습생, 일계인, 유학생 등을 도입·활용하는 정책을 취해 왔다. 또한 일본 정부는 인도네시아, 필리핀, 베트남과 경제동반자협정(EPA)를 맺고 고령화 시대에 부족한 간호사와 개호(간병) 인력을 도입하기 시작했다. 일본 정부는 개호 인력 부족 때문이 아니라 해당 국가와의 경제협력 강화라는 취지를 강조했지만, 실질적으로는 간호사와 개호 노동력을 해소하기 위한 것으로 판단된다. 하지만 저출생·고령화로 인한 인구감소 추세가 심해짐에 따라 이민정책에 변화를 꾀하고 있다. 일본의 인구는 2010년 약 1억 2,805만 명으로 정점에 이른 후 감소 추세에 있다. 2017년 일본의 총인구수는 약 1억 2,670만 명으로 7년 사이에 약 135만 명이 감소하였다. 15~64세 생산 가능인구는 1995년 8,716만 명에서 2017년 7,596만 명으로 약 1,114만 명이 감소했다(박명희 2020). 인구감소로 인한 노동력 부족 현상이 심해짐에 따라 일본은 2018년 14개 업종에 외국인력을 활용할 수 있는 특정기능 1호, 2호를 신설하게 된다. 이러한 정책변화는 기존의 기능실습제도, 경제동반자협정에 의한 개호 인력 도입제도와 연결되어 향후 일본의 주요 외국인력 정책이 구축되었다는 의미라고 평가된다(최서리 외 2019). 이처럼 일본은 보다 적극적인 이민정책을 통해 외국인력 도입을 본격적으로 추진할지 기로에 놓여 있다(박명희 2020).

일본은 이민자의 노동시장 통합 성과 및 정책적 효과를 판단하기에 데이터가 충분하지 않으나, 저출생·고령화로 인해 이민이 빠르게 진행될 가능성이 있다고 OECD는 평가하고 있다(OECD 2018). 하지만 일본의 국내 상황을 고려하면 정책변화가 이민 확대로 이어질지는 미지수이다. 2018년 일본 상공회의소 조사에 의하면, 중소기업 60%가 인력이 부족하다고 응답하였고, 외국인을 고용하거나 고용할 예정인 회사가 23.1%, 검토 중인 회사가 18.6%로 나타난다. 하지만 일본노동조합연합회는 저임금 외국인 노동자의 유입에 따른 국내 고용 조건 악화를 우려하고 있다(박명희 2020). 일본 정부가 특정기능 1호, 특정기능 2호를 도입한 것은 1990년 이래 가장 중요한 정책변화라고 할 수 있지만, 아직은 그 규모가 매우 작기 때문에 실제 효과를 파악하기에는 좀 더 많은 시간이 흘러야 할 것으로 판단된다.

일본은 인구감소 위기에 대응하기 위해 보다 적극적으로 이민정책을 고려하고 있으나 해외 인력 유입 이후 이들이 일본에 안정적으로 거주할 수 있는 사회적 환경 조성에는 미흡하다. 이민자 통합정책을 위한 중앙정부의 법제화 노력이 부족하고 이민자와의 공생 문제는 지방정부 중심으로 추진되고 있다. 따라서 외국인력 유입 환경 조성에 추가적인 노력이 필요한 상황이라고 볼 수 있다. 하지만 이러한 조치는 일본이 저출생·고령화 시대 인력 부족 상황을 맞아 동남아시아 국가들을 대상으로 노동력 유치를 위한 제도적 정비에 나선 것으로 해석될 수 있으며, 한국은 외국인력 도입에 있어 한발 뒤처졌다는 점에서 시사점이 크다고 할 수 있다.

한국과 일본 모두 1980년대 후반 이후 저숙련 산업에서 발생한 노동력 부족 현상을 해결하기 위해 본격적으로 이민정책을 추진해 왔다는 점에서 이민정책에 내재된 국가 기능 중 시장 기능을 강조했다고 볼 수 있다. 하지만 이러한 시장 기능은 점차 권리 기능과 충돌하게 되는데, 시장과 권리 간 긴장 관계는 민주화 이후 시민사회의 힘이 강했던 한국에서 더 두드러지게 나타났다. 한국과 일본 모두 단일국가 관념이 강했다는 점에서 두 국가의 이민정책은 재외동포 활용을 통해 국가정체성 훼손에 대한 우려를 감소시키고자 했다. 한국은 재중동포 인구를, 일본은 일계인 인구를 저숙련 이민자로 활용하면서 시장 기능과 문화 기능 간 갈등을 최소화하고자 했다.

3. 소결

전통적 이민국가인 미국은 역사적으로 인종과 문화적 수용성을 중심으로 이민정책에 있어 문화 기능을 강조하였다. 하지만 미국에서 이민 개혁을 둘러싼 논쟁을 보면 고숙련 이민자 유치 그리고 미등록 이민자 사면에 있어 권리와 시장 기능 간 긴장 관계가 존재한다. 여기에 9·11 사태 이후 이민 문제가 안보 이슈로 전환되면서 안보 기능도 강조되기 시작하면서 미국의 이민정책은 보다 복잡한 양상을 띠고 있다. 이에 비해 캐나다는 상대적으로 이민정책에 있어 균형적인 국가 기능을 확보하고 있다고 생각된다. 이민정책에 있어 고숙련 이민자 유치라는 시장 기능을 강조하면서도 다문화주의를 본격적으로 실천하면서 이민정책 중 문화 기능 및 권리 기능과의 갈등을 최소화하고자 노력하고 있다.

유럽의 이민국가는 제2차 세계대전 이후 전후 복구와 경제발전을 위해 구식민지로부터의 이주와 방문노동자 시스템 도입을 통해 이민정책 중 시장 기능을 강조하였다. 하지만 이민자들이 국가 내의 사법 시스템을 활용한 권리

신장에 노력하면서 이민정책의 권리 기능이 부각되었고, 이는 시장 기능과의 긴장 관계를 유발하였다. 또한 최근 들어서는 무슬림, 난민들의 사회통합에 부정적인 목소리가 높아지면서 문화 기능과의 갈등이 심화되고 있으며 더 나아가 국가와 사회 안보에 대한 위협으로 인해 안보 기능과의 긴장 관계도 높아지고 있다.

〈그림 3-2〉는 전통적 이민국가와 유럽의 이민국가에서 이민정책에 내재된 국가의 기능이 어떻게 변화하고 있는지를 표현한 것이다. 〈그림 3-2〉에서 완전한 마름모 형태는 이민정책에 있어 국가의 기능이 균형을 이룬 상태이다. 최근 들어 전통적 이민국가와 유럽의 이민국가는 세계화에 대한 역풍으로서 포퓰리즘의 부상을 경험하고 있으며, 공통적으로 이민정책에 있어 문화와 안보 기능이 상대적으로 강조되고, 시장과 권리 기능은 쇠퇴하는 경향을 보이고 있다. 〈그림 3-2〉에서는 이러한 경향을 점선으로 표시하였다.

〈그림 3-3〉은 동아시아 후발 이민국가에서 나타나는 국가 기능의 변화를 표현한 것이다. 동아시아의 후발 이민국가인 한국과 일본은 전통적 이민국가 및 유럽의 이민국가와 다른 양상을 보이고 있다. 〈그림 3-3〉에 실선으로 표시

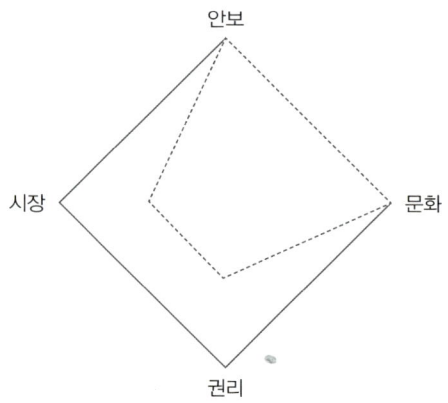

〈그림 3-2〉 전통적 이민국가와 유럽의 이민국가에서 이민정책 기능의 변화

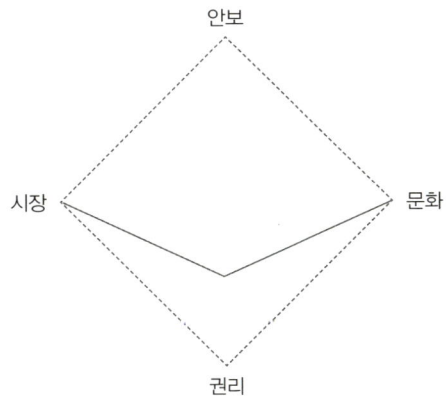

〈그림 3-3〉 동아시아 후발 이민국가에서 이민정책 기능의 변화

된 것처럼 동아시아 후발 이민국가인 한국과 일본에서는 안보, 시장, 문화 기능에 비해 권리 기능이 취약했다. 두 국가 모두 초기에는 시장 기능을 강조하며 노동력 부족에 대응했지만, 단일민족국가 관념과의 충돌을 피하기 위해 재외동포(한국의 재중동포, 일본의 일계인)를 활용하거나 제한적 권리만 부여하는 방식을 택했다. 이는 시장과 문화 기능 간의 타협, 그리고 권리 기능의 상대적 약세를 의미한다. 그러나 〈그림 3-3〉에 나타난 것처럼 이민정책에 있어 권리 기능이 점차 강화되고 있다. 양국 모두 시민사회에 의한 이민자 권리 확보 요구가 늘어나면서, 권리 기능이 점차 강조되고 기존의 시장 및 문화 기능과 새로운 긴장 관계를 형성하고 있다.

제2부

이민정책

제4장

이민정책의 개념과 이론

전 세계에 걸쳐 국경을 넘나드는 인구가 점차 증가하고 있음에도 불구하고, 우리는 자유롭게 국경을 넘나들 수 없다. 국가가 사람들의 이동을 통제·관리하기 때문이다. 존 토피(John C. Torpey)가 주장하듯이, 국가는 교회, 민간 기업 등으로부터 합법적인 이동 수단에 대한 독점권을 확보했고 여권이라는 문서를 통해 국민과 비국민 간의 경계를 설정하고 유지한다(Torpey 1999). 근대 국민국가(nation-state)의 형성과 함께 국경 및 시민권 개념이 확립되면서 내국인과 외국인을 구분하고, 후자의 유입과 체류를 관리하는 정책의 필요성이 대두되었다. 이처럼 국경을 넘나드는 사람들의 이동 및 외국인의 체류 관리 등에 대한 국가의 정책적 대응을 이민정책이라고 한다.

국가는 다양한 목적을 달성하기 위한 수단으로 이민정책을 활용한다. 국가는 주권의 핵심 요소인 안보를 위해 외국인의 불법적 입국을 차단하는 등 출입국관리를 통해 국민의 안전을 보장하려고 한다. 국가는 특정 산업 분야의 인력 부족을 해결하거나 경제발전에 필수적인 고학력·고숙련 노동력을 확보함으로써 자국의 경제발전을 추구한다. 국가는 국경 내에 거주하고 있는 이민자와 외국인을 사회에 통합시킴으로써 사회적 안정을 도모하고, 이와 동시에 이민자와 외국인의 인권도 보호하려고 한다. 이에 더해 많은 국가가 저출생·고령화로 인한 인구감소 문제를 이민정책을 통해 해결하려고 하고, 문화 다양성 증진을 통해 미래 성장 동력을 확보하고자 하면서 이민정책은 점점 복잡한 양상을 띠고 있다.

이민정책은 이주를 택하려는 사람들에게도 중요하다. 자신이 태어나고 자란 국가를 떠나려는 개인 혹은 가족의 자발적 선택에 영향을 미치기 때문이다. 자신이 이주하려고 하는 국가가 노동 이민이나 영주권 요건 등을 강화한다면 잠재적 이민자는 다른 국가를 고려할 수도 있다. 이 점에서 이민정책은 국제 이주를 선택하는 사람들의 목적과 자격에 따라 잠재적 이민자에게 기회가 되기도 하고, 제약이 되기도 한다.

본 장에서는 이민정책의 개념을 살펴보고, 이민정책의 형성에 대한 정치학

이민과 국가 정체성 사이의 상호 관계에 대한 대표적인 이론 중 하나로서, 브루베이커(Brubaker 1992)는 독일과 프랑스의 이민정책 차이는 각국에서 역사적으로 상이하게 발전된 시민권 모델로 설명할 수 있다고 주장한다. 프랑스 시민권 모델은 출생지주의(jus soli) 원칙하에 프랑스 영토 내에서 출생하고 거주하는 것을 중시한다. 또한 프랑스라는 정치적 공동체에 대한 소속감을 강조하여 프랑스의 공화주의적인 가치, 관습, 전통에 동화될 것을 기대한다. 이러한 시민권 모델은 영토 내의 출생과 거주를 강조함으로써 이민자 2세대에게 자동적으로 시민권을 부여하는 통로를 갖추고 있으며 프랑스의 공화주의적 가치를 받아들인다면, 프랑스 시민이 될 수 있는 상대적으로 개방적인 이민정책으로 이어졌다. 반면 독일 시민권 모델은 혈통주의(jus sanguinis) 원칙하에 독일 영토 내에서의 출생이나 거주보다 독일인 부모로부터의 혈통을 중시한다. 독일 시민권 모델은 독일이라고 하는 특수적이고 배타적인 민족성을 강조한다고 볼 수 있다. 이러한 시민권 모델은 독일 영토에서 태어나고 오래 거주한 외국인들이 독일 사회로 통합되는 데 걸림돌이 되었고, 이러한 문제가 누적되자 독일은 2000년 국적법 개정을 통해 시민권 모델을 수정하였다.

국제 이주의 정치학

적 이론들을 소개한다. 사실 정치학은 이민정책에 대한 연구에 있어 상대적으로 후발주자라고 볼 수 있다(Triadafilopoulos 2012). 경제학이 국제 이주의 원인과 동기를 분석하는 데 중점을 두고 이민정책에 접근한다면, 사회학과 인류학은 이민자 통합을 설명하고 이민과 국가 정체성 사이의 상호 관계에 중점을 두고 접근한다. 이에 비해 정치학은 1990년대 이후 본격적으로 독자적인 접근법을 모색하기 시작했다. 본 장에서는 정치학이 어떤 연구 질문을 던지고, 그에 대한 해답을 찾고자 노력했는지 살펴본다. 특히 이민정책에 있어 국가의 의도와 결과 간 차이를 의미하는 간격 가설(gap hypothesis)에 관한 연구를 이익, 권리, 제도라는 키워드를 중심으로 설명하고자 한다.

1. 이민정책의 개념

이민정책은 다양하게 정의되고 있지만, 기본적으로 국가가 국경을 넘나드는 인구 이동을 관리하고 통제하기 위한 일련의 규정과 조치를 의미한다. 국제이주기구(IOM)는 이민정책을 "내·외국인의 출입국 관리를 포함한 국경 관리와 자국의 영토 내에 거주하는 이주민의 체류 관리 및 정착에 관한 정부의 정책"으로 정의하면서 이민정책의 범위를 포괄적으로 설정한다. 유엔은 이민정책을 수용국의 "노동시장 수요와 인구학적 목표에 부응하여 이주 흐름의 양, 출신, 방향 및 구성을 관리하기 위해 정부가 시행하는 법률, 규정 및 프로그램 조치"로 정의함으로써 국가가 목표 달성을 위해 이민정책을 전략적으로 활용한다는 점을 강조한다.

이민정책은 크게 이민 통제(immigration control)와 이민자 통합(immigrant integration)이라는 두 축으로 나누어진다. 이민 통제 측면에는 대표적으로 출입국관리 정책과 노동 이민을 규제하기 위한 외국인력 정책이 있으며 이민자 통합 정책은 이민자를 받아들인 후에 이들을 주류 사회에 통합하기 위한 노동·교육·복지 정책 등을 포괄한다. 이민 통제 정책에 있어 이민을 받아들이기로 공식적으로 선언한 국가들은 이민법의 형태로 이를 규제하며, 공식적으로 이민국가임을 선포하지 않은 한국, 일본과 같은 후발 이민국가는 출입국관리법이라는 형식으로 이민을 통제·관리한다.

이민정책의 범위와 관련해서 "내국인과 외국인의 송출과 유입을 관리"하는 출입국관리는 이민정책의 가장 기본적인 요소로 국가가 자국의 영토 내로 들어오는 인구와 나가는 인구를 규제하는 모든 활동을 포괄한다. 출입국관리의 주요 정책 분야에는 입국심사, 상륙허가, 비자 업무 등이 포함되고, 국가는 다양한 정책 수단을 통해 국가 안보를 유지하고자 노력한다. 또한 이민정책은 "인구 이동의 양과 질을 통제하려는 정책"을 의미한다는 점에서 체류 관리 정책과 사회통합 정책을 포함한다(유민이 외 2020b). 체류 관리는 합법적으로 입국한 외국인들이 국내에 체류하는 동안 법적 지위에 따른 활동 범위, 체류 기간 등을 통제, 관리하는 것을 의미한다. 체류 관리의 주요 분야로는 체류 허가, 외국인등록, 체류자격 변경 등이 포함되고, 체류 기간을 넘긴 외국인들을 단속하여 출국시키는 것도 중요한 정책 영역 중 하나이다. 체류 관리의 연장으로 외국인이 수용국의 국적을 취득하고자 할 때 적절한 절차에 따라 이를 심사하고, 국적을 부여하는 국적 업무도 이민정책의 한 분야이다. 출입국관리 정책은 체류자격 및 기간을 설정·관리함으로써 이민자의 규모와 구성에 영향을 미치고, 체류 관리 정책은 한시적 이민자가 법적 지위를 변경하여 귀화자가 되는 등 이민자의 신분에 영향을 미친다. 마지막으로 이민자 사회통합 정책은 이민자가 수용국 사회에 쉽게 적응하고 통합할 수 있는 이민 환경을 조성하는 데 중요한 역할을 한다(이병하 2023).

2. 이민정책에 관한 정치학적 이론들

　우리는 종종 정치인들이 이민을 규제해야 한다고 목소리를 높이는 것을 목격한다. 한국은 아직 국제 이주가 본격적으로 정치적 쟁점이 되지 않았지만, 미국이나 유럽의 선거 캠페인에서는 이민자들이 내국인의 일자리를 빼앗고 있으며 이들을 막기 위해 국경에 장벽을 설치하겠다거나 미등록 이민자를 단속·추방하겠다고 하는 정치인의 발언을 어렵지 않게 접할 수 있다. 그렇다면 실제로 주요 이민 수용국에서 이민에 대한 규제는 시간이 갈수록 강화되는 방향으로 나아갔는가? 현실은 그렇지 않다. 국제이주결정자(DEMIG) 프로젝트가 1900년부터 2014년까지 45개국의 이민정책이 규제를 강화하는 방향으로 변했는지 아니면 완화하는 방향으로 변했는지를 추적한 결과, 제2차 세계대전 이후 이민정책은 규제를 완화하는 방향으로 변했다는 것을 발견하였다(de Haas, Castles, Miller 2020). 왜 이민을 제한해야 한다는 목소리와는 달리 이민정책은 이민을 자유화하는 방향으로 추진되고 있는가?

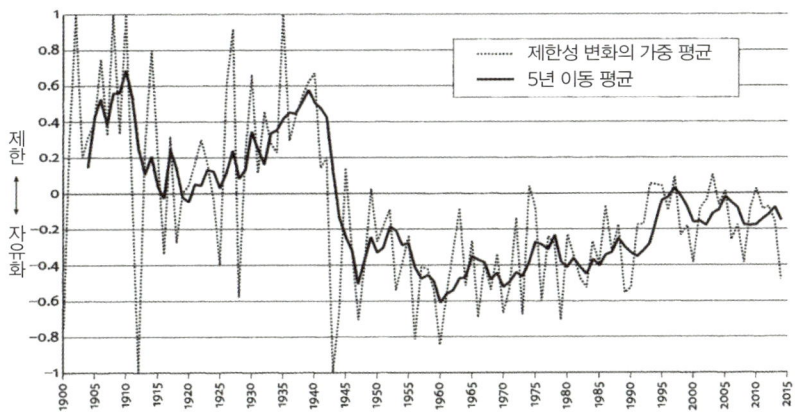

〈그림 4-1〉 1990~2014년 45개국 이민정책의 제한성 변화

출처: de Haas, Castles, Miller(2020)

이민정책 연구에 있어 정치학적 이론들은 위와 같은 질문에 답을 구하면서 발전해 왔다. 정치학은 국가의 의도와 결과 사이의 차이, 보다 구체적으로 말하면 "주요 이민 수용국에서 반이민정서가 확산되고 있음에도 불구하고, 왜 이민정책은 확대의 방향으로 나아가는가?"라는 소위 간격 가설(gap hypothesis)을 주로 다룬다. 간격 가설은 대부분의 이민 수용국에서 다수 여론이 이민 확대를 반대하고 있음에도 불구하고, 이러한 여론이 자유민주주의에 내재된 정치과정을 통해 정책으로 관철되지 못하고 오히려 이민이 확대되고 있는 원인을 탐구한다.

이러한 질문에 대답하기 위해 정치학적 접근법은 크게 이익(interests), 권리(rights), 제도(institutions)라는 세 가지 키워드를 중심으로 발전되어 왔다.* 이익에 기초한 정치경제학적 이론은 국가가 친–이민정책의 혜택을 얻는 이익단체의 논리와 로비에 포획되어 있다는 점을 강조한다. 권리에 기반한 접근법은 국가 외부의 국제 인권 규범 혹은 국내 사법부의 판결 등에 의해 이민을 통제하려는 국가의 정책적 노력이 제한받는다는 점을 강조한다. 마지막으로 제도적 접근법은 이익 기반 접근법이 설정하고 있는 단일한 국가라는 가정을 비판하면서, 국가 내에는 다양한 이익과 정책목표를 가진 정부 부처가 존재하고 있으며 부처 간 경쟁을 통해 이민정책이 확대의 경향을 가진다는 점에 주목한다. 정리하자면, 정치학은 "왜 국가가 이민 통제에 어려움을 겪는가"라는 질문에 서로 다른 답을 구함으로써 국제 이주 연구에 대한 정치학적 접근법을 발전시키고 있다(Freeman 2005).

---

* 이러한 구분에 대해 학자들 사이에 통일된 합의가 있는 것은 아니다. 엘러만(Antje Ellermann)은 정치학적 이론을 이익, 제도, 아이디어로 구분하면서 제도에서는 법원, 정당, 관료를 중심으로 한 연구를, 아이디어에는 민족 정체성, 국제 규범 등을 포함시키고 있다(Ellermann 2021).

국제 이주의 정치학

(1) 이익 기반 접근법

이익 기반 접근법은 이익이라는 키워드에 기초한 고객정치(client politics)라는 개념을 주로 사용한다. 고객정치 이론에 의하면 이민정책 형성에 있어 대중의 여론은 큰 역할을 하지 못한다. 대신 이민정책은 기업이나 사용자 집단처럼 이민의 확대로 인한 이익이 집중되는 집단들의 로비를 통해 형성된다고 본다. 이익 기반 접근법에서 활용하는 고객정치 개념은 각 정책 유형에 내재된 상이한 정치과정에 주목하는 일련의 연구성과에서 도출되었고, 이를 이민정책 연구에 적용했다고 볼 수 있다.

이익 기반 접근법은 프리만(Gary Freeman)에 의해서 선도되었다. 프리만의 고객정치 개념은 정책의 목적과 결과에 따라 정책 유형을 구분하는 일련의 연구에 영향을 받았다. 대표적인 연구자인 월슨(James Q. Wilson)은 정책에 따른 편익과 비용을 한 축으로, 편익과 비용의 분산 혹은 집중을 또 다른 축으로 하

〈표 4-1〉 월슨의 정책 유형 분류

		정책 비용	
		분산	집중
정책 편익	분산	다수주의 정치 • 마치 모든 사회가 이익을 얻고 모든 사회가 비용을 지불하는 것으로 예상되고, 이익집단의 영향력이 낮음.	기업가 정치 • 특정 사회 집단에 비용을 부과. 비조직적인 다수를 위해 이를 동원할 정책기업가가 필요함.
	집중	고객 정치 • 정책이익이 특정 집단에 집중. 이러한 집단은 정책이익 확대를 위한 로비를 시도할 강한 유인을 가짐. • 법안의 입법과정에서 조직적 반대가 낮으며 큰 반대 없이 통과되는 경향이 있음.	이익집단 정치 • 정책에 대한 인지도가 낮은 반면 이 정책에 관련된 이익집단들은 조직화될 유인이 강함. • 정책을 둘러싼 이익집단들의 지지와 반대가 강하게 나타남. • 법안 통과까지 오랜 시간이 소요되고 이익집단 간 대립의 결과 차선책을 선택하는 경향이 있음.

출처: 전진영(2009)을 참조하여 재구성.

여 네 가지 정책 유형을 제시하였다(Wilson 1973). 윌슨에 따르면 정책의제나 법안이 어떤 정책 유형에 속하는가에 따라 정책 결정 과정에서 발생하는 정치 모드(mode)가 달라진다. 〈표 4-1〉에서 볼 수 있듯이, 각기 다른 정치 모드 속 에서 정책 결정 과정에 영향을 미치는 정치행위자 즉 대통령, 행정부, 의회, 이 익집단 등은 상이한 영향력을 지니게 된다(전진영 2009).

먼저 정책 편익이 집중되고 정책 비용이 분산되면, 고객정치(client politics) 가 나타난다. 정책 편익이 특정 집단에 집중되기 때문에 해당 집단은 편익을 확대하기 위해 조직화를 시도하고 정책결정자를 대상으로 적극적인 로비를 시도한다. 반면 정책 비용은 일반 대중들에게 광범위하게 분산되기 때문에 대 중들은 자신들이 과연 얼마만큼의 비용을 내야 하는지 알기 어렵고 그만큼 관 심도 적다. 반면 정책 편익과 비용 모두가 분산되는 경우에는 다수주의 정치 (majoritarian politics)가 등장한다. 다수주의 정치에서는 거의 모든 사회 구성 원이 편익을 얻고 비용을 지불하기 때문에 특정 이익집단이 조직화되기 어렵 고, 정책결정 과정에 해당 집단의 영향력이 낮다. 이 경우 일단 입법화가 되고 나면 큰 논쟁 없이 사업이 지속되고, 신속하게 사업이 확대되는 경향이 있다 (정용덕·정순영·라휘문 1996).

정책 편익과 비용이 모두 집중되는 경우에는 이익집단 정치(interest group politics)가 나타난다. 이익집단 정치에서는 해당 정책이 일반 대중에게 별다른 영향을 미치지 않기 때문에 정책에 대한 인지도가 낮다. 반면에 해당 정책이 실행될 경우 편익 혹은 비용이 집중되는 집단은 강하게 조직화를 시도한다. 그 결과, 정책을 둘러싼 관련 이익집단들의 지지와 반대가 격렬하게 표출되 고 이들의 영향력이 입법과정을 지배한다(전진영 2009). 마지막으로 정책에 따 른 편익이 분산되고 비용은 특정 집단에 집중될 경우, 기업가 정치(entrepre-neurial politics)가 나타난다. 기업가 정치는 특정 사회 집단에 비용을 부과함으 로써 사회 전체가 혜택을 보게 만드는 규제정책에 가깝다. 공기오염이나 수질

국제 이주의 정치학

오염을 발생시키는 특정 제조업에 규제를 가함으로써 전 사회적인 공공재라 할 수 있는 환경을 보호하는 정책들이 대표적인 기업가 정치의 예라고 할 수 있다.

프리만은 이러한 정책 유형에 대한 논의를 국제 이주 연구에 적용하여 정치경제학적 이론을 발전시켰다. 프리만은 기본적으로 이민 정치와 이민정책은 이익에 관한 것이라고 본다. 이익 기반 접근법은 이민정책으로부터 파생되는 편익과 비용의 분산 혹은 집중 양상에 따라 이민정책을 둘러싼 정치적 관계가 달라진다고 보며, 이를 통해 이민정책을 분석함으로써 자유민주주의 국가의 이민정책을 설명하는 보편적 이론을 모색하였다.

프리만에 따르면 이민정책은 전형적인 고객정치 유형이다. 왜냐하면 이민의 확대로 인한 편익은 사용자 집단이나 이민자 집단에 집중되는 반면, 이민의 확대로 인해 늘어나는 비용은 사회 전반에 걸쳐 광범위하게 일반 대중에게 분산되기 때문이다. 이민이 확대된다면, 사용자 집단은 더 적은 비용으로 노동력을 활용할 수 있어 이득을 볼 수 있는 반면, 이민의 확대로 인한 사회복지비용 증가 등은 일반 대중에게 잘 인식되지 않는다. 이민정책의 확대로 편익이 늘어나는 사용자 집단과 이민자 집단은 훨씬 잘 조직되어 정책결정자들에게 로비를 시도할 유인이 많은 반면에, 이민정책의 확대로 비용이 늘어나는 일반 대중들은 그 비용을 정확하게 알기 어렵기 때문에 잘 조직화되지 않는다. 나아가 자유민주주의하에서 이민에 대한 여론은 일종의 담론적 제약을 받는다. 예를 들어 이민에 반대한다는 의견을 제시하면 인종차별, 인종주의로 비판받을 수 있다는 것이다. 결과적으로 프리만에 의하면, 이민 정치에 있어서 개별 유권자와 이들의 집합인 여론의 역할은 제한적인 반면에, 정책결정자들과 조직화된 이익집단 사이의 상호작용을 통해 이민정책은 확대의 길을 걷게 된다는 것이다(Freeman 1995).

정치인들의 강경 발언을 들으면 이민 수용국은 불법 이주민 추방과 이들을 고용한 고용주 처벌에 적극적인 것으로 생각된다. 과연 그럴까? 영국의 사례를 살펴보자.

- 영국은 미등록 이민자 고용에 대한 규제 조항을 1996년에 도입했고, 2016년에는 이를 범죄로 규정했다. 하지만 2018년까지 해당 법률로 유죄 판결을 받은 사람은 1명도 없었다.
- 이민정책을 담당하는 영국 내무부에서 비자이민국의 직원은 8,000명이지만 이민단속국 직원은 1200여 명에 불과하다. 2020년 이민단속국의 예산은 2015년 대비 11%가 감소했고, 인원도 5%가 줄었다.
- 2015~2016년 불법 고용으로 기소된 고용주는 불과 12명이었고, 2016~2017년에는 3명이었다.

미국은 어떨까?

- 1986년 「이민개혁과 통제법」은 미등록 이민자를 고용한 고용주에 대한 처벌 조항을 담고 있다. 연간 불법 고용으로 기소된 고용주는 20명을 넘긴 적이 없고, 실형을 선고 받은 사람은 연간 5명을 넘지 않는다.
- 2020년 미등록 이민자임을 알고도 고용한 경우 벌금은 583~4,667달러 수준이다.
- 2009년부터 2018년까지 미등록 이민자에 대한 단속 결과, 사업장에서 체포된 불법 이주민은 전체 불법 이주민 1,100만 명(추정) 중 120~779명 수준이다.

출처: de Haas, Castles, Miller(2020)

(2) 권리 기반 접근법

이익 기반 접근법이 고객 정치 개념을 통해 이익집단의 영향력을 강조한다면, 권리 기반 접근법은 이민정책 형성에 있어 국가의 힘을 무엇이 제한하는가에 주목한다. 권리 기반 접근법의 쟁점은 "과연 이민정책에 영향을 미치는 권리의 원천이 어디인가"라고 할 수 있다. 국민국가 외부로부터 개입하는 국제 인권 규범인지 아니면 사법부의 결정, 시민사회의 활동 등 국내적 요인이 더 중요한지에 따라 권리 기반 접근법을 활용하는 학자들은 두 가지 입장으로 나뉜다.

우선 이민정책에 있어 국민국가의 능력을 제한하고 이민자들의 권리를 향상시키는 근거를 국내적 요인에서 찾지 않고, 국제 규범과 같은 국민국가 외부에 존재하는 영향력에 주목하는 학자들이 있다. 사센(Saskia Sassen), 제이콥 슨(David Jacobson), 소이살(Yasemin Soysal)과 같은 소위 글로벌리스트(glo-balist)들은 국제 이주와 이민정책을 둘러싼 정치적 동학을 파악할 때 국제 규범과 같은 초국가적 힘을 중시한다(서정민·이병하 2013). 반면에 욥케(Christian Joppke)와 같은 학자들은 국제 규범의 영향력은 과장된 것이며 한 국가의 이민정책에서 국민국가의 권한을 제한하고, 이민자들의 권리를 향상시킨 것은 국내 정치과정에 내새넌 자유주의 규범 특히 자유주의 규범을 발전시켜 온 법원의 결정이라고 주장한다. 학계에서는 이들을 '제한적 주권론자(self-limited sovereignty)'라고 부른다(Joppke 1998).

1) 글로벌리스트

야세민 소이살(Soysal 1994)은 유럽에서 이주민의 시민권이 발전되고 향상되게 된 원인을 국제 규범과 국제기구의 영향력, 그리고 초국가적 시민권에서 찾으면서 국민국가의 영향력이 감소하고 있다고 주장하고 있는 대표적인 학자이다. 소이살의 저작은 국제 인권 규범과 같은 국민국가 외부의 힘을 중시하며 국제 인권 규범의 영향력을 강조할 때 주로 인용되고 있다. 소이살은 초국가적 시민권과 같은 개념을 통해 정치공동체 내에서 권리를 부여하는 기준이 국가의 소속 여부(national belonging)에서 보편적인 사람됨(universal per-sonhood)로 변했다고 보고, 이에 근거하여 이주민과 외국인들의 권리는 정당화될 수 있으며 실제로 이들의 권리는 국제 인권 규범과 국제법 등에 의해 향상되어 왔다고 주장한다(이병하 2014).

소이살이 국제 인권 규범이 국민국가에 직접적으로 미치는 영향을 강조한다면, 에이미 구로위츠(Gurowitz 1999)는 국제 인권 규범의 국내적 전용(ap-propriation)에 주목한다. 일본에서 국제 규범이 외국인 노동자 단체 등에 의해 정부 정책에 도전하는 수단으로 동원되는 현상을 통해 국제 규범이 이민정책에 어떻게 영향을 미치는가를 분석하였다. 이어서 구로위츠는 국제 규범이 언제, 어디에서 중요하게 부각되는지를 국가정체성을 중심으로 연구하였다(Gurowitz 2006). 그녀는 독일과 일본의 이민정책 사례를 통해 국제 규범이 전파되는 맥락에 집중한다. 구로위츠에 따르면 독일은 과거의 역사적 경험 때문에 일본보다 국제 인권 규범을 더 쉽게 받아들일 것으로 예상되지만 실제 결과는 그 반대여서, 각 국가의 정체성 안보(identity security)와 국제적 정체성 강도(strength of international identity)에 따라 국제 인권 규범을 받아들이는 정도에 차이가 있다고 주장했다. 정리하면 소이살과 구로위츠와 같은 글로벌리스트들은 국제 인권 규범의 직접적인 힘 그리고 간접적 국내 전용 과정을 강조하지만, 공통적으로 국내적인 요인보다는 국제규범의 영향력을 강조하는 입장을 유지한다.

글로벌리스트들은 제2차 세계대전 이후 발전된 국제 인권 규범으로부터 도출된 '권리의 언어'에 기반해서 제한적 이민정책을 옹호하는 '주권의 언어'를 비판한다. 더 나아가 글로벌리스트들은 보편적 인권 규범이 국가에 직접적으로 압력을 행사하거나 혹은 국내적으로 전용됨으로써, 주요 수용국의 이민정책은 제한적 정책으로 수렴되기보다는 자유화라는 방향으로 수렴한다고 주장한다.

2) 자기제한적 주권론자

글로벌리스트들은 세계화와 같은 국민국가 외부의 힘이 국가의 능력을 제한하고 궁극적으로 주권의 약화를 가져온다고 보기 때문에 국민국가는 국제 이주의 압력에 대해 독립적인 자율성을 가지고 이를 통제하기 어렵다고 주장한다(Lee 2013). 이에 대해 자기제한적 주권론자들은 국민국가 외부의 힘에 대해 회의적인 시각을 견지한다. 예를 들어 욥케는 "이민을 통제하는 국가의 능력은 줄어들지 않고, 오히려 늘어나고 있으며 적법한 비자 없이 암스테르담

공항이나 시드니 공항에 입국하려는 사람은 이를 고통스럽게 인지할 수 있을 것"이라고 말한다(Joppke 1998).

욥케(Joppke 1998)는 "왜 자유민주주의 국가들은 원하지 않는 이민을 받아들이는가"라는 질문을 던지면서 글로벌리스트들의 주장을 반박한다. 욥케는 국제 인권 규범보다는 자기제한적 주권(self-limited sovereignty)이라고 개념화된, 국민국가 내 이익단체들의 영향력, 사법부의 영향력과 같은 국내적인 영향력이 실질적으로 이민정책을 변화시킨다고 주장한다. 욥케의 주장은 사법부에 속한 판사들과 선출직 공무원과의 차이에 기반한다. 욥케는 선거를 의식할 수밖에 없는 선출직 공무원은 반이민정서에 기반한 포퓰리즘에 취약한 반면, 판사들은 선출되지 않고 헌법과 법률에 근거한 추상적인 명령에 따르기 때문에 대중의 압력으로부터 자유롭다는 것이다.

욥케는 서구에서 이민정책이 확대될 수밖에 없고, 이민 통제를 강화하기 어려운 이유로 제2차 세계대전 이후 인권과 같은 권리의 중요성을 내재화한 사법부의 판결을 들고 있다. 이민 수용국 정부가 이민정책을 통제 중심으로 전환하고 싶어도 이민자의 인권에 손을 들어주는 사법부에 의해서 제동이 걸린다는 것이다. 예를 들어 독일의 정책결정자들이 방문노동자들의 가족재결합을 제한함으로써 방문노동자 시스템의 순환 원칙을 지키고자 했을 때, 독일 헌법재판소는 독일 헌법에 기반하여 방문노동자들의 가족재결합 권리를 허용함으로써 독일 행정부의 이민정책에 제한을 가했다. 물론 이에 대한 반론도 존재한다. 본주르(Saskia Bonjour)는 1975년부터 1990년 사이 독일의 이민정책을 분석하면서 이민정책에 대한 사법부의 제약은 과대평가되었다고 주장한다. 판사들이 이민자 권리를 옹호한 경우보다 오히려 제한한 경우가 더 많다는 반대의 결과를 제시하고 있다. 사법부의 결정이 직접적으로 이민정책에 영향을 준다기보다는 이민자 옹호 그룹에 담론적 무기를 제공하는 간접적인 영향을 미치고 있다고 주장한다(Bonjour 2016).

사법부 외에 관료들의 영향력에 주목하는 연구도 있다. 바우처(Anna Boucher)는 관료들이 복잡한 정책 영역에 대한 특별한 지식과 사회세력의 압력으로부터 자유로운 자율성을 바탕으로 이민정책에 있어 관료적 통제를 구현하고 있다고 주장한다(Boucher 2016). 파켓(Mireillee Paquet)은 1990년대 캐나다 주 정부의 이민정책을 연구하면서 이익집단의 로비와 대중적 동원이 부재한 가운데 친이민적인 관료들의 행동주의가 개방적인 이민정책을 낳았다고 주장한다(Paquet 2015).

정리하자면, 자기제한적 주권론자들은 글로벌리스트들처럼 권리라는 키워드를 통해 이민정책이 제한적인 방향으로 변화하는 데 한계가 존재한다고 주장한다. 하지만 글로벌리스트와 다른 점은 이러한 한계의 원천으로 국제 인권규범과 같이 국민국가 외부에 존재하는 힘이 아니라 국민국가 내부에 존재하는 법원의 영향력을 주목하면서, 국민국가 스스로 주권을 제한하는 측면을 강조하고 있다.

(3) 제도 기반 접근법

이민정책의 형성과 변화에는 다양한 행위자가 연관되어 있다. 이민정책을 만들고, 집행하는 국가는 물론 국가의 정책 형성에 정당, 노동조합, 이익단체, 사회운동 세력, 언론 등 다양한 행위자가 영향을 미치고 있다. 제도 기반 접근법은 이민정책 형성과 변화에 있어 다양한 행위자들이 상호 작용하는 방식이나 제도적 맥락에 주목한다.

제도 기반 접근법은 이익 기반 접근법에 대한 비판에서 출발한다. 이익 기반 접근법은 정책의 편익·비용 분석에 기초한 단순명료한 모델을 제시한다는 점에서 장점이 있다. 그러나 이익 기반 접근법은 다원주의 국가 모델을 가정함으로써 단일한 행위자로서의 국가, 이익집단 간 갈등과 경쟁을 중재하는 심판으로서의 국가를 상정하고 있다는 비판을 받아 왔다. 국가 내에는 특정한 정책을 둘러싸고 다양한 이해관계와 서로 다른 목적을 지닌 부처들이 있으며 더 나아가 행정부, 사법부, 입법부 간의 갈등 그리고 중앙정부와 지방정부 간의 경쟁이 있음에도 불구하고, 국가를 하나의 수동적인 단일 행위자로 보는 것은 이민정책의 형성 과정을 분석하는 데 있어서 국가의 주체적 측면을 간과했다는 지적이 있었다. 이러한 비판은 대체로 신제도주의적 모델을 지지하는 학자들에 의해 제기되어 왔고 신제도주의적 모델은 위와 같은 정치경제학적 이론의 단일한 행위사로서의 국가에 대한 비판에서 시작한다.

신제도주의적 모델은 홀리필드(James Hollifield), 티치너(Daniel Tichenor), 로젠헥(Zeev Rosenhek) 등에 의해 발전되어 왔다. 특히 티치너와 로젠헥은 각각 미국과 이스라엘의 이민정책을 위와 같은 변수로 설명한 바 있다(Tichenor 2002; Rosenhek 2000). 신제도주의적 접근은 기본적으로 고객 정치 모델이 상정하는 단일한 행위자로서의 국가, 이익집단 간 갈등과 경쟁을 중재하는 심판으로서의 국가 개념을 비판한다. 국가는 하나의 통일체(monolithic entity)가 아니라 다양한 제도로 이루어졌다는 것이다. 티치너는 미국의 이민정책 발전 과정을 연구하면서 제도 간의 각축, 시민사회 내 정치적 연합의 형성, 전문가 집단의 담론, 국제적 위기 상황 —예를 들어 전쟁으로 인한 난민 급증— 등이 상호작용하면서 이민정책 형성에 영향을 미친다고 주장한다(Tichenor 2002).

신제도주의 모델은 이민정책에 있어서 단일한 행위자로서의 국가를 단일한 행위자가 아닌, 서로 다른 의견, 규범, 정책목표를 가진 다양한 행위자로 나누어 파악함으로써 국가의 역할을 재조명했다는 평가를 받고 있다. 신제도주의 모델은 행정부 내 다양한 부처가 특정한 정책을 입안하고 추진하는 데 있어서 각자의 역할을 확대하기 위해 노력하고 때론 경쟁한다고 본다. 부처 간 경쟁이 발생하는 이유는 이익을 최대화하려는 합리적 행위자로서 관료, 그리고 이러한 관료들의 집합체로서 부처를 가정한다면 당연한 결과이다. 또한 제도적으로 파악하더라도 부처 간 관할 영역이 중복될 가능성이 높기 때문에 중복되는 관할 영역을 재조정하는 과정에서 각 부처는 각자의 고유한 역할을 보장받고, 동시에 이를 확대하려고 한다. 이러한 경향 때문에 이민정책을 둘러싼 부처 간 경쟁이 발생할 수 있다. 부처 간 경쟁 과정에서 각 부처는 전문성 제고를 통해 관할 영역을 자신만의 것으로 확보하려고 노력하며, 영향력을 확대하기 위해 종종 시민사회의 행위자 또는 전문가들과 연합하기도 한다. 이 점에서 부처 간 경쟁 과정은 시민사회 행위자에게 일종의 정치적 기회구조(political opportunity structure)가 될 수 있으며, 이러한 국가와 시민사회의 정치적 연합을 통해 행정부 내의 역할 분담에서 과소평가되어 있는 부처가 자신의 역할을 확대하기도 한다. 이를 한국이 고용허가제를 도입하는 과정에 적용하면 다음과 같다.

한국의 외국인 노동자 정책은 1991년 외국인 산업연수제도가 도입되기 시작할 때부터 상공부, 통상산업부와 같은 경제부처와 출입국관리를 담당하고 있는 법무부 주도로 이루어졌다. 하지만 1994년부터 연수생의 근로조건 감독 업무를 노동부가 맡기 시작하면서 노동부도 외국인 노동자 정책에 관여하게 되었고 1995년 이후 외국인 노동자의 인권침해 사례가 사회적으로 공론화되자 노동부는 근로조건 감독 소홀 등으로 비난받게 되고 이를 계기로 본격적으로 외국인 노동자 정책을 노동부의 관할영역에 포함시키고자 노력하게 된다. 따라서 외국인 산업연수제도에서 고용허가제로의 전환 과정에서 법무부 및 경제부처와 노동부 간의 경쟁은 불가피했다.

고용허가제를 둘러싸고 노동부를 위시한 찬성 진영과 법무부 및 경제부처 등 반대 진영의 논리는 다음과 같았다. 고용허가제를 찬성하는 진영은 빈번한 인권침해와 송출 비리로 인해 발생한 비용을 만회하기 위해 산업연수생들이 자발적으로 사업장을 이탈하여 더 높은 임금을 받을 수 있는 불법체류자가 되는 것을 막기 위해서는 고용허가제를 도입하여 공식적으로 외국인 노동자를 수입하고 이들을 근로기준법과 같은 노동법의 적용을 받게 해 근본적으로 이들을 노동자로서 보호할 수 있게 하여야 한다는 주장을 폈다. 반면에 고용허가제를 반대하는 진영은 고용허가제로 인한 임금 상승의 가능성, 외국인 노동자를 공식적으로 수입한다는 것에 큰 부담을 느껴 고용허가제를 반대했다.

정부 내에서 법무부에 비해 영향력이 적었던 노동부는 2000년부터 학계와 시민사회 내 외국인 노동자 단체와 연대하면서 고용허가제를 추진하고자 하였다. 학자들에게 외부 용역을 발주하면서 노동부의 전문성을 확보하고자 하였으며 외국인 노동자 지원단체와 긴밀히 협조하면서 고용허가제에 우호적인 정책적 분기를 만들고자 하였다(이혜경 2008).

결국 노동부는 외국인 노동자 지원단체와의 협력과 그리고 고용허가제 도입에 적극적인 입장을 표명한 참여정부의 등장으로 인해 한시적으로 고용허가제와 외국인 산업연수제도를 병행한다는 타협안을 이끌어 내게 된다. 2007년 두 제도의 병행 실시는 고용허가제로 단일화되면서 노동부는 외국인 노동자 정책에 있어서 주도권을 쥐게 된다. 반면 고용허가제 도입에 반대했던 법무부는 외국인 산업연수제도의 병행 실시로 양보를 하고 추후 외국인 노동자 관리제도에 있어서 "체류와 관련된 업무는 법무부가 계속 관할한다는 것으로 타협을 보았다"(이혜경 2008).

3. 소결

과연 무엇이 국가의 이민정책 수립과 결정에 영향을 미치는가? 과연 무엇이 국가가 이민정책의 방향성을 설정할 때 이를 제한하는가? 이에 대해 본 장은 이민정책에 관한 정치학적 이론을 크게 세 가지로 나누어 설명하였다. 이익 기반 접근법의 고객 정치 개념은 이민 확대로 인해 집중된 편익을 누리는 고용주와 같은 이익집단의 로비에 주목한다. 권리 기반 접근법은 국가의 선택을 제한하는 권리의 원천을 국민국가 외부에서 찾고 국제기구, 국제규범의 역할에 주목하는 글로벌리스트와 이민정책에 미치는 영향력을 국민국가 내부에서 찾고 사법부의 역할을 강조하는 자기제한 주권론자로 나눌 수 있다. 제도 기반 접근법은 이익 기반 접근법의 단일한 국가 개념을 비판하면서 이민정책을 둘러싼 부처 간 경쟁에 초점을 맞춘다.

정리하자면, 국제 이주를 설명하는 세 가지 정치학적 이론, 즉 이익 기반 접근법, 권리 기반 접근법, 제도 기반 접근법은 각자 나름의 장점을 가지고 있다. 이익 기반 접근법은 공공정책의 편익 비용 분석에 기초한 단순명료한 이론틀을 제시하여 검증가능한 가설들을 만들어 내지만, 각 국민국가가 처한 역사적 맥락, 독자적인 역사적 발전 경로를 간과할 수 있다. 제도 기반 접근법은 정책 결정을 둘러싼 국가, 시민사회 내 다양한 행위자들의 상호작용과 제도 간 각축을 종합적으로 판단할 수 있는 이론틀을 제공한다. 하지만 이익 기반 접근법과는 달리 검증가능한 가설들을 제시하고, 이를 검증하는 데에는 한계가 있다고 평가할 수 있다. 권리 기반 접근법 특히 국제규범 모델은 이민정책의 형성 과정을 단순히 국내적인 요인의 역학만으로는 이해하기 어렵다는 점에서 국제적인 변수를 분석할 수 있는 이론을 제공할 수 있다. 하지만 국제규범의 전파경로를 추적함에 있어서 국내 이민정책에 미치는 국제규범의 독립적 영향력을 파악하기 어렵다는 단점이 있다.

제5장

이민정책의 유형과 단계

이민정책은 국경을 넘나드는 사람들의 이동을 통제, 관리하는 종합적인 영역으로서, 출입국관리부터 체류 관리 및 사회통합 그리고 국적 부여에 이르기까지 다양한 분야를 포괄한다. 이민정책은 이민자가 자신이 태어난 국가를 떠나 새로운 국가로 이주·정착하려고 할 때 자발적인 개인의 선택을 제약하는 요인으로 작용한다. 또한 이민정책은 수용국이 이민자를 받아들이는 과정에서 어떻게 경제발전, 권리보호, 집단정체성 유지, 안보 등 다양한 정책목표들을 고려하는지를 보여 주기도 한다.

이민정책은 크게 두 가지 유형으로 구분할 수 있다. 첫째는 이민 수용국으로 들어오기 위한 규칙과 절차에 관한 정책이다. 출입국관리와 이민자 수용 분야에 여기에 해당한다. 국가는 문서, 전자 시스템 등 다양한 수단을 활용하여 원하지 않는 사람들의 입국은 통제하고 필요한 사람들의 입국은 신속히 처리한다. 국가는 입국이 허용된 외국인과 이민자들에게 다양한 유형의 비자를 발급함으로써 활동의 범위와 체류 기간을 규정하고, 이들이 합법적으로 활동하고 있는지를 관리한다. 두 번째는 이민자 사회통합 정책으로 외국인과 이민자들이 이민 수용국에 정착하고, 수용국 사회에 잘 통합될 수 있도록 지원하는 프로그램과 법률에 관한 것이다. 국가는 이민자들의 통합을 촉진하기 위해 이민자들 스스로의 적응 노력을 강조하기도 하고, 수용국 사회의 포용성을 강조하기도 한다. 또한 이민자들의 시민권과 관련된 법률과 절차에 관한 것도 있다. 국가는 국적을 취득하고자 하는 이민자들에게 국적을 부여함으로써 이들에게 정치공동체의 성원권(membership)을 인정한다. 이와 같은 시민권 정책은 이민자 통합정책의 마지막 단계라고 볼 수 있다. 본 장에서는 이민정책을 이민의 단계에 따라 출입국관리, 이민자 수용, 이민자 사회통합 및 시민권으로 나누어 살펴보고자 한다.

1. 출입국관리

이민정책의 시작점이자 기본적인 영역은 출입국관리이다. 출입국관리는 국경 관리(border management)라고도 하는데 외국인의 출입국을 관리하는 국경 통제(border control)와 국경선 및 관련 시설을 경비하는 국경 순찰(border pa-trol) 등 국민의 안전을 지키기 위한 행정작용을 포함한다(유민이 외 2020a). 그러나 출입국관리는 국가 및 국민의 안보 수호라는 목적 외에 국경을 넘나드는 사람과 물건의 이동이 원활하게 이루어짐으로써 국민의 편의를 제고하는 목적도 가지고 있다. 출입국관리는 국가 안보와 국민 복리에 위해가 되는 사람과 물건의 이동은 엄격하게 심사해야 함과 동시에 엄격한 심사가 국가와 국민에 필요한 이동을 저해해서는 안된다는 이중적 과제를 안고 있다고 볼 수 있다. 많은 국가들은 이러한 난제를 해결하기 위해 국경관리기관을 통합하거나 스마트 국경관리 시스템을 도입하는 등 다양한 노력을 기울이고 있다.

이민자 유형			주요 체류자격
대분류	중분류	소분류	
한시형 이민자	외국인 노동자	저숙련인력	D-3, E-8, E-9, E-10, H-2, H-1
		숙련기능인력	E-7-4
		전문기술인력	E-1~E-7(E-7-4 제외), C-4, D-8
	유학생		D-2, D-4-1, D-4-7
	기타		G-1(난민신청자, 인도적체류허가자 등)
정주형 이민자	영주권자		F-5
	결혼이민자		F-6
	재외동포		F-4, F-4-R
	기타		F-2(F-2-R지역특화, F-2-4난민 인정자)

자료: 설동훈(2024)

출입국관리에 있어 이민 수용국은 비자(visa) 발급을 통해 국경을 넘나드는 인구의 이동을 통제, 관리한다. 비자는 체류 기간에 따라 크게 단기와 장기 비자로 나뉘며, 체류 기간에 제한이 없는 영주 비자도 있다. 또한 비자는 취업, 유학, 관광, 상용 등 입국 목적에 따라 다양하게 발급된다. 입국 목적에 따른 비자는 수용국 사회에서의 활동 영역을 제한하는데 그 범위는 나라마다 다르다. 예를 들어 유학 비자의 경우 특별한 허가가 없이는 취업이 제한되지만, 취업 시간, 취업 분야 등은 수용국의 필요에 따라 다양하다.

2. 이민자 수용

이민 수용국들은 여러 경로를 통해 이민자를 받아들인다. 이민 수용국들은 가족 이민의 형태로 이민자를 수용하기도 하고, 인도주의적 목적을 가진 난민 정책으로 이민자를 받아들이기도 한다. 또한 국가들은 이민자를 노동력으로 도입·활용하는 외국인력 정책을 통해 특정 분야의 인력 부족 문제 해결, 저출생·고령화 시대에 생산가능인구의 확대, 우수 인재 확보를 통한 국가경쟁력 제고 등을 추구하고 있다. 본 절에서는 다양한 경로 중에서 가족 이민과 노동 이민을 중심으로 이민자 수용 정책을 살펴보고자 한다.

(1) 가족 이민

　가족 이민은 초청자의 자격 그리고 피초청인의 범위 등에 따라 가족 형성 (family formation) 혹은 결혼이민(marriage migration), 가족 재결합(family re-unification), 가족 후원 이민(family-sponsored migration), 인도적 이유에 의한 가족 이민(humanitarian family migration) 등 네 가지 범주로 나뉜다. 첫째, 가족 이민의 대표적인 유형은 결혼에 따른 배우자의 이주, 즉 가족 형성에 따른 가족 이민을 들 수 있고 이는 결혼이민으로 불리기도 한다. 일반적으로 시민권자 혹은 영주권자가 해외에서 만난 배우자를 자국으로 데려오는 것을 말한다. 이러한 결혼이민 현상은 특히 한국과 같은 아시아 지역에서 증가하고 있다. 한국의 경우, 국제결혼의 증가로 인한 결혼이민은 초국적 문화와 전통이 교류되는 사회적 공간의 확산을 초래하고, 결혼이민자와 그 자녀를 포함하는 다문화 가족에 대한 정책적 수요의 증가 등 소위 다문화 현상을 낳고 있다.

　둘째, 가족 이민은 국경을 넘어 헤어져 있던 이민자와 그 가족들의 재결합을 의미하기도 한다. 가족 재결합은 자식, 배우자, 부모 등과 같은 직계가족을

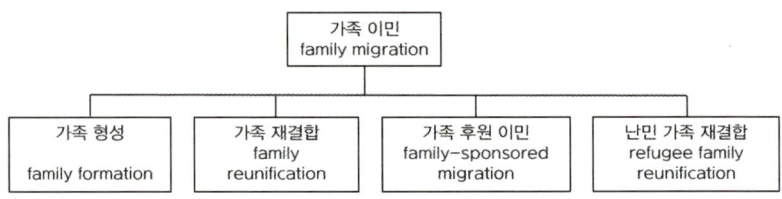

〈그림 5-1〉 가족 이민의 유형

국제 이주의 정치학

영주권자가 초청함으로써 이뤄진다. 영주권자가 이민법에 의해 정해진 일정한 기준, 예를 들어 주택 소유와 일정 수준 이상의 소득 등을 충족한다면 이민 수용국의 합법적 이민체계에 의하여 가족 재결합을 요청할 수 있다. 인권의 보호와 증진이라는 차원에서 이와 같은 가족 재결합은 영주권자의 당연한 보편적 권리로 간주되지만, 수용국의 경제 상황이 좋지 않은 경우 수용국은 소득 및 이민국의 공식 언어 사용 기준을 높이는 등의 방법으로 가족 재결합을 제한하기도 한다.

셋째, 직계가족이 아닌 가족들을 가족 초청(family sponsorship)을 통해 이민 시키는 가족 후원 이민이 있다. 하지만 가족 후원 이민은 이민 수용국에 의해 엄격히 관리된다. 이민 수용국의 입장에서는 이러한 가족 이민이 국내 노동시장 상황의 악화와 복지재정 수급의 불안을 초래할 것으로 우려하기 때문에 더 엄격한 기준을 적용한다. 예를 들면, 미국은 가족 초청에 의한 최대수용인원을 회계연도가 시작되기 전에 정해 놓고 이민을 통제한다.

넷째, 난민의 가족 재결합도 중요한 가족 이민의 한 유형이다. 난민의 가족 재결합은 국내법 체계에서 보장되지 않더라도 국제법 체계에 의하여 보장되는 권리이다. 1951년 제네바 난민협약은 가족 재결합 원칙을 난민의 당연한 인권 사항으로 규정하고 있으며, 2013년 7월 1일 시행되고 있는 한국의 난민법도 난민의 가족 재결합권을 인정하고 있다.

(2) 외국인력 도입

국가는 4차산업혁명 시대에 필수적인 과학기술 분야의 우수 인재를 확보해야 함과 동시에 자국민들의 취업 기피와 노동시장 내 불균형으로 인한 저숙련 분야의 노동력 부족 문제를 해결해야 하고, 중장기적으로는 저출생·고령화로 인한 생산가능인구의 감소에도 대응해야 한다. 이런 맥락에서 이민 수용국은 외국인력 정책을 통해 위와 같은 목적을 달성하려고 한다. 외국인력 정책은 각 국가가 처한 이민정책 환경에 따라 그 기조가 달라질 수 있다. 본 절에서는 해외 외국인력 유입 사례를 크게 전통적 이민국가와 유럽의 이민국가, 후발 이민국가로 나누어 살펴보고자 한다.

전통적 이민국가인 미국, 캐나다, 호주 등은 인구 증가와 생산가능인구 확대라는 측면에서 이민자 유입을 오랫동안 추진해 왔고, 그 결과 해외 출생 인구의 비율이 높다. 2021년 현재 미국은 13.5%, 호주는 29.2% 그리고 캐나다는 2018년 현재 21.3%에 달한다. 전통적 이민국가는 영주 이민을 중심으로 외국인력을 도입하고 있으며, 크게는 가족 재결합, 취업이민, 인도주의 등의 틀에서 이민을 수용하는데 이 중에서 가장 높은 비중을 차지하는 것은 가족 재결합이다.

미국은 2000년대 후반 이후 신규 영주권 중에서 가족 재결합 비중이 65% 이상에 달하지만, 취업 목적의 영주 이민도 중요한 부분을 차지하고 있다. 미국으로의 영주 이민에 있어 취업과 관련된 비자는 기술 수준에 따라 크게 5가지의 우선순위로 구분되는데 1순위는 과학, 예술, 교육 등의 분야에 특출한 능력을 가진 자이고, 2순위는 고등교육학위(advanced degree)를 가진 전문가 등이며, 3순위는 공급이 부족한 분야의 숙련직 노동자 등이다. 캐나다는 고숙련 인력을 유치하기 위해 점수제(points-based system)를 활용하고 있다. 점수제는 언어능력, 교육 수준, 직장경력, 연령, 적응성 등의 항목을 설정하고 각 항목에 따라 점수를 배정한 후, 신청자가 취득한 점수가 일정 점수 이상이 되어야만 신청 자격을 부여하는 제도이다. 캐나다는 이러한 점수제를 통해 자국의 지식경제에 기여할 수 있고, 이민자들의 노동시장 통합이 더 쉬운 고숙련 외국인력을 유입하기 위해 노력하고 있다. 호주도 취업을 목적으로 하는 영주이민제도를 운용하고 있는데 인재(Distinguished Talent) 비자는 전문직, 연구, 스포츠 등의 분야에서 국제적으로 인정받는 경력을 가진 자들을 대상으로 하는 비자이고, 독립기술(Skilled Independent) 비자는 점수제에 기반하여 신청자의 학력, 연령, 직업, 언어능력 등을 기준으로 신청이 가능하지만 취업하고자 하는 직종이 중장기 기술 직업목록에 포함되어야 한다. 이외에 고용주가 호주 내에서 구인에 실패하였을 때 고용주의 추천에 의해 영주 취업 이민이 가능한 고용주 추천(Employer Nomination Scheme) 비자도 있다.

전통적 이민국가들은 영주 이민을 근간으로 하는 이민정책을 가지고 있지만, 영주 이민 채널 외에 한시적 체류를 목적으로 하는 취업 비자도 운용하고 있으며, 점차 한시적 비자가 중요해지는 추세이다. 대표적인 예가 미국의 H1-B 비자이다. 미국의 H1-B 비자는 미국 기업들이 정해진 특수 직종에 한해 학사 학위 이상 소지자를 한시적으로 고용할 수 있는 취업 비자이다. H1-B 비자는 매년 65,000건으로 상한선이 존재하는데 미국 내 석사학위 이상 소지자들을 위해 20,000건의 추가 비자 발급이 가능하다. 다만 대학, 정부 연구기관 등 상한선 면제 기관을 통한 H1-B 비자는 상한선에 해당하지 않기 때문에 실제 비자 발급 건수는 상한선을 상회한다.

호주도 점수제에서 취업 경험과 영어 능력을 강조하는 방식으로 영주 취업 이민 제도를 강화하는 동시에 한시적 취업이민 제도를 다각화하는 등 영주 이민과 한시 이민의 연계성이 강화되고 있다. 예를 들어 호주는 2000년대 이후 워킹홀리데이 프로그램을 확대하면서 이를 통해 계절적 노동 수요를 충족시

미국의 H1-B 비자는 추첨제를 통해 대상자를 선발하는데 H1-B를 통해 취업하고자 하는 외국인력들의 수요에 비해 쿼터 수가 많이 부족하여 IT 산업 등의 미국 기업들은 H1-B 비자 쿼터의 확대를 요구하고 있다. H1-B 비자 쿼터의 부족으로 인해 미국의 외국인력들이 취업에 어려움을 겪고 있는 가운데, 캐나다는 최근 「신테크 인재 전략(New Tech Talent Strategy)」을 발표하여 글로벌 인재 유치 경쟁을 가속화하고 있다. 캐나다의 신테크 인재 전략 중 하나는 미국의 H1-B 비자 소지자들에게 3년간의 취업 허가를 발급하고, 동반 가족에게도 취업과 학업 기회를 부여한다는 것이다. 미국이 H1-B 비자의 확대를 주저하고 있는 사이, 캐나다가 미국에서 교육받은 우수인력들을 자국으로 유치하려는 전략을 펼치고 있는 것이다.

키고 있다. 2018~2019년도 호주 단기취업 비자 발급 건수는 총 286,020건인데 이 중 워킹홀리데이 비자 발급 건수가 209,036건(73.1%)으로 다수를 차지하고 있다. 또한 호주는 이민자들이 대도시에 집중되는 것을 막고 지방에 인력을 배분하기 위해, 지역에서 일정 기간 일을 한 후 영주권 신청이 가능한 지역추천 취업이민 제도를 운영하고 있다.

유럽의 이민국가는 제2차 세계대전 이후 식민지로부터의 이주 혹은 방문노동자를 중심으로 많은 수의 외국인력을 도입하였으나 1970년대 초반 오일쇼크를 기점으로 한시적 노동 이민을 제한하였고, 그 이후 가족 재결합이나 난민 수용을 중심으로 이민자를 수용하였다. 지금도 프랑스와 독일에서 가장 많은 이민 유형은 가족 재결합이다. 이들 국가는 유럽연합(EU) 내 자유로운 이동을 활용하여 노동력 부족을 해결하고 있지만, 동시에 비유럽연합 출신 이민자들의 유입에도 관심을 기울이고 있다. 특히 2000년대 들어 고숙련 인재의 필요성이 증가하면서 이들 국가에서는 소위 '받아들이는' 이민에서 '선택하는' 이민으로 정책적 변화를 추구하고 있으며, 가족 재결합이나 인도주의적 난민 수용보다는 각국이 원하는 고숙련 인재를 유치하는 방향으로 외국인력 정책을 전환하고 있다.

프랑스는 선택적 이민정책을 추진하는 대표적인 국가이다. 사르코지(Nicholas Sarkozy) 대통령 집권 이후 프랑스는 고숙련 인재를 유치하기 위해 유학생 등 전문인력에 대해 체류 기간을 연장하는 것은 물론 입국과 체류의 절차를 간소화하였다. 대신 미등록 이민자에 대한 조치를 강화하고, 소득 조건 등 가족 재결합을 위한 조건을 강화하였다. 마크롱(Emmanuel Marcron) 대통령도 선택적 이민의 기조를 유지하고 있는데 유학생과 고숙련 노동자의 입국과 체류를 촉진하고자 노동허가 신청 절차를 간소화하고 비유럽연합 출신의 제3국 국민이 지원할 수 있는 직업 리스트를 제공하고 있다. 연구자와 박사학위 과정생들의 유입을 촉진하기 위해 연구 체류(research stay) 제도를 운영함으로써 대학과 연구소의 인재 유치를 지원하고 있다. 또한 프랑스는 창업자, 투자자, 예술가 등의 외국인이 3개월 이상 프랑스에서 체류할 수 있는 '재능 여권 (Passport Talent)'을 발급하고 있는데 재능 여권 소지자는 취업허가증을 발급받을 필요가 없다.

독일은 오랫동안 사실상 이민국가였음에도 불구하고, 이를 공식적으로 인정하지 않다가 2005년 이민법을 정비하면서 기존에 파편화되어 있던 외국인력 정책, 사회통합 정책, 난민 정책을 하나의 법제에 담아 체계화하였다. 또한 2007년부터 독일의 외국인 유학생을 대상으로 노동시장 테스트를 면제하기 시작하였고, EU 블루카드를 활용하면서 비유럽연합 출신 숙련노동자를 유치하는 데 노력하였다. EU 블루카드는 유럽연합 외의 지역에서 고급인력을 유치하기 위한 목적으로 만들어진 제도로 독일 대학 및 이에 준하는 외국대학 졸업자, 독일 내 기업에서 고용계약 및 채용 허가가 이루어진 자, 연봉이 최소 58,400유로인 자 등에 해당하는 인력이 신청할 수 있는데 최대 4년까지 발급받을 수 있고, 33개월 후에는 영주허가(settlement permit)가 가능하다. 2019년 독일 연방하원은 「숙련노동이민법(Skilled Labor Migration Act)」을 제정하였고, 이 법은 2020년 시행되었다. 「숙련노동이민법」은 숙련노동자를 독일과 외국에서 대학교육을 받았거나 직업교육을 받은 자로 정의하고 비유럽연합 출신 숙련노동자는 근로계약이나 자격을 입증하면 연방노동청의 승인 없이 노동이주를 할 수 있도록 하였다. 또한 공인 자격을 가진 경우에는 체류 허가 절차가 신속하게 진행되도록 하고 있다.

이처럼 전통적 이민국가와 유럽의 이민국가들은 자신들이 처한 상황과 이민정책 환경에 맞게 다양한 외국인력 정책을 운용하고 있으며, 외국인력 정책의 기조가 과학기술 분야를 중심으로 우수인력 유치로 수렴하고 있다는 점은 부인하기 어렵다. 이러한 유형에 속한 국가들은 오랫동안 이민정책을 추진해왔고, 이민정책 환경도 우리나라와 차이가 커서 우리의 현실과 맞지 않는다고 주장할 수도 있다. 그러나 우리나라와 유사한 경제적·사회적 변화를 겪고 있으며 비슷한 정책 환경을 가지고 있는 일본에서도 이미 변화는 시작되었다.

일본은 노동력 부족이 심각한 산업의 외국인력 도입을 위해 2018년 12월 「출입국관리 및 난민 인정법과 법무성설치법의 일부 개정 법률안」을 통과시켜 특정기능 1호와 특정기능 2호라는 두 가지 새로운 체류자격을 신설하였다. 특정기능 도입 분야는 개호, 빌딩청소, 소형재, 사업기계, 전기전자정보, 건설, 조선선박, 자동차 정치, 항공, 숙박, 농업, 어업, 음식료품 제조, 외식업 등 14개 업종이었다가 2022년 소형재, 사업기계, 전기전자정보를 하나의 분야로 합쳐 현재는 총 12개 업종이다. 특정기능 1호는 외국인이 기능시험과 일본어 능력 판정 테스트에 합격하면 최장 5년까지 일본에서 일할 수 있는 자격으로 일본 정부는 베트남, 중국, 필리핀, 인도네시아, 태국, 캄보디아, 미얀마, 몽골, 네팔, 스리랑카, 방글라데시, 우즈베키스탄, 파키스탄, 말레이시아 등 14개국 정부와 양국 간 협정을 통해 인력을 도입한다. 특정기능 2호는 숙련 기능을 가진 외국인에게 부여하는 자격으로 체류 기간에 제한이 없으며 가족 동반도 가능하며, 영주권 취득의 길도 열어 놓았다. 일본 정부가 특정기능 1호와 2호를 도입한 것은 1990년대 이래 가장 중요한 정책적 변화라고 할 수 있지만, 아직은 그 도입 규모가 크지 않다. 하지만 이러한 조치는 일본이 저출생·고령화 시대 인력 부족 상황을 맞아 동남아시아 국가들을 대상으로 인력 유치를 위한 제도적 정비에 나선 것으로 해석될 수 있으며, 우리나라는 외국인력 도입에 있어 한발 뒤처지고 있다는 점에서 시사점이 크다고 할 수 있다.

(3) 미등록 이민자 관리

이민정책의 실패가 논의될 때마다 자주 언급되는 주제가 불법 이주가 늘어나고 있으며, 그 결과 국가 내에 미등록 이민자가 많아지고 있다는 것이다. 미등록 이민자 증가는 종종 침략, 국경 통제 불능 등과 같은 표현과 결부되면서 그 심각성을 증폭시킨다. 사실 국제 이주의 대부분이 합법적으로 이루어지고 있으며, 미등록 이민자 중 많은 수가 애초에 불법적으로 입국한 사람보다는 비자 기한을 넘겨 체류하는 사람들임을 고려하면 미등록 이민자에 대한 우려는 과장된 측면이 있다. 하지만 미등록 이민자에 대한 관리가 잘 이루어지지 않으면 이민정책에 대한 내국인들의 불신이 커지고 이는 이민자에 대한 혐오로 이어져 이민자의 인권을 심각하게 침해할 수 있기 때문에, 미등록 이민자 관리 정책은 소홀히 할 수 없는 이민정책의 분야이다.

미국의 사례는 미등록 이민자 관리의 중요성을 잘 보여 준다. 미국은 전통적 이민국가로서 영주 이민을 근간으로 하는 개방적 이민정책을 추진해 왔지만, 역사적으로 볼 때 인종적으로 낯선 신규 이민자들에 대한 토착주의 세력의 반발은 계속되었다. 1880년대 「중국인 배제법」으로부터 시작하여 문해력 시험, 국적별 쿼터 제도 등은 미국 주류의 시각에서 볼 때 '바람직하지 않은 이주민'을 걸러내려는 시도였다고 볼 수 있다. 그런데 1960년대 민권운동 시기 이후, 특정 이민자 그룹을 선별적으로 배제하려는 시도가 폐지되면서 아시아와 남미로부터의 신규 이민자 유입이 늘어났고 이는 미국의 인종 구성에 변화를 가져왔다. 이러한 변화에 대해 이민 제한론자들은 새로운 정책 이슈를 찾아냈는데 그것이 '불법 이민'이었다(이병하 2023).

미국은 미등록 이민자 문제를 해결하기 위해 미국에 거주하고 있던 미등록 이주민을 합법화하고, 이와 함께 사용주 처벌과 같은 이민 통제 정책을 담고 있는 포괄적 이민 개혁을 추진했고, 1986년 「이민개혁과 통제법(Immigration Reform and Control Act; IRCA)」이라는 결실을 맺기도 했다. IRCA는 미등록 이민자에 대한 합법화와 미등록 이민자을 고용한 사용주에 대한 처벌을 모두 포함하고 있다. 그러나 결과적으로 사용주 처벌과 같은 통제 수단은 사실상 무력화된 반면에 미등록 이주민에 대한 합법화 조치만 효력을 발휘하는 결과를 낳았다. 이러한 IRCA의 유산으로 인해 이민 제한론자들은 포괄적 이민개혁 방식이 추진될 때마다 강한 거부감을 표출하였고, 보다 강력한 국경 통제 방안을 요구함으로써 이민개혁 법안의 통과를 어렵게 만들었다. 그 결과, 2000년대 들어 국경 안보 강화와 미등록 이민자를 위한 '시민권으로 가는 길(a path to citizenship)'을 교환하는 포괄적 이민개혁 방식은 모두 실패했다.

우리나라의 경우, 2024년 10월 31일 기준 미등록 이민자 수는 406,709명으로 2023년 말 423,695명에 비해 크게 감소했으나, 불법체류율이 15%에 달하고 있어 간과할 수 없는 수준에 이르렀다. 현재 우리나라는 출입국 관서가 상시적으로 미등록 이민자를 단속하고, 주요 송출국의 주한 공관과의 협력을 통해 불법체류 예방 활동을 전개하고 있으며, 자진해서 출국하는 미등록 이민자에게 입국 금지 면제 혜택을 주는 등의 행정조치를 취하고 있다. 하지만 국내로의 이민이 증가할수록 그 반대급부로 미등록 이민자는 증가할 수밖에 없다. 따라서 미등록 이민자에 대한 단속과 자발적 귀환을 유도하는 행정적 조치 외에 합법화에 대한 진지한 사회적 토론이 필요한 시점이 다가오고 있다. 합법화에 대한 공적 토의를 진행하면서 지방정부 혹은 도시 차원의 제한적 합법화 프로그램을 생각해 보는 등 다양한 정책적 대안을 모색할 필요가 있다(한준성 2022).

3. 이민자 사회통합

많은 연구자들은 한 국가 혹은 여러 국가를 비교하면서 이민자 사회통합 정책을 평가할 때 이민자 사회통합의 모형을 상정하고 이를 기반으로 연구를 진행해 왔다. 이민자 사회통합 정책의 유형화에서 유의해야 할 점은 이러한 모델이 일종의 이념형(ideal type)이라는 점이며, 다양한 유형이 반드시 상호배타적으로 존재하는 것이 아니라는 것이다. 예를 들어 대표적인 동화모형을 채택하고 있는 프랑스에서도 실제로 교육정책 등을 보면 다문화주의 요소가 많이 발견된다. 따라서 아래의 유형화 작업은 다분히 특정 시기 특정 국가의 역사적 경험을 바탕으로 추출된 것이다.

(1) 이념형으로서의 이민자 사회통합 모형

이민자들을 받아들인 나라의 정부는 특정 방향으로 그들을 통합하기 위한 정책을 시행하고 있다. 이민자 사회통합 정책을 유형화하자면, 흔히 차별배제 모형(differentiated exclusionary model), 동화 모형(assmilationist model), 다문화주의 모형(multicultural model) 등으로 나눌 수 있다.

차별배제 모형은 외국인 노동자를 노동력 부족 현상이 있는 특정 산업 분야에 한해서만 수용하며, 이들에게 사회적·정치적 권리를 부여하지 않는 것을 원칙으로 한다. 이민 수용국이 이주노동자나 이민자를 3D 직종의 노동시장과 같은 특정한 경제 영역에만 받아들이고, 복지 혜택, 국적(또는 시민권), 선거권·피선거권 부여 또는 국방의 의무 부여와 같은 사회적·정치적 영역에는 절대 받아들이지 않는 것을 말한다. 한국의 저숙련 외국인력 정책이 대표적이라고 할 수 있다.

동화 모형은 이민자가 출신국의 문화적인 특성을 포기하고 거주국 사회에 완전히 동화되는 것을 목적으로 한다. 프랑스의 이민자 사회통합 정책이 대표적인 것으로 프랑스의 공화주의적 가치를 받아들인다면 주류 성원들과의 차별을 두지 않는 것을 의미하지만, 광범위한 비공식적 차별과 이민자 집단의 경제적·지리적 분리 문제를 완전히 극복하지는 못하고 있다.

다문화주의 모형은 이민자들이 출신국의 문화와 언어를 집단적으로 유지하는 것을 장려하여 다양한 이민자 집단 간의 공존을 꾀하는 것이다. 다원적인 사회에서 다양한 하위문화들이 평등하게 타당성을 지니는 것으로 인정된다. 진정으로 다원적인 사회의 발전을 촉진시키는 것이 가장 적합한 통합 방식이라는 것이다. 다문화주의 모형은 정책을 시행할 때 이민자를 한 개인으로 접근하지 않고 특정 집단의 일원으로 간주하며, 캐나다의 다문화주의 정책이 대표적이다(설동훈·이병하 2013).

　위의 차별배제 모형, 동화 모형, 다문화주의 모형 외에 주목해야 하는 모형은 시민통합(civic integration) 모형이다. 유럽의 이민국가들이 다문화주의의 실패를 거론하면서 이민자 사회통합 정책의 노선을 전환하는 흐름을 시민통합 모형으로 개념화한다. 시민통합에 기반한 이민자 사회통합은 다문화주의 모형이 이민자들의 문화적 권리를 집단 수준에 기초한 것에 반해 이민자가 수용국 사회에 적응할 책임을 개인에 지우고, 이민자 개개인이 수용국의 언어, 역사, 제도에 대한 기본적인 지식을 습득하는 것이 사회통합에 필수적인 요소라고 보고 있다. 이에 따라 이민자가 수용국에 입국하기 전부터 수용국 언어에 대한 시험이 이루어지는 경우도 있고, 입국 후에도 계속 일정 시간 언어교육, 사회교육, 직업교육을 이수해야 한다. 이수 과정을 불이행할 경우, 벌금이 부과되거나 혹은 영주권을 거부당할 수도 있다. 이러한 시민통합 모형은 1990년대 후반 네덜란드에서 시작되어 그 이후 핀란드, 덴마크, 오스트리아, 독일, 프랑스 등 유럽의 각 지역으로 퍼져나갔다(Joppke 2007). 시민통합 모형의 새로운 점은 강제적 요소를 담고 있다는 점이며, 이민정책의 양대 요소인 이민 통제와 이민자 통합이 융합되어, 이민자 사회통합 정책이 이민 통제 요소를 겸하게 되는 것을 의미한다. 시민통합 모형을 채택한 유럽의 국가들은 그간 수용국 사회의 복지비용, 이민자 통합 비용을 증가시켰던 저숙련 그리고 적응가능성이 낮은 가족 이민자들을 통제할 수 있게 되었다.

(2) 이민자 통합에 관한 지수 중심 접근법

　이민정책에 대한 정치학적 접근법은 이민 수용국의 제도적 영향력에 초점을 맞추어 개인 혹은 집단 수준에서 이민자들이 수용국 사회에 통합된 정도를 설명한다(Triadafilopoulos 2012). 이러한 제도적 영향력을 설명하기 위한 분석 틀 중 많이 활용된 것이 위에서 설명한 이민자 사회통합 모형이었다. 하지만 이념형으로서의 이민자 사회통합 모형에 기반한 연구는 고용, 교육, 국적 취득 등 이민정책의 세부 분야를 자세히 평가하거나 정책의 변화를 설명하는 데 있어서 한계를 가진다. 이를 극복하기 위해 최근의 연구는 이민정책을 평가하는 다양한 지표들을 개발하고, 이러한 지표들을 종합한 지수 중심 접근법을 새로운 분석틀로 삼아 이민자의 사회통합을 분석·평가하는 노력을 시도하고 있다. 이러한 시도의 대표적인 예가 이민자 통합 정책 지수(Migrant Integration Policy Index: MIPEX)이다.

이민자 통합 정책 지수(MIPEX)는 여러 나라의 이민자 통합 정책을 체계적으로 평가하기 위한 노력의 일환으로서, 이민자 통합에 관한 8가지 정책 영역에 걸쳐 총 167개 항목의 세부 지표들을 통해 각국의 이민자 통합 정책을 평가하고 있다. MIPEX에 포함된 정책 영역은 이민자의 ① 노동시장 이동성(labour market mobility), ② 가족 재결합(family reunion), ③ 교육(education), ④ 정치 참여(political participation), ⑤ 영주(permanent residence), ⑥ 국적 취득 가능성(access to nationality), ⑦ 차별로부터의 보호(anti-discrimination) ⑧ 보건(health) 등으로 현재 유럽, 북미 국가 그리고 호주, 일본, 한국 등 총 56개국이 참여하고 있다.

MIPEX는 각국의 이민자 통합 정책을 차별배제 모형, 동화 모형, 다문화주의 모형 등 이념형에 기반한 유형화에 기반해 평가하던 기존의 방식과 달리, 세부 정책별로 비교가능한 지표 체계를 사용하여 평가한다는 점에 그 의의가 있다. 특정 국가의 이민자 통합 정책의 수준을 객관화함으로써 정책의 도입, 평가, 그리고 개선을 유도할 수 있다는 장점이 있다. 또한 상세한 지표를 제공함으로써 이민자 통합 정책을 결정하는 과정에 참여하는 정책결정자, 시민사회, 미디어 등에 이민자 통합 정책에 대한 기준을 제시하고, 국가 간 비교에 의

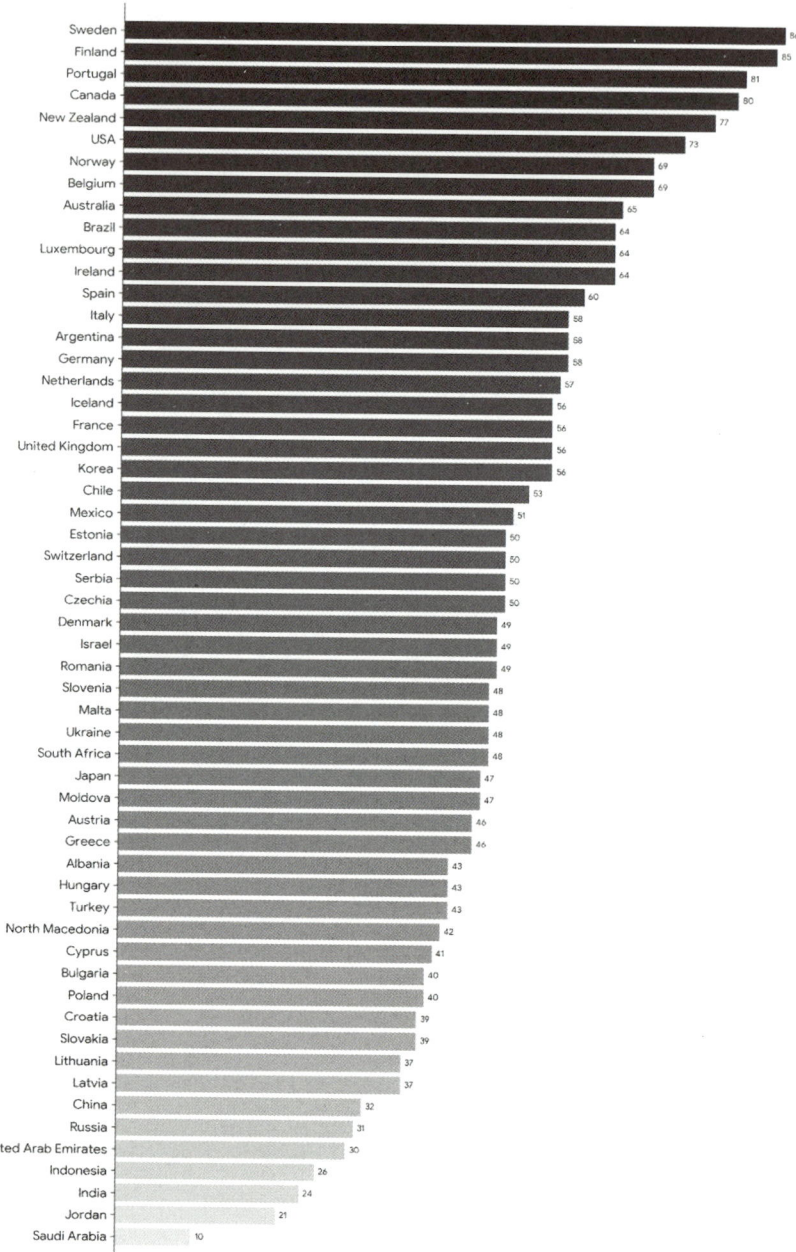

Sweden	86
Finland	85
Portugal	81
Canada	80
New Zealand	77
USA	73
Norway	69
Belgium	69
Australia	65
Brazil	64
Luxembourg	64
Ireland	64
Spain	60
Italy	58
Argentina	58
Germany	58
Netherlands	57
Iceland	56
France	56
United Kingdom	56
Korea	56
Chile	53
Mexico	51
Estonia	50
Switzerland	50
Serbia	50
Czechia	50
Denmark	49
Israel	49
Romania	49
Slovenia	48
Malta	48
Ukraine	48
South Africa	48
Japan	47
Moldova	47
Austria	46
Greece	46
Albania	43
Hungary	43
Turkey	43
North Macedonia	42
Cyprus	41
Bulgaria	40
Poland	40
Croatia	39
Slovakia	39
Lithuania	37
Latvia	37
China	32
Russia	31
United Arab Emirates	30
Indonesia	26
India	24
Jordan	21
Saudi Arabia	10

〈그림 5-2〉 MIPEX 2020 국가별 순위

국제 이주의 정치학

한 정책 학습 기회를 제공한다.

〈그림 5-2〉는 MIPEX 2020에 참여한 국가들의 순위와 종합 점수를 나타낸다. 상위 국가로는 스웨덴(86점), 핀란드(85점), 포르투갈(81점), 캐나다(80점), 뉴질랜드(77점) 등이 있으며, 대한민국은 56점을 기록하여 공동 18위를 기록하였다. 이어서 〈그림 5-3〉은 MIPEX 2020 조사에서 대한민국이 기록한 각 정책 분야별 점수이다. 이민자의 노동시장 이동 분야에서는 72점을 기록하였으나 상대적으로 국적 취득, 가족 재결합, 보건 등의 분야는 낮은 점수를 기록하였음을 알 수 있다.

MIPEX 외에도 다문화주의 정책 지수(Multiculturalism Policy Index), 시민통합 지수(Civic Integration Index), 시민권 정책 지수(Citizenship Policy Index) 등이 개발되어 이민자 통합 정책의 평가를 시민권, 복지정책과의 연관성 등 다양한 영역으로 확장시키고 있다. 지수 기반 접근법은 개념의 명확성이나 측정 방법 등에서 향후 개선되어야 할 점이 많지만(Chun and Yoon 2013), 데이터의

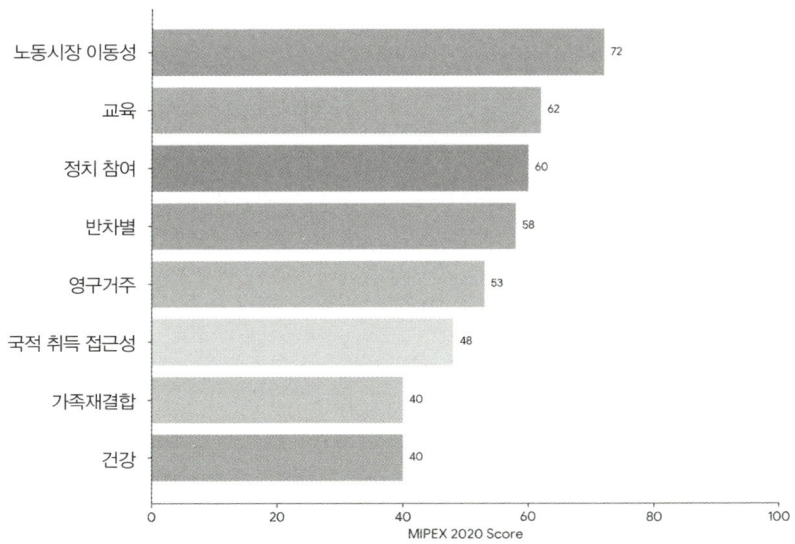

〈그림 5-3〉 MIPEX 2020 대한민국 각 분야별 점수

체계적 축적을 통해 이민에 대한 태도나 여론 분석 정도에 국한되어 있었던 양적 연구 방법을 정책 분야로 확산시킬 것으로 기대된다.

4. 시민권

시민권은 간단히 말해 정치공동체의 성원권(membership)이다. 여기서 정치공동체란 인종 및 종족과 같이 태생적으로 주어진 것이 아니라 정치적으로 구성된 공동체라는 의미이고, 성원권은 단순한 소속을 넘어 개인이 시민으로서 국가와 맺는 상호적인 권리와 의무 관계를 포괄한다. 국민국가에서 시민은 시민적·사회적·정치적 권리를 가진 주체임과 동시에 정치공동체를 위해 의무를 다해야 하는 주체이다. 또한 시민권은 집단 정체성의 근간이기도 하다. 내국인은 시민권 모델을 통해 자신들이 어떤 정치공동체를 추구하는지를 보여주고, 이민자들은 해당 시민권 모델을 수용함으로써 정치공동체에 귀속되면서 새로운 정체성을 구성한다. 본 절에서는 이민정책에 있어 국적 부여와 관련된 시민권 모델을 살펴보고자 한다.

이민자와 그 자녀에 대한 국적 취득 및 부여는 해당 국가의 국적법에 의해 규정된다. 국적 취득은 출생으로 발생하는 선천적 취득과 출생 이후 발생하는 후천적 취득으로 나눌 수 있다. 각국은 선천적 국적 취득에 있어 혈통주의, 출생지주의 등의 원칙을 가지고 있다. 혈통주의(jus sanguinis)는 출생 시 아버지나 어머니가 국민인 사람에게 국적을 부여하는, 즉 아이가 부모와 동일한 국적을 가지는 원리이다. 혈통주의는 다시 아버지가 국민인 경우에만 국적을 부여하는 부계혈통주의와 부모 중 한 사람만 국민이어도 국적을 부여하는 부모양계혈통주의로 나눌 수 있다. 한국은 부계혈통주의를 유지하다가 1998년 헌법재판소가 부계혈통주의는 헌법 제11조 1항의 남녀평등원칙 및 헌법 제36

조 제1항의 가족생활에 있어 양성평등원칙에 위배된다고 판결하면서 부모양 계혈통주의로 전환하였다(이철우 2024).

출생지주의(jus soli)는 아이가 태어났을 때 부모의 출신국과 체류자격에 상관없이 출생한 국가의 국적을 부여하는 원칙이다. 예를 들어 미국은 수정 헌법 제14조에 의해 "미국에서 태어나거나, 귀화한 자 및 그 사법권에 속하게 된 사람 모두가 미국 시민이며 거주하는 주의 시민이다"라는 출생지주의를 채택하고 있다. 출생지주의는 영국, 스페인, 포르투갈 등 과거 제국주의 국가가 주로 채택했고, 식민지로 확대되었다가 그 식민지가 독립한 이후에도 계속 유지되는 경향이 있다(설동훈 2016).

혈통주의나 출생지주의의 보완적 형태로서 거주지주의(jus domicili)라는 국적 부여 원칙도 있다. 예를 들어 프랑스는 1997년 국적법 개정으로 프랑스에서 출생한 외국인 부모의 자녀에게 18세가 되어야 국적을 부여하도록 했고, 11세 이후 프랑스 영토 내에서 최소한 5년간 거주할 것을 국적 부여의 조건으로 채택했다. 독일은 오랫동안 혈통주의를 유지하다가 2000년 이후 외국인 부모에게서 태어난 아이 중에서 두 부모 중 한 명이 영주권을 가지고 있거나 최소 8년 이상 독일에 거주했다면, 출생에 의해 독일 국적을 취득할 수 있도록 국적법을 개정했다(설동훈 2016).

외국인이 출생 이후 이민 수용국에서 국적을 취득하기 위해서는 귀화(naturalization)를 해야 한다. 귀화를 위한 조건과 절차는 나라마다 다르고, 수용국은 귀화를 신청한 외국인 중 일정 자격을 갖춘 사람에게만 국적을 부여한다. 예를 들어 한국 국적법 제5조는 일반귀화 요건으로 다음과 같은 다섯 가지를 규정하고 있다. 5년 이상 계속하여 대한민국에 주소가 있을 것. 대한민국에서 영주할 수 있는 체류자격을 가지고 있을 것. ② 대한민국의 민법상 성년일 것. ③ 법령을 준수하는 등 법무부령으로 정하는 품행 단정의 요건을 갖출 것. ④ 자신의 자산이나 기능에 의하거나 생계를 같이하는 가족에 의존하여 생계를 유지할 능력이 있을 것. ⑤ 국어능력과 대한민국의 풍습에 대한 이해 등 대한민국 국민으로서의 기본 소양을 갖추고 있을 것 등이다(이철우 2024).

국제 이주의 증가로 인해 다양한 인종적·문화적 배경을 가진 이민자들이 유입되면서 많은 국가에서 시민권 개념을 재정의하고 있다. 국제 이주에 의해 영향을 받는 국가 정체성, 주권, 국가의 통제 능력 등은 시민권과 밀접한 관계를 맺고 있기 때문이다. 다양한 언어적, 인종적, 문화적, 종교적 배경을 가진 이민자들이 이민 수용국에 거주할 때, 민족적 통합과 평등의 기반인 시민권은 어떻게 도전받게 되는가? 국제이주의 시대에 시민권의 의미는 무엇인가?

시민권은 크게 법적 지위, 권리, 참여, 소속감이라는 네 가지 측면에서 조망해볼 수 있다(Bloemraad et al. 2008). 법적 지위는 누가 시민의 지위를 가질 것인가에 대한 문제이다. 시민권은 출생지나 부모의 혈통, 혹은 두 가지 모두에 기초할 수 있다. 출생을 통해 시민권을 얻을 수 없는 사람들은 귀화를 해야 하는데, 귀화의 조건에는 법적 체류 기간, 그 나라에 대한 지식과 언어 능력 등 다양한 요소들이 포함된다. 시민권은 정치적 참여의 문제로 이해할 수도 있다. 참정권은 역사적으로 젠더, 인종, 종교, 계급 등에 의해 제한되어 왔지만, 점차 이러한 장벽은 낮아졌다. 나라에 따라 다르지만 이민자의 정치적 권리가 일정 부분 제한되는 것이 현실이다. 정치적 참여를 개인의 권리, 인권의 문제로 간주한다면, 시민권의 참여 측면은 권리의 문제로 확장될 수 있다. 정치적 참여는 사회적·경제적 포용의 문제이기도 하고 통합의 문제이기도 하다. 소속감은 '우리 대 그들'이라는 구도에 기반한 것으로 배제적 속성을 가진다. 우리라는 소속감을 만들기 위해서는 우리가 아닌 존재가 필요하기 때문이다. 이러한 배제적 속성은 주류 집단의 응집력에 대한 필요성에 의해 정당화된다.

국제 이주의 시대에 국가들은 소이살이 주장하는 것처럼 외국인 및 이민자에게 보편적 인간성에 기초한 탈국민적 성원권을 통해 광범위한 권리를 보장할 수도 있다. 하지만 이는 지나치게 이상적이며, 현실에서 각국은 자신들이 형성해 온 시민권 모델에 기초하여 이민자들을 정치공동체의 구성원으로 받아들이고 있다. 이 점에서 시민권의 네 가지 측면은 서로 보완 혹은 긴장 관계에 놓여있음을 인식하는 것이 중요하다. 소속감으로서의 시민권은 이민자의 권리, 법적 지위의 배분을 제한할 수 있고, 이민자의 정치적 참여에도 영향을 미친다. 권리가 폭넓게 보장된다면, 이민자의 법적 지위와 참여는 소속감에 영향을 미칠 수도 있다. 시민권 요소들 간의 긴장 관계 속에 국가는 전략적 선택을 할 수밖에 없고, 이러한 선택은 해당 국가의 시민권 정책의 특징을 규정하게 될 것이다.

5. 소결

본 장에서는 이민정책이 이민자들의 실제 삶과 경험에 중요한 영향을 미친다는 관점에서 이민정책을 이민자들이 수용국에 편입되는 단계에 따라 출입국관리, 이민자 수용, 이민자 사회통합, 시민권 정책으로 나누어 살펴보았다. 국가는 각 정책 분야마다 난제를 안고 있으며, 그만큼 이민정책은 다차원적인 분야라고 할 수 있다. 출입국관리에 있어서 국가들은 엄격한 입국심사를 통해 국민의 안전을 추구해야 하지만, 동시에 국가와 국민에게 필요한 사람과 물건이 신속하게 전달될 수 있도록 효율적인 통행을 보장해야 한다. 이민자 수용의 경우 국가는 글로벌 인재를 확보함으로써 국가경쟁력을 확보해야 하지만, 동시에 이들이 내국인의 일자리를 위협하지 않도록 관리해야 한다. 이민자 사회통합과 시민권의 경우, 국가는 내국인의 외국인 혐오 그리고 이민자들의 격리(segregation)를 방지함과 동시에 내국인과 이민자가 서로 존중하면서 살아가는 포용적 사회를 만들고 이민자들이 시민권을 통해 자국에 소속감을 가질 수 있도록 만들어야 한다.

이민정책은 이민자들이 수용국에 편입되는 기나긴 과정에 걸쳐 있으며, 각 단계마다 변화하는 국내외 환경에 맞춰 정책을 수정해야 하는 영역이다. 각 단계마다 국가가 마주한 과제들은 쉽게 해결되지 않는다. 국가는 정확한 통계와 정보를 내국인과 이민자들에게 제공함으로써 불필요한 혐오와 오해의 가능성을 줄여야 한다. 이와 같은 국내적인 노력 외에 수용국은 송출국 및 경유국과의 국제협력을 통해 국제 규범에 기반한 정책을 추진함으로써 내국인의 안보와 이민자의 인권 보장을 균형 있게 추진할 필요가 있다.

제6장

국제협력과 거버넌스

본 장에서는 이민에 대한 국가의 대응을 국제협력과 글로벌 거버넌스라는 측면에서 조망해 보고자 한다. 국제정치에서 점차 중요해지고 있는 국제 이주 문제를 해결하기 위한 국가 간 협력의 발전이 왜 지체되고 있는지 살펴보고, 국제 이주를 위한 국제협력에서 중요한 요소인 이주 규범의 발전과 글로벌 거버넌스의 형성에 대해 살펴보고자 한다.

1. 글로벌 이민 거버넌스의 저발전

국제 이주가 다른 국제정치적 현상과 연계되어 국제 이주 문제에 내포된 복합성을 증폭시키면서 국제 이주 분야의 국제협력이 점차 중요해지고 있다. 예를 들어 이민자들의 송금은 이민 송출국의 경제발전에 긍정적으로 기여할 수 있지만, 두뇌 유출과 같은 부정적 효과를 낳는다는 점에서 국제 이주는 국제

개발협력 이슈와 연결된다. 대규모 난민 사태는 난민 수용에 관한 국가 간 책임 분담을 둘러싸고 유럽연합 회원국 간의 갈등을 촉발시켰으며, 테러리즘에 대한 우려로 인해 이민정책 및 난민 정책이 안보화(securitization)되면서 국가 안보 및 지역통합의 문제와 연계되고 있다. 이처럼 국제 이주가 국제개발협력, 국가 안보, 지역통합의 차원에서 복합성을 증가시키고 있다는 점은 국제 이주 문제가 이민 송출국과 이민 수용국 양자 간의 노력만으로는 해결되기 어렵다는 것을 의미한다. 이 점에서 국제 이주를 둘러싼 국제정치를 이해할 때 국가 간 협력을 촉진할 수 있는 이주 규범과 글로벌 거버넌스에 주목할 필요가 있다.

글로벌 거버넌스는 냉전 시기 군사, 안보 이슈에 집중된 국제사회의 문제가 냉전 이후 환경, 인권 등 다양한 이슈 영역으로 다각화되면서, 복잡하고 다각화된 문제를 해결하는 초국가적 협력 기제로 주목받기 시작했다. 냉전 이후 국제정치 질서의 변화와 세계화의 진전에 따라 다양한 행위자들이 참여하는 수평적 네트워크로서 글로벌 거버넌스는 국제개발협력, 인권, 환경 등 새로운 이슈 영역에 적용되고 있다.

그러나 위와 같은 글로벌 거버넌스 방식은 국제 이주 분야에 잘 적용되지 않고 있다. 국제 이주의 영향력을 고려할 때 국경을 넘나드는 인구 이동으로 인

거버넌스(governance)는 정부(government)에 의한 행위보다 폭넓은 개념으로 국가는 물론 비국가 행위자들이 자신들의 목적을 달성하기 위해 활용하는 공식적인 제도와 비공식적인 규범, 규칙 등을 포함한다. 글로벌 거버넌스 위원회(Commission on Global Governance)는 거버넌스를 "개인들과 기구들이 공동의 문제를 공적 또는 사적으로 해결하는 다양한 방식들을 집약한 것"으로 정의한다. 따라서 글로벌 거버넌스는 국경을 초월한 전 세계적인 문제에 대해 기존의 주권국가 중심의 접근법에서 벗어나 다양한 행위자 즉 국가, 비국가 행위자 그리고 국제제도 등 다양한 행위자들의 다층적 네트워크 형성과 수평적 정책결정 과정을 설명하기 위한 개념으로 볼 수 있다.

국제 이주의 정치학

한 문제는 개별 국가 수준에서 해결되기 어려움에도 불구하고, 국제 이주는 여전히 이해 당사국 사이의 문제로 인식된다. 노동 이주의 주요 관리 방식은 여전히 양자 노동 협정(bilateral labor agreement)이며, 많은 노동 이주가 역내에서 발생함에도 불구하고 제도화된 지역 수준의 협력 체제는 유럽연합을 제외하면 취약하다고 할 수 있다. 또한 무역 분야의 제도적 해결을 책임지는 세계무역기구(WTO)처럼, 전 세계적인 수준에서 국제 이주 문제를 제도화하고 규율하는 글로벌 거버넌스 체제는 전무하나고 할 수 있다. 무역, 인권, 환경 등 다른 초국가적 이슈에 비해 국제 이주 분야에 글로벌 거버넌스 체제가 유독 저발전하고 있다는 사실은 흥미로운 주제라고 할 수 있다.

그렇다면 왜 국제 이주 분야에서 국제협력이 잘 이루어지지 않는가? 우선 국제 이주가 국가의 주권 영역에 직접적으로 연관된 분야이기 때문이다. 국제 이주는 인구의 유출입을 통제·관리함으로써 국가의 안보를 유지해야 하는 영역이다. 또한 이민자들을 수용국 사회에 통합시켜 국가정체성을 유지할 필요가 있다. 이처럼 국제 이주는 국가의 주권에 직접 관련된 국경 관리, 사회통합, 국가 정체성 형성 등에 관한 문제로 인식되기 때문에 국가들은 이주에 관한 국제협력에 쉽게 나설 수 없게 된다.

둘째로 국제협력에 참여하는 국가들의 참여 동기의 문제이다. 이민 수용국은 이주 분야의 글로벌 거버넌스에 참여할 동기가 적을 수밖에 없다. 국내정치적 측면에서 국제 이주는 민감한 이슈이다. 어떤 이익집단들은 이주로부터 파생된 이익을 극대화하기 위해 이민의 확대를 요구하기도 하지만, 국제 이주로 인해 비용이 발생한다고 생각하는 이익집단들은 이민의 축소를 주장한다(Freeman 1995). 이주 노동자의 유입으로 노동비용이 감소하여 소비자들은 상품과 서비스를 더 낮은 가격으로 구입할 수 있지만, 이주 노동자로 인한 임금 감소, 일자리 경쟁은 노동자들의 조직화 가능성을 높일 수 있다. 따라서 선거를 통해 주기적으로 정치적 책임을 져야 하는 정치인과 정책결정자에게 국제 이주는 직접적으로 다루고 싶지 않은 이슈이며 이주를 위한 국제협력에 소극적일 수밖에 없다.

셋째로 국제 이주는 국가 간 이익 조정이 어려운 분야이다. 우선 각국이 국제 이주로부터 획득할 수 있는 이익과 지불해야 하는 비용이 무엇인지 확실하지 않다. 대부분의 국가는 국제 이주에 있어 하나의 입장만을 가지고 있지 않다. 국가들은 이민 수용국이기도 하지만 동시에 이민 송출국이기도 하며, 혹은 중간 기착지이기도 하다. 이처럼 국제 이주를 둘러싼 협상의 국면에서 국가들의 이해관계 파악이 불분명한 경우, 국제협력으로 도출되는 결과물이 각 국가의 이익에 어떤 영향을 미칠지 판단하기 어려우며 따라서 국제협력은 잘 일어나지 않는다.

마지막으로 국제 이주 분야는 국가 간 힘의 불균형이 심한 영역이다. 대부분의 이민 수용국은 국제정치적으로 보았을 때 힘의 우위를 보이는 강대국이라고 할 수 있다. 이에 반해 이민 송출국은 남반구(global South)로 일컬어지는 저발전국가들이다. 정치적 힘과 경제적 능력의 차원에서 볼 때, 이주를 위한 국제협력을 추구하고 합의를 도출하는 데 있어 이민 수용국과 송출국 간의 간극이 크다. 이 점에서 국제 이주 문제를 해결하기 위한 국제협력은 일종의 설득게임(persuasion game)으로서, 힘이 약한 행위자는 협력할 수밖에 없는 반면에 힘이 강한 행위자는 협력할 동기가 부족한 상황이라고 할 수 있다. 또한 무역 분야처럼 상호호혜성이 잘 발견되지 않는다. 개발도상국 출신 이주 노동자들은 선진국에서 일하면서 이익을 볼 수 있지만, 선진국의 노동자들은 개발도상국에 가서 일할 유인이 없다. 즉 보다 많은 힘과 자원을 가진 선진국이 현상유지를 선호하고, 저개발국가들이 현상 유지의 변화를 원하는 한, 이주 분야의 국제협력은 쉽게 일어나지 않는다.

그럼에도 불구하고 모니(Jeannette Money)와 록하트(Sarah P. Lockhart)는 세 가지 조건이 갖추어지면 이주 분야의 국제협력이 발생할 수 있다고 주장한다.

첫 번째는 외생적 충격(exogenous shocks)에 의해 선진국들이 현상 유지에 드는 비용이 증가할 경우이다. 둘째는 저개발국가들이 연합하여 특정 국제기구 내에서 숫자를 늘림으로써 선진국을 압박하는 경우이다. 셋째는 상호적인 이주의 흐름으로 인해 협력에 드는 비용이 변화하는 경우이다(Money and Lockhart 2017).

외생적 충격은 선진국이 현 상태를 유지하는 데 드는 비용에 대한 인식에 변화를 주고, 결과적으로 선진국의 선호를 바꿀 수 있다. 외생적 충격은 여러 경로로 발생할 수 있다. 반이민 세력의 성장은 정부가 정권 유지를 위해 치르는 비용을 증가시킬 수 있으며, 이민자 옹호 단체와 미디어 등도 정부의 선호를 바꿀 수 있다. 또한 경제 상황의 변화 역시 정부의 이민정책에 대한 계산을 변화시킬 수 있다. 모니와 록하트는 유럽 난민 위기 당시 유럽 국가들이 튀르키예와의 협상에 나선 것을 예로 들고 있다(Money and Lockhart 2017).

저개발국가들은 국제사회에서 이들이 차지하는 수적인 우위를 이용한 제도적 힘을 구사할 수 있다. 자신들에게 유리한 방향의 정책에 합의하고, 제도적 힘을 가진 국제적 포럼을 결성한 후, 협상을 지속시켜 국제적 합의를 도출하는 경우이다. 모니와 록하트는 「모든 이주노동자와 그 가족의 권리보호에 관한 국제협약」을 그 예로 들고 있다. 그러나 이 경우 선진국들은 협약을 비준하지 않을 가능성이 높으며, 그 결과 선진국들은 협약에 구속되지 않을 수 있다.

대부분 국제 이주의 흐름은 비상호적이지만, 간혹 상호적인 흐름을 보일 때가 있다. 예를 들어 비슷한 경제 및 임금 수준, 더 나아가 문화적·언어적 유사성은 국경을 넘나드는 인구의 이동을 상호적으로 만들 수 있다. 호주와 뉴질랜드, 걸프 국가들 사이의 인구 이동은 상호적 흐름의 사례로 이러한 국가들 사이에는 이주를 위한 국제협력이 일어날 수 있다고 모니와 록하트는 주장한다(Money and Lockhart 2017).

모니와 록하트가 주장하는 이주 분야 국제협력의 가능성은 일반적이라고 보기 어려우며 예외적인 상황에서 발생한다고 보아야 한다. 이주 분야의 국제 협력 가능성을 타진하기에는 여전히 국가 주권의 논리가 강하게 지배하고 있으며, 국가 주권의 논리를 양보하고 협력에 나서도록 국가들을 유인할 수 있는 국제기구와 국제법 체제는 여전히 미약한 상황이다. 하지만 20세기 초반 이후 글로벌 이민 거버넌스는 몇 단계를 거쳐 서서히 발전하고 있다. 다음 절에서는 이주 노동자 규범을 중심으로 글로벌 이민 거버넌스가 어떻게 형성·변화해 왔는지 살펴보고자 한다.

2. 글로벌 이민 거버넌스의 발전 과정: ILO에서 GCM까지

(1) 20세기 초 ILO의 노력과 실패

이주에 관한 국제 규범은 20세기 초 국제노동기구(International Labor Organization; ILO)에 의해 선도되었다(Cholewinski and Taran 2010, 3). 전 세계 노동자의 노동조건 개선을 목적으로 하여 1919년 출범한 국제노동기구는 ILO 헌장(The Constitution of the International Labor Organization) 전문에서 "국적국 이외의 국가에서 고용된 노동자들의 이익 보호"를 언급하고 있다(Battistella 2009, 48). 1919년 제1차 국제노동기구 총회에서 총회 조직위원장이었던 퐁텐(Arthur Fontaine)은 이주 노동자를 포함한 노동자의 평등한 임금과 고용 조건을 주요 의제로 삼고자 노력하였다. 제1차 세계대전 이전 프랑스와 같은 국가들은 국내적으로 노동력 부족을 경험하면서 대규모로 이주 노동자를 수입하였으나, 이들이 처한 열악한 노동 조건으로 인해 이민 송출국들은 해외에서 일하는 자국민에 대한 보호를 요구할 수밖에 없었고, 국제노동기구는 이러한 요구에 반응한 것이다(Hasenau 1991).

그러나 이주 노동자 보호를 규범화하려는 시도는 곧 반대에 부딪히게 된다.

그 당시 이민을 규제하는 정책을 실시하고 있던 영국과 캐나다는 이주 노동자에 대한 국제적 기준이 마련된다면 보다 많은 수의 이민자를 수용하라는 압력으로 작용할 수 있고, 자신들의 제한적인 이민정책을 비판하는 근거가 될 수 있다는 점을 우려하였다. 영국과 캐나다는 이주 노동자에 관한 국제 규범은 일종의 주권 침해이며, 국제노동기구의 역할은 국제 이주에 관한 데이터 수집에 제한되어야 한다고 주장했다(Hasenau 1991). 또한 국제노동기구도 이주 노동자 문제를 독립적으로 의제화했다기보다, 모든 노동자들의 노동조건이 개선된다면 이주 노동자를 위한 보호도 강화될 것이라는 인식 속에서 이주 노동자에 관한 규범을 구체화한 것으로 보인다(Battistella 2009, 48).

제1차 국제노동기구 총회는 「실업에 관한 권고」(Recommendation concerning Unemployment)(No.1)에서 이주 노동자의 고용은 관련 국가 간 상호 합의와 사용자 및 노동자 단체와의 협의를 거친 후에만 가능하다는 점을 천명하였다. 또한 「외국인 노동자 상호 간 대우에 관한 권고」(Recommendation concerning Reciprocity of Treatment of Foreign Workers)(No.2)에서는 호혜성의 원칙 아래에 사회 보장 및 결사의 자유에 있어 내국인 노동자와 이주 노동자들이 동등한 대우를 받아야 한다고 밝혔다(채형복 2008). 이러한 이주 노동자에 관한 초창기 규범들은 구체적인 조치 없이 일반적인 원칙만 제시하고 있다는 한계가 있지만, 향후 국제노동기구가 이주 노동자에 관한 규범을 구체화하는 데 있어 중요한 지향점을 제공했다고 평가할 수 있다(Hasenau 1991).

국제노동기구가 이주 노동자의 고용에 관해 상호주의와 양자(bilateral) 협약을 강조한 이래, 1920년대부터 이주 노동자 문제는 주로 양자 협약에 의해 다루어졌다. 그러나 양자 협약은 이주 노동자의 제3국으로부터의 이주를 효과적으로 관리하지 못하는 등 제도적 한계를 가지고 있었고, 이민 송출국들은 양자 협약이 값싼 노동력을 활용하려고 하는 사용자의 즉각적인 이해관계만 반영하고 이주 노동자들을 제대로 보호하지 못한다고 비판하였다. 이에 대해 국제노동기구는 양자 협약을 넘어선 다자주의에 기반한 제도의 필요성을 인식하고, 1924년 로마에서 열린 국제 이주와 이민에 관한 국제회의(Conference on International Emigration and Immigration)부터 이주 노동자의 이익을 보호하기 위한 제도적 기제를 모색하기 시작하였다. 이어진 후속 회의에서 국제노동기구는 이주 노동자의 노동 계약을 표준화하는 작업 등 구체적인 조치들을 제안하였다(Hasenau 1991).

이러한 노력의 결과, 국제노동기구는 1939년 「취업 목적 이주에 관한 협약」(Convention concerning the Recruitment, Placing and Conditions of Labour of Migrants for Employment)(No.66)과 동 권고(No.61)를 채택하였다. 이 협약과 권고는 그동안 국제 이주와 관련한 다양한 이슈에 대해 부분적인 대응에 그쳤던 기존의 규범들과 달리, 이주 문제에 관한 포괄적인 기준을 담고 있는 첫 번째 문서로 평가받고 있다(Hasenau 1991; Battistella 2009). 그러나 1920년대 후반부터 시작된 대공황의 결과, 이주 노동 수요의 감소와 높아진 보호주의의 물결 속에 취업 목적 이주에 관한 협약과 권고는 어느 국가의 비준도 받지 못한 채 문서로만 남게 되었다(Battistella 2009, 49).

(2) UN 인권 규범의 역할

국제노동기구의 규범화 노력이 한계를 맞이하는 가운데, 이주 노동자에 관한 규범은 1945년 유엔의 창설과 함께 새로운 전기를 맞게 된다. 양차 세계대전 중에 발생한 대량 학살과 강제 이주는 인권의 존중과 증진에 대한 국제사회의 관심을 불러일으켰고, 그 첫 번째 노력이 1948년 유엔 총회에서 채택된 「세계인권선언」(Universal Declaration of Human Rights)이다. 「세계인권선언」은 법적 구속력은 없지만 보편적 인권에 대한 기준을 마련하였으며, 특히 인종이나 출신국 등에 의한 차별 없이 '모든 사람'이 누릴 자격이 있는 인권의 보편성과 권리의 불가분성은 비시민(non-citizens)은 물론 이주 노동자의 권리 증진에 적용될 수 있는 규범이었다(Slinckx 2009).

세계인권선언과 함께 「국제권리장전」(International Bill of Rights)로 불리는 두 개의 국제 인권 규약, 즉 경제적, 사회적 및 문화적 권리에 대한 국제규약(International Covenant on Economic, Social and Cultural Rights; 사회권 규약, A규약)과 「시민적 및 정치적 권리에 관한 국제규약」(International Covenant on Civil and Political Rights; 자유권 규약, B규약)이 채택되면서 국제 인권 규범은 국제법적 구속력과 실행력을 갓추게 된다(설동훈 2005). 또한 「모든 형태의 인종 차별 철폐에 관한 국제협약」(International Convention on the Elimination on All Forms of Racial Discrimination; 인종차별철폐협약), 「여성에 대한 모든 형태의 차별철폐에 관한 국제협약」(Convention on the Elimination of All Forms of Discrimination Against Women; 여성차별철폐협약) 등 유엔의 다른 국제 인권조약들도 이주 노동자를 포함한 이민자의 권리 향상을 진전시키는 데 기여하였다.

국제노동기구가 이주 노동자 규범의 출현에 직접적인 기여를 하였지만 비준 국가의 수가 많지 않았고 서방 국가의 반대에 부딪히는 등 한계를 보여 준 반면에, 유엔 주도의 국제 인권 조약들이 이주 규범의 형성과 이주 노동자의 권리 향상에 중요한 역할을 했다. 국제노동기구가 노동자로서 이주 노동자의 권리 보장에 관심을 가졌다면, 유엔은 국제인권조약의 발전을 통해 외국인으로서 이주 노동자의 권리에 기여하게 된다. 유엔의 국제 인권 조약들이 인권이라는 여러 분야에 걸친 이슈를 통해 이주 노동자의 규범화에 기여했지만, 이주 노동자 이슈에 관한 주제들이 다양한 조약에 걸쳐 산개되어 있어서 이주 노동자 문제를 직접적으로 다루기에는 한계가 있었다. 여성, 아동 등 취약한 집단에 대한 국제 인권 조약이 별도로 만들어졌던 것처럼 국제사회는 이민자 특히 이주 노동자의 권리 문제만을 다루는 국제 인권 조약을 통해 이주 노동자 규범의 확산을 시도하였다. 그 결과물이 「모든 이주 노동자와 그 가족의 권리보호를 위한 국제협약」(International Convention on the Protection of the Rights of All Migrant Workers and Members of Their Families; 이하 이주노동자권리협약)이다.

(3) 이주노동자권리협약의 비준 노력과 한계

「이주노동자권리협약」에 대한 논의가 본격화된 계기는 1972년 발생한 한 사건이었다. 말리(Mali) 출신 28명의 이주 노동자들이 불법적인 경로를 통해 튀니지를 떠나 프랑스로 향하는 과정에서 교통사고로 사망하는 사건이 발생한 것이다(Battistella 2009). 이 사건으로 인해 유엔 경제사회이사회(Economic and Social Council)와 유엔 인권위원회(Commission on Human Rights)가 이주 노동자 문제에 관심을 가지게 되었다. 1978년부터는 이주 노동자의 권리에 관한 별도의 조약을 추진하는 움직임이 시작되었다. 벨기에, 영국 등은 기존 인권 기제들과의 중복과 대립을 근거로 반대하였고, 국제노동기구는 자신들이 이미 이주 노동자의 권리를 보장하기 위한 메커니즘을 가지고 있는데 유엔 차원에서 별도의 조약을 추진하는 것은 자원의 낭비라고 주장하였지만, 유엔 총회가 1979년 「이주노동자권리협약」의 초안을 작성하기 위한 실무단을 구성하도록 하는 결의안을 채택함으로써 「이주노동자권리협약」은 그 첫 발을 내딛게 된다(채형복 2008, 348). 그러나 이민 수용국과 송출국 간 대립 속에 「이주노동자권리협약」이 채택되기까지는 6년이라는 추가적인 시간이 더 필요했다(Battistella 2009). 결국 「이주노동자권리협약」은 긴 협상 과정을 거쳐 마침내 1990년 12월 18일 채택되었다(Battistella 2009, 55-56).

「이주노동자권리협약」은 전문과 총 9부, 93개 조항으로 구성되어 있으며, 이주 노동자가 이주의 준비에서부터 출국, 체류, 귀환에 이르는 전 이주 과정에서 그 가족과 더불어 보장받아야 할 권리들을 규정하고 있다. 이주노동자권리협약」은 이주 노동자의 권리 보장과 증진에 있어 가장 포괄적인 성격을 가진 국제 인권 조약으로 평가받는다(김희강·임현 2018, 137). 그럼에도 불구하고 이주노동자권리협약은 대부분 이민 수용국이 취해야 할 의무를 담고 있기 때문에(Battistella 2009, 60) 「이주노동자협약」을 비준한 나라들은 거의 이민 송출국이라는 한계를 가지고 있다. 2024년 11월 현재 60개국이 비준하였는데 대부분 이민 송출국이고, 이 중에 이민 수용국이라고 할 수 있는 국가는 아르헨티나밖에 없다. 또한 다른 유엔의 인권조약 경우 100개 국가 이상이 비준하였다는 사실과 비교해 본다면, 「이주노동자권리협약」은 성공이라고 보기 어렵다.

　「이주노동자권리협약」이 성공을 거두지 못한 데는 이민 수용국들의 반대가 큰 영향을 미쳤다. 여러 연구에 따르면 이민 수용국들이 이주노동자권리협약을 비준하면 국내 이민법을 개정해야 한다는 오해를 가지고 있다(Pécoud 2017; 김희강·임현 2018). 유럽 국가들이 자신들은 이미 이주 노동자의 권리를 보장하는 법체제를 가지고 있다고 주장한 것이 대표적인 예이다. 또한 미국, 캐나다, 호주처럼 영주 이민을 주로 받는 국가들은 주요 대상자가 이주 노동자가 아니라 일반 이민자이기 때문에, 이주 노동자에 초점을 맞추는 「이주노동자권리협약」을 비준할 필요가 없다고 주장하기도 한다. 아시아의 후발 이민국가들은 「이주노동자권리협약」이 개방적인 이민정책의 도구로 활용될 수 있어 이민의 규제에 초점을 맞추고 있는 자신들의 상황에 맞지 않고, 나아가 주권을 침해할 수 있다는 이유로 반대하고 있다(Battistella 2009). 「이주노동자권리협약」은 이주 노동자의 권리에 관한 포괄적인 규범을 만들기 위해 법적 구속력이 있는 조약을 통해 규범의 확산을 시도한 사례이지만, 절반의 성공에 그침으로써 이주 노동자 규범의 확산에 있어 이민 수용국과 송출국 사이에 양극화된 오해와 대립을 극복할 수 있는 새로운 전략이 필요하다는 점을 확인시켜 주었다(Gest et al. 2013, 159). 이에 따라 국제사회는 이주와 개발의 연계를 중심으로 이주 노동자 규범의 확산을 위한 다른 노력을 기울이게 된다.

(4) 글로벌 이민 거버넌스를 위한 대안적 접근법 모색

냉전 종식 이후 2000년대 초반까지 이주 노동자 규범의 확산 과정에서 두드러지는 특징은 이민 송출국과 수용국 간의 대립이 심화되었고, 국제 이주의 영향력이 증대되면서 파생된 문제들을 해결하기 위한 다양한 대안적 노력이 등장·발전하게 되었다는 점이다. 즉 이민 수용국과 송출국, 선진국과 후진국 등 행위자들의 선호가 형성되고, 선호 간의 대립이 발생한 시기라고 볼 수 있다. 이주노동자권리협약의 사례에서도 발견되듯이, 이민 송출국들은 새로운 제도 형성을 통한 제도적 변화를 꾀함으로써 국제 이주로부터 파생되는 이익을 증대시키려고 하였지만, 이민 수용국들은 이와 같은 제도적 변화에 참여하기를 거부함으로써 새로운 제도의 효율적 실행을 저지하였다.

이주노동자권리협약과 같이 조약의 형태로 규범을 확산하려는 접근법이 성공을 거두지 못하자, 유엔을 위시한 국제사회는 법적 구속력은 없지만 규범적 가치를 가진 대안, 즉 연성법(soft law) 방식을 통해 규범을 확산하고자 하였다. 대표적인 것이 전 세계 수준의 다양한 대화체이다. 전 세계 수준의 대화체는 2003년 「국제 이주에 관한 글로벌 위원회」(Global Commission on International Migration; GCIM)로부터 본격화되었다. GCIM은 국제정치학자인 마이클 도일(Michael Doyle) 교수가 국제 이주에 관한 거버넌스 체제를 구축하는 여러 옵션 중 하나로 제시한 글로벌 위원회의 출범을 당시 유엔사무총장 코피 아난(Kofi Annan)이 수용하여 만들어졌다(Betts and Kainz 2017). 19명의 위원으로 구성된 GCIM은 2005년 10월 「상호연결된 세계에서의 이민」이라는 보고서를 통해 전 세계적인 수준에서 국제 이주 현상의 중요성을 환기하고, 개별 국가 차원을 넘어선 이민정책의 실행을 강조하였다(이진영 2016, 477-478). 이 보고서는 노동 이주, 순환 이주, 교육 이주, 송금, 디아스포라 개입, 밀입국 및 인신매매, 이민자의 권리, 국제협력 등 국제 이주의 다양한 측면을 다룸으로써 이주 노동자를 포함한 이주 관련 핵심 의제를 제시하는 데 기여하였다.

GCIM의 활동은 2006년 이주와 개발에 관한 유엔 고위급 회담(UN High-level Dialogue on International Migration and Development; HLD)으로 이어졌다. GCIM이 제기한 의제들도 이주와 개발의 문제에 초점을 맞추어 진행된 것이었지만, HLD에서는 국제 이주와 개발의 연계성과 그 함의는 물론 이민 송출국의 개발에 있어 긍정적 측면을 극대화하고 부작용을 최소화하는 방안을 논의하였다(이진영 2016: 478). HLD는 개발에 있어 이주의 영향, 모든 이민자의 인권 보호와 인신매매 근절, 그리고 지역적 수준에서 파트너십과 역량 강화 구축에 초점을 맞추어 논의를 진전시켜 나갔다(Betts and Kainz 2017: 5).

2006년 HLD에서는 국제 이주 문제가 매우 정치적인 주제라는 의견에도 불구하고, 많은 회원국이 개발의 맥락에서는 이주를 논의할 수 있다는 것에 동의하였다. 이주와 개발 문제가 대두되면서 이주 노동자를 포함한 이민자의 권리와 같은 이슈들이 퇴색했다는 비판도 있지만, 노동 이주의 경제적 이익에 초점을 맞춘 이주와 개발 논의는 이주 노동자 규범의 확산에 중요한 기여를 하였다(Newland 2017). 이주와 개발 간의 연계를 중심으로 한 논의는 우선 이민 송출국과 수용국 간의 대립으로 인해 더디게 진행되던 규범의 확산에 기폭제 역할을 하게 된다. 선진국과 후진국 사이에 일종의 공동의 이슈를 제공하면서 다자적 수준에서 신뢰와 합의를 도출할 수 있는 계기를 제공한 것이다. 베츠는 이주와 개발 간의 연계를 일종의 사안 연계(issue-linkage)로 파악하고 있다(Betts 2011).

HLD가 제기한 이주와 개발 이슈는 이주와 발전에 관한 글로벌 포럼(Global Forum on Migration and Development; GFMD)으로 연결된다. HLD를 통해 이주와 개발에 관한 공개적인 대화체가 필요하며, 비공식적이고 비구속적인 방식의 협의체를 모색한다는 합의가 GFMD로 이어진 것이다(이진영 2016: 479). GFMD는 국가 주도의 프로세스임을 강조하였으며, 법적 구속력을 갖는 결과물의 도출을 추구하지 않았다. GFMD는 이주와 개발에 관한 국제 규범을 만들고 국가가 이를 이행하도록 하기보다는 이주와 개발에 관한 정보를 자유롭게 교환하고 논의하는 안전한 공간임을 강조하였다. 국제사회는 GCIM으로부터 GFMD로 이어지는 일련의 논의를 통해 비공식적이고 비구속적인 대화체가 보다 많은 국가들의 참여를 이끌어 내고, 이주 분야의 글로벌 거버넌스 구축으로 이어진다는 합의를 한 셈이다.

(5) 이주에 관한 글로벌 컴팩트(Global Compact for Migration)의 출범

2015년 시리아 내전으로 인해 촉발된 난민의 대규모 이동은 전 세계에 충격을 안겨주었다. 이들 중 일부가 유럽으로 향하면서 유럽의 이민 수용국에게 위기의식을 심어주었다. 시리아 난민 사태와 같은 외부 충격은 이민 수용국과 송출국 간 힘의 불균형으로 인해 지체되고 있던 이주 노동자 규범 논의와 글로벌 이주 거버넌스 논의를 빠르게 진전시켰다. 유럽과 북미 국가들은 물론 이민 송출국들이 난민과 이민자의 대규모 이동을 논의하는 유엔 차원의 회의를 요구한 것이다. 그 결과 2016년 9월 19일 난민과 이민자의 대규모 이동에 관한 유엔 정상회의(UN Summit on Addressing Large Scale Movements of Refugees and Migrants)가 개최되었다. 이 회의는 국제 이주에 초점을 맞춘 최초의 국가 정상들 간 회의로 193개 모든 유엔 회원국이 참여한 가운데 뉴욕 선언(New York Declaration for Refugees and Migrants)을 채택하였다. 뉴욕 선언은 지위와 관계없는 모든 이민자와 난민의 인권 보장, 모든 난민과 이민자의 자녀들에 대한 교육 지원, 대규모 난민과 이민자를 수용하고 있는 국가들에 대한 지원, 난민과 이민자에 대한 인종차별 근절 등 보편적 인권에 근거한 난민과 이민자 보호를 천명하고 국제사회의 국가들은 국제 이주의 관리에 있어 공동의 책임을 진다고 선언하였다.

뉴욕 선언을 통해 유엔 회원국들은 2018년 말까지 「안전하고 질서정연하고 정규적인 이주를 위한 글로벌 컴팩트」와 「난민에 관한 글로벌 컴팩트」를 채택하기로 합의하였다. 2016년 뉴욕 선언 이후, 각국은 2년 동안 주제 컨설팅(2017. 4-11), 국가별 의견 취합(2017.12-2018.1), 정부 간 협상(2018.2-7) 등세 단계를 거쳐 「이주에 관한 글로벌 컴팩트」(Global Compact for Migration; GCM) 최종안 작성을 진행하였다. 이주에 관한 글로벌 컴팩트 협상은 정부 간 논의 외에도 지역 차원의 협의와 NGO, 디아스포라, 학계, 시민사회 등 다양한 이해당사자들과의 협의도 함께 진행하였다. 마침내 2018년 12월 10~11일 모로코 마라키시에서 이주에 관한 글로벌 컴팩트가 채택되었는데, 이에 찬성한 국가는 152개국이었다. 미국, 체코, 헝가리, 이스라엘, 폴란드가 반대표를 던졌으며, 알제리, 오스트레일리아, 오스트리아, 불가리아, 칠레, 이탈리아, 라트비아, 리비아, 리히텐슈타인, 루마니아, 싱가포르, 스위스가 기권하였다.

2018년 이주를 위한 글로벌 컴팩트는 GCIM으로 시작된, 비구속적인 원칙을 기반으로 한, 국제 이주의 모든 부분을 포괄하는 포괄적인 합의로 평가할 수 있다(설동훈·김철효 2018: 32). 이주를 위한 글로벌 컴팩트는 국제 이주의 모든 측면에 관한 협력 강화를 목표로 기존의 국제 이주에 관련된 국제 인권 규범을 토대로 만들어졌으며, 국가 주권의 원칙을 존중하면서도 모든 이주 관련 행위자들 간의 국제협력을 증진하기 위한 협력 체제를 표방하고 있다(설동훈·김철효 2018: 33). 이주를 위한 글로벌 컴팩트는 비구속성을 원칙으로 하고 있지만, 국제 이주의 모든 분야를 포괄하는 가이드라인을 제시했다는 점에서 글로벌 수준의 이주 거버넌스 구축에 한 걸음 더 나아갔다는 점에서 큰 의미를 가진다고 평가할 수 있다.

앞서 이주 노동자 규범의 발전 과정에서 살펴보았듯이, 노동 이주 분야의 국제협력은 양자 협의가 중심이었지 글로벌 수준의 협의와 규범 형성은 더디게 진전되어 왔다. 그리고 글로벌 이주 거버넌스 체제도 중심적인 규범과 기구의 부재 속에 파편화된 '건축 없는 실제'로 평가받아 왔다. 이 점에서 유엔 전체 회원국이 협상에 참여하여 합의를 도출한 이주를 위한 글로벌 컴팩트는 기존의 파편화된 글로벌 이주 거버넌스의 문제점을 극복하면서 포괄적인 규범과 틀로 발전할 수 있는 첫걸음이라고 볼 수 있다.

3. 이주를 위한 글로벌 컴팩트의 내용과 한계

이주를 위한 글로벌 컴팩트가 채택된 이래 많은 국가에서 그 법적 성격을 둘러싼 논쟁들이 있었다. 이민정책에 있어 국가의 주권을 침해한다는 논란이 대표적이다. 그러나 이주를 위한 글로벌 컴팩트는 전문에서 법적으로 구속력이 없는 협력적 틀(a non-legally binding, cooperative framework)이라고 그 법적 성격을 분명히 명시하고 있다. 어떤 국가도 홀로 국제 이주 문제를 해결할 수 없기 때문에 국제협력을 강화하여야 하고, 이 과정에서 국가 주권을 존중한다고 밝히고 있다. 이 점에서 이주를 위한 글로벌 컴팩트는 조약이 아니며, 법적 구속력이 결여된 협력 기제이다. 이주를 위한 글로벌 컴팩트가 후반부에 이행 부분을 담고 있기는 하지만, 컴팩트의 이행 부분은 각국의 역량 구축 메커니즘(capacity-building mechanism)에 초점을 맞출 뿐 유엔에 의한 이행에 중점을 두고 있지 않다. 오히려 이주를 위한 글로벌 컴팩트는 이행 메커니즘보다 '공통의 이해, 공유된 책임, 그리고 목적의 통일'과 같은 비전 제시와 '사람 중심, 국제협력, 국가 주권, 법의 지배, 지속가능한 개발' 등과 같은 원칙들을 제시하는 데 더 많은 분량을 할애하고 있다.

이주를 위한 글로벌 컴팩트는 23개 목표와 관련된 187개 실천과제로 구성되어 있다. 23개 주요 목표는 다음과 같다.

뉴랜드는 23개 목표를 크게 세 가지 목적을 지닌 유형으로 나누고 있다(Newland 2019). 이주자가 출신국을 떠나게 만드는 부정적 요인의 감소와 이주 과정에 있어 이주민의 보호(목표 2, 7, 8, 9, 10, 13, 17), 2) 이주민이 개인, 해

〈표 6-1〉이주를 위한 글로벌 컴팩트의 23개 목표

목표	개요
목표 1	실증적 근거에 기반한 정책을 위해 정확하고 세분화된 데이터를 수집하고 활용한다.
목표 2	출신국을 떠날 수밖에 없게 만드는 이주의 부정적 원인과 구조적 요인을 최소화한다.
목표 3	이주의 모든 단계에서 시기적절하고 정확한 정보를 제공한다.
목표 4	모든 이주자가 법적 신분증과 적절한 관련 서류를 가지고 있도록 보장한다.
목표 5	정규적 이주로 이르는 경로의 이용가능성과 유연성을 강화한다.
목표 6	공정하고 윤리적인 채용을 촉진하고 양호한 근로를 보장하는 여건을 보호한다.
목표 7	이주와 관련한 취약성을 대응하고 이를 감소시킨다.
목표 8	이주자의 생명을 살리고 실종된 이주자에 대해 국제사회가 공동으로 노력한다.
목표 9	이주자 밀입국 알선에 관한 초국가적 대응을 강화한다.
목표 10	국제이주의 맥락에서 휴먼 트래피킹을 방지하고 이에 맞서고, 근절한다.
목표 11	통합적이며 안전하고 잘 조정된 방식으로 국경을 관리한다.
목표 12	스크리닝, 평가 및 연계가 적절하게 이루어지도록 이주 관련 절차의 확실성과 예상가능성을 강화한다.
목표 13	이주자 구금은 최후의 수단으로만 사용하며 구금의 대안을 마련하기 위해 노력한다.
목표 14	이주 과정 전반에 걸쳐 영사보호, 지원, 협력을 강화한다.
목표 15	이주자에게 기본적 서비스에 대한 접근을 제공한다.
목표 16	완전한 포용과 사회통합을 실현하기 위하여 이주자와 사회의 역량을 강화한다.
목표 17	모든 종류의 차별을 철폐하고 이주에 대한 인식 형성을 위해 실증적 근거를 기반으로 하는 공공담론을 장려한다.
목표 18	직업숙련도 향상에 투자하고, 기술, 자격, 역량의 상호인정을 촉진한다.
목표 19	이주자와 디아스포라가 모든 국가에서 지속가능한 개발에 온전하게 기여할 수 있는 환경을 형성한다.
목표 2	더욱 신속하고 안전하고 저렴한 이주자 해외송금을 촉진하고 이주자의 금융 포용성을 증진한다.
목표 21	안전하고 존엄성을 존중하는 귀환 및 재입국, 그리고 지속가능한 재통합을 촉진하기 위해 협력한다.
목표 22	사회보장자격과 취득한 혜택의 이동성을 위한 메커니즘을 수립한다.
목표 23	안전하고 질서 있고 정규적인 이주를 위한 국제협력과 글로벌 파트너십을 강화한다.

출처: 이병하(2019)

한국은 이주를 위한 글로벌 컴팩트에 참여하면서 이주 아동의 출생 등록, 외국인 보호소 (detention center) 개선, 외국인 정책 기본계획 수립 시 지방정부 및 시민사회 등의 참여 등을 공약(pledges)으로 제시하였으며 이에 대한 자발적 검토(Voluntary GCM Review) 도 받고 있다. 이주를 위한 글로벌 컴팩트에 대한 참여가 늘어난다면 향후 한국 이민정책 수립에 중요한 규범적 근거를 제공할 것이다. 하지만 앞서 서술한 것처럼 이주를 위한 글로벌 컴팩트의 모든 목표에 논쟁이 없을 수 없다. 예를 들어 목표 5(정규적 이주로 이르는 경로의 이용가능성과 유연성 강화)는 이민자의 합법적 이주에 대한 선택권을 전제로 이주 경로에 유연성을 높이라는 요청이다. 그렇다면 합법적 이주에 가려져 있는 미등록 이민자 문제는 어떻게 해결할 것인가? 또한 모든 숙련도의 이민자에게 가족생활에 관한 권리의 실현을 통해 가족결합 절차에 대한 접근을 용이하게 하라고 밝히고 있는데 한국 정부는 저숙련 노동자에 대한 가족동반 권리를 허용할 것인가? 이민정책에 있어 논쟁이 있는 경우 국가는 선택을 해야 한다. 그러나 법적 구속력이 결여된 이주를 위한 글로벌 컴팩트는 국가의 선택을 강제하는 데 한계가 있을 수밖에 없다.

당 공동체, 국가에 가져올 수 있는 긍정적 요인의 증대(목표 5, 6, 15, 16, 18, 19, 20, 22), 3) 이민정책의 질서 및 효율성 강화와 국제협력의 강화(목표 1, 3, 4, 11, 12, 14, 21, 23) 등으로 23개 목표를 구분하고 있다.

또한 23개 목표는 국가들 사이에 쉽게 합의에 이를 수 있는 목표들과 쉽게 합의에 이르기 어려운 목표들로 나눌 수도 있다. 예를 들어 목표 1, 14, 20 등은 이민 수용국과 송출국 모두가 쉽게 공감할 수 있는 목표로 적절한 예산 투입이 이루어진다면 국가들의 이행이 쉽게 진행될 것으로 예상된다. 반면에 목표 5나 15와 같은 경우 국가의 이민정책의 변화가 수반되어야 하고, 사회정책을 둘러싼 내국인과 이민자 간의 갈등을 촉발시킬 여지가 있어 쉽게 이행되기 어렵다고 볼 수 있다. 이런 경우 이주를 위한 글로벌 컴팩트는 정책 수립과 실행에 있어 참고적인 가이드라인에 그칠 가능성이 높다.

국제 이주의 정치학

4. 소결

국제 이주 분야의 글로벌 거버넌스 체제는 저발전·파편화되었다는 비판적 평가를 받아 왔다. 하지만 글로벌 이주 거버넌스 체제는 점진적인 발전경로를 통해 서서히 제도적 변화를 추구해 왔으며, 2018년 많은 유엔 회원국이 동참한 가운데 이주를 위한 글로벌 컴팩트라는 국제 이주에 관한 통합적인 규범을 도출해 내었다. 이로 인해 글로벌 이주 거버넌스 체제가 새로운 단계로 접어들면서 '글로벌 이주 거버넌스 2.0'이라는 평가를 받고 있다.

이주를 위한 글로벌 컴팩트는 '현실주의적 유토피아'라는 말처럼 현실주의적 관점과 이상주의적 관점이 모두 내포되어 있다. 이주를 위한 글로벌 컴팩트는 그 원칙 중 하나로 '인간 중심'의 이상적인 국제 이주가 조화롭게 이루어지는 내러티브를 가지고 있다. 하지만 이를 달성하기 위한 현실주의적인 수단들이 활용되고 있음을 간과해서는 안 된다. 조약 형태의 강제성 있는 경성 규범이 가진 한계를 극복하기 위해 법적 구속력이 없다는 조항과 이민을 둘러싼 정치적 논쟁을 피하기 위한 테크노크라트적인 언어들이 자주 등장하고 있기 때문이다. 결국에는 각국이 이주를 위한 글로벌 컴팩트와 같은 글로벌 거버넌스를 어떻게 활용하고 이행하는가가 중요할 수밖에 없다. 글로벌 거버넌스가 제공하는 정기화되고 제도화된 포럼을 통해 국가 간 교류를 활성화하고 이를 통해 각국이 국익을 재정의하고 장기적인 이익을 추구하도록 유도하는 방안을 모색해야 한다.

제3부

국제 이주의 국제정치적 결과

제7장

국제 이주와 안보

이 장은 국제 이주가 국가 안보의 현실과 개념에 어떠한 영향을 가져오는지를 논의한다. 국제정치학의 기초를 쌓은 학자들에 따르면, 국가의 안보는 그 국가의 물질적 또는 비물질적 가치와 제도, 그리고 영토가 외부의 힘에 의해 위협받지 않는 상태, 또한 더 나아가 공격받을 두려움으로부터 자유로운 상태를 의미한다(Morgenthau 1950; Wolfers 1952). 이런 측면에서 보았을 때, 국제 이주는 그 본질상 국가의 안보에 잠재적인 위협 요소가 될 수 있다. 국제 이주는 사람들이 국경을 넘어서 이동하는 현상인데, 사람들의 이동과 함께 그들이 가지고 있는 가치, 역사, 갈등 등이 함께 이동하면서 이민 수용국이 가지고 있던 기존 상태(status quo)와 충돌할 수 있기 때문이다. 따라서 이 장에서는 국제 이주가 어떠한 형태로 이민 수용국의 국제적·국내적 갈등을 확산하면서 국가 안보에 잠재적 위협 요소가 될 수 있는지를 논의한다.

1. 국제 이주와 테러리즘

안보 문제를 주로 연구하는 국제관계학에서 국제 이주는 전통적으로 주요한 연구 대상은 아니었다. 1990년대 초의 탈냉전 이전이나 그 직후까지 국제관계학의 주요 관심사는 전쟁과 평화였고, 특히 국가들 사이의 전쟁이 가장 큰 관심사였다. 또한 국제 이주를 연구하는 분야에서도 국제 이주와 안보 사이의 관계에는 많은 관심을 가지지 않았다. 1990년대에 국제 이주가 서유럽 등 미국 이외의 지역에서도 정치적으로 주요한 사안으로 떠오름에 따라, 오늘날까지 많이 사용되는 국제 이주에 대한 교과서들이 이 시기에 등장하였는데 (Castles and Miller 1993; Cornelius, Martin, and Hollifield 1994), 이 교과서들은 국제 이주가 가져오는 국내적인 경제적·문화적 영향에 초점을 맞추었다.

국제 이주와 테러리즘이라는 두 사안이 서로 연결되기 시작한 것은 1990년대 이후 이민자 혹은 민족적·인종적 소수자들에 의한 테러리즘 공격들이 발생하면서부터이다. 냉전 시기에 기존의 전쟁이나 군사적 충돌은 주로 국가들 사이에 발생하였는데, 탈냉전 이후에는 테러리즘이나 내전 등과 같이 비국가 행위자들(non-state actors)에 의해 발생하는 전쟁과 군사적 충돌의 빈도가 증가하였다. 따라서 국제관계학에서는 이러한 새로운 유형의 분쟁에 대한 연구가 활발하게 시작되었다. 또한 '이민자'와 '테러리즘'이라는 단어들이 뉴스에 함께 등장함에 따라, 사람들은 이 두 가지 현상을 서로 연결지어 생각하기 시작했고, 국제 이주를 다루는 연구자들도 이 두 현상 사이의 관계에 대해 논의하기 시작하였다.[*]

1993년 알카에다에 의해 행해진 뉴욕 세계무역센터 주차장에서의 폭탄 테러는 미국에 이주한 이민자들에 의해 시행되었다. 2000년대 들어 스페인 마

---

[*] 예를 들어 대표적인 국제 이주 교과서인 『이주의 시대』 (The Age of Migration)의 경우 2009년에 나온 제4판부터 "이주와 안보"라는 독립된 장을 추가하였다.

드리드 지하철에서의 폭탄 테러, 영국 런던 지하철 폭탄 테러 등의 사건들도 이민자 혹은 거주국에서 태어난 이민 2세대들에 의해 행해졌지만, 무엇보다도 온 세계에 큰 충격을 주며 국제 이주와 테러리즘을 긴밀하게 연결하게 한 사건은 2001년의 소위 9·11 테러였다.

9·11 테러는 수십 명의 테러범들이 학생 비자나 여행 비자 등을 통해 미국에 합법적으로 입국하여 일으켰기 때문에, 미국 이민정책의 실패를 그대로 드러낸다는 비판이 일었다. 따라서 미국 이민정책에 많은 변화를 일으켰다. 당시 부시 행정부는 방문노동자(guest worker) 제도를 부활시키고 미등록 이민자들을 합법화하는 등 포괄적 이민 개혁을 시도하려고 했었지만, 9·11 테러 이후 모두 철회하였다. 많은 테러범들이 학생 비자를 통해 미국에 입국하여 체류하면서 테러 공격을 계획하고 시행하였기에, 유학생들에 대한 관리를 강화하는 학생 및 교환방문자 정보 시스템(Student and Exchange Visitor Information System; SEVIS)을 도입하여 그들의 학업, 거주, 재정 상황 등을 감시하고 추적하기 시작하였다. 난민 정책에도 변화가 가해져서, 9·11 테러 이후 3개월 동안 난민 신청 자체를 중지했으며, 이후에도 난민 승인 비율은 60% 정도 감소하였다.

비록 테러 공격은 미국에서 일어났지만, 다른 나라들도 이민정책이 테러 방지 정책과 연계되어야 한다는 점을 인식하면서 이민정책에 변화를 가져왔다. 영국은 2002년의 「난민, 이민, 그리고 국적법」을 통해 영국의 안보를 심각하게 위협하는 행위를 한 이민자들로부터 영국 국적을 박탈할 수 있도록 하였다. 유럽연합 차원에서도 이민자들에 대한 정보를 국가들끼리 서로 공유하고 이를 통해 감시·감독을 강화하는 방안을 마련하였다. 비자 정보 시스템(Visa Information System)을 통해 한 나라에 비자를 신청한 사람들에 대한 정보를, 셍겐 시스템(Schengen System)을 통해 유럽연합 자유 이주 지역에 들어오는 사람들에 대한 정보를, 그리고 유로닥 시스템(Eurodac System)을 통해 어느 한 나라에 난민 지위 신청을 하는 사람들에 대한 정보를 서로 공유하는 체계를 마련하였다(Pedersen 2015).

이후 국제 이주가 테러리즘의 위험을 증가시킨다는 인식은 미국과 유럽에서 널리 퍼지게 되었다. 특히 2010년대에 들어 시리아 내전으로 인해 중동 지역으로부터 유입되는 난민의 숫자가 증가하면서, 이들 사이에는 테러리스트들이 있을 수 있기 때문에 이 지역으로부터의 국제 이주를 철저히 막아야 한다는 주장이 제기되고 특히 선거 기간에 주요한 쟁점이 되었다. 예를 들어 2016년 미국 대통령선거 당시 트럼프 진영에서는 스키틀즈(skittles) 사탕을 예로 들며 "만약 사탕들이 한 그릇 가득 담겨있는데, 만약 이들 중 3개가 당신을 죽일 수도 있다면 그래도 이 사탕들을 먹겠는가?"라는 선거 캠페인을 펼쳤다(〈그림 7-1〉 참고). 즉 비록 이슬람 지역에서 오는 이민자 중 테러리스트의 존재가 소수일지라도, 미국 사회에 치명적인 결과를 가져올 수 있다는 주장을 펼친 것이다.

이에 대해 반론도 존재한다. 무엇보다 트럼프 진영에서 말하는 '소수'의 정도가, 우리가 상상하는 것보다 더 적다는 것이다. 2016년 트럼프 진영의 캠페인을 비판하는 사람들은, 만약 3개의 사탕이 정말로 테러리스트라면, 전체 이민자 규모는 음식을 담는 그릇 정도가 아니라 110억 개의 사탕을 담을 수 있는, 올림픽 수영 경기장의 1.5배 정도 되는 공간을 담을 수 있는 규모여야 현실에 부합하는 확률이라고 주장했다. 즉 이민자들 가운데에 실제 테러리즘 공격을 일으키는 데까지 나아갈 테러리스트가 존재할 확률은 아주 낮음을 강조하는 것이다(〈그림 7-2〉 참고).

또한 상당수의 테러리즘 공격은 이민자들이나 인종적·민족적 소수자가 아니라 내국인, 그것도 인종적·민족적 다수자에 의해 행해지기에 제한적인 이민정책을 펼치는 것이 테러리즘 공격을 막는 것에 효과적이지 못하다는 주장도 있다. 예를 들어 1995년에 연방정부 건물을 목표로 한 오클라호마 폭탄 테

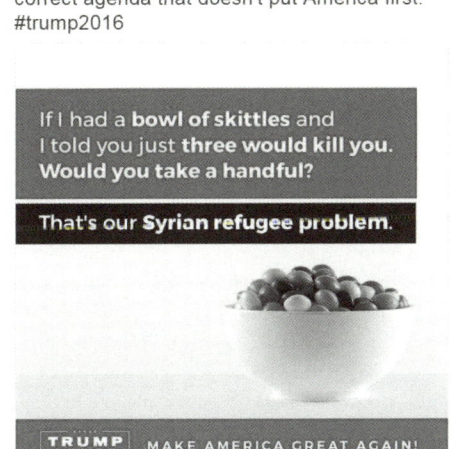

〈그림 7-1〉 트럼프 선거 캠페인 트윗

출처: BBC News (https://www.bbc.com/news/world-us-canada-37421886)

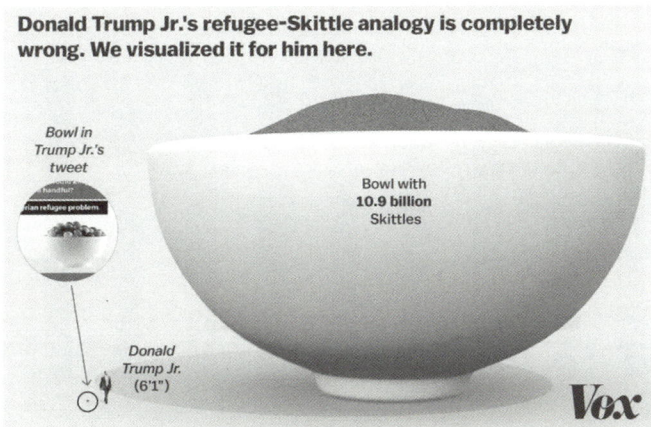

〈그림 7-2〉 트럼프 선거 캠페인에 대한 비판적 반응

출처: Vox (https://www.vox.com/2016/9/20/12986886/donald-trump-jr-terrorist-skittles-wrong)

러는 백인 내국인에 의해 행해졌다. 또한 미국의 경우 총기 사고로 매년 수많은 사람이 목숨을 잃는데, 이것 역시 일종의 내국인에 의한 테러리즘 공격으로 볼 수 있다는 주장을 펼치기도 한다.

이렇게 국제 이주로 인한 테러리즘 공격에 대한 위험을 과대평가한다는 지적도 있지만, 아주 작은 확률로도 가능성이 있는 만큼 이민정책에 있어 신중을 기해야 한다는 주장이 많은 정치적 지지를 받고 있다. 실제 여론을 들여다보면, 많은 사람들이 국제 이주로 인한 테러리즘의 위험에 대해 염려하고 있다. 〈그림 7-3〉에 따르면 보면 국가들 사이에 차이는 존재하지만 적게는 스페인 응답자의 40%, 많게는 헝가리 응답자의 76%가 난민의 유입으로 테러리즘의 가능성이 높아진다고 생각하였다. 〈그림 7-3〉에 나오는 10개 국가 중 8개 국가에서 난민의 유입으로 인해 테러리즘의 가능성이 높아진다고 생각하는 사람들이 낮아진다고 생각한 사람들보다 많았고, 오직 2개 국가—프랑스와 스페인—에서만 난민 유입으로 인한 테러리즘의 가능성이 낮아진다고 생각한 사람들의 비율이 더 높았다.

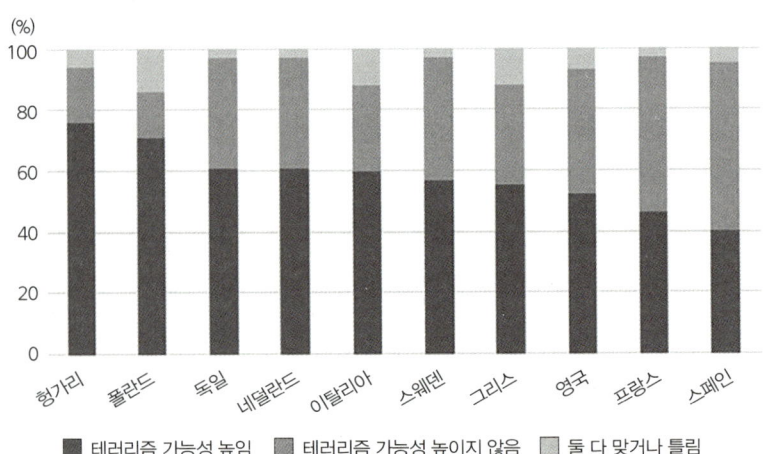

〈그림 7-3〉 난민과 테러리즘 가능성에 대한 여론

자료: Pew Research Center Global Attitudes Survey (Spring 2016)

국제 이주의 정치학

따라서 좁게는 테러리즘, 넓게는 국가 안보를 이유로 제한적인 이민정책을 도입하고자 하는 시도는 많은 국민으로부터 정치적 지지를 이끌어냈다. 예를 들어 미국의 트럼프 대통령은 2016년 당선 직후 테러리즘 방지를 이유로 무슬림 이민자들에 대한 입국 금지에 대한 행정명령을 내렸는데, 당시 55%의 미국인들이 이를 지지하였다.* 이는 당시 그가 추진했던 멕시코와의 국경에 장벽을 세우는 정책에 대한 지지보다 더 높았다. 이민자들로 인한 경제적 부담, 사회적 불안정, 선봉석인 가치의 붕괴 등과 함께 테러리즘 및 안보에 대한 위협은 이민 수용국 국민들이 국제 이주에 대해 염려하는 큰 부분을 차지하고 있다.

2. 국제 이주와 주권

흔히 국민, 영토, 그리고 주권을 국가의 3대 요소라고 부른다. 여기에서 영토와 국민이 국가를 구성하는 물리적 공간과 요소(element)를 규정한다면, 주권은 영토와 국민을 통제하는 자율성(autonomy)과 능력(capacity)을 유지하고 행사함을 의미한다. 그런데 국제 이주는 이러한 주권의 개념과 실효성에 위협을 가한다고 여겨지기도 한다. 만약 국민 사이에 이러한 인식이 널리 퍼진다면, 국제 이주는 테러리즘과 같은 물리적인 현상을 통해서뿐만 아니라 주권의 개념과 실효성을 불안정하게 만듦으로써 국가의 안정에 개념적인 위협을 가한다고 간주될 수 있다.

---

* Ashley Kirk and Patrick Scott, "Americans Still Support Donald Trump's Immigration Ban, Poll Shows," The Telegraph, February 10, 2017 (https://www.telegraph.co.uk/news/2017/02/10/americans-still-support-donald-trumps-immigration-ban-poll-shows/?ICID=continue_without_subscribing_reg_first).

(1) 능력의 훼손

국가가 자신의 영토를 효율적이고 실질적으로 통제하는 능력을 상실할 때, 주권은 불안정하게 된다. 외국 군대의 침략에 의해 영토의 일부에 대한 통제를 잃어버렸을 때와 마찬가지로, 미등록 이민자의 경우와 같이 이민자들의 유입을 온전히 통제하지 못할 때 국가는 자신의 영토에 대한 통제력을 잃게 되는 것이고, 이는 주권을 효율적으로 행사하지 못하는 결과를 가져온다.

따라서 어떤 사람들은 미등록 이민자의 문제는 단순한 행정적 실패에 끝나지 않고, 국가 주권에 대한 위협이라고 주장한다. 예를 들어 미국의 대표적인 보수적 싱크탱크인 후버 연구소(Hoover Institution)는 보고서를 통해 1648년 웨스트팔리아 조약(Westphalia Treaty) 이후 국가가 자신의 영토와 국민에 대해 배타적인 통제를 한다는 주권의 개념은 국제 질서를 뒷받침하고 유지하는 핵심 개념이었으며, 따라서 국제 이주로 인해 이 개념의 실효성이 무너진다면 국제사회에서의 힘의 균형 및 질서와 안정을 유지하는 데에 어려움이 있을 수도 있다고까지 주장한다.* 국제 이주, 특히 미등록 이민자들의 문제가 국제 질서의 근간을 위협할 수 있다는 주장은 다소 과장된 것처럼 들릴 수도 있지만, 미국 트럼프 행정부 시기 멕시코를 통해 들어오는 중남미의 이민자들을 미국이 다시 멕시코로 추방하여 머물게 한 소위 '멕시코 잔류(Remain in Mexico)' 정책에 대해 멕시코 정부가 크게 반발하였던 예처럼,** 국경 및 영토 통제의 문제로 인해 국가들 사이의 평화적 관계를 흔드는 사례들은 어렵지 않게 발견할 수 있다.

---

* Nadia Schadlow, "The Erosion of Border Control and Its Threat to National Sovereignty," Hoover Institution, June 3, 2022 (https://www.hoover.org/research/erosion-border-control-and-its-threat-national-sovereignty).

** Armando Garcia and Quinn Owen, "Mexico Rejects Any Effort to Reinstate 'Remain in Mexico' Policy for Asylum Seekers," ABC News, February 7, 2023 (https://abcnews.go.com/Politics/mexico-rejects-effort-reinstate-remain-mexico-policy-asylum/story?id=96939554).

(2) 자율성의 훼손

또한 국가의 주권은 그 국가의 국민이 누구인지, 어떠한 사람들이 국민으로서의 자격을 가지는지를 자율적으로 결정할 수 있는 권한을 의미한다. 그런데 국제 이주는 주권의 이러한 자율성이라는 측면을 침해할 수 있다는 인식도 존재한다. 첫째로 미등록 이민자들처럼 국가가 의도하지 않고 원하지도 않는데 그 국가로 유입되어 존재하는 이민자들이 존재한다. 물론 이들이 당장 그 국가의 국민을 구성하는 것은 아니지만 합법화 정책 등을 통해, 또는 이들의 거주국이 속인주의 국가인 경우 이들의 자녀들은 그 국가의 국적을 갖고 태어날 수 있기 때문에, 장기적으로는 미등록 이민자들의 유입이 그들의 거주국이 국민을 결정할 수 있는 자율성을 떨어뜨린다고도 볼 수 있는 것이다. 둘째로 난민의 경우, 비록 합법적인 절차를 통해 거주국의 일원이 되고 장기적으로는 국적을 취득하지만, 그 국가가 진심으로 원해서 이들을 받아들였다기보다는 국제 협약 및 규범으로부터의 제약으로 인해 어쩔 수 없이 이들을 받아들이는 측면이 있다. 따라서 이 경우에도 국가 구성원을 결정하는 자율성에 제한이 가해진다고 볼 수도 있다.

또한 국제 이주는 어느 개개인이 국민인지 아닌지를 결정하는 자율성뿐만 아니라, 무엇이 국민—예를 들어 한국인, 미국인 등—이라는 개념을 규정하고 결정하는지에 대한 자율성도 훼손시킨다는 주장이 있다. 국가정체성(na-tional identity)을 규정하는 다양한 요인들이 존재할 수 있는데, 국가마다 어느 요인들을 더 중요하게 생각하는지에 차이가 있다. 민족적 정체성(ethnic identity)으로서의 국가정체성을 더 강조하는 사람들은 공통의 조상을 갖고 있고, 공통의 언어를 사용하며, 공통의 문화를 공유하는 것을 국민을 규정하는 중요한 요인들로 생각한다. 반면 시민적 정체성(civic identity)으로서의 국가정체성을 더 강조하는 사람들은 그 국가의 헌법과 제도에 대한 수용과 존중을 국민의 기준으로 삼는다. 예를 들어 〈표 7-1〉에서 볼 수 있는 것처럼, 자국의 진정한 국민이 되기 위해서 공통의 조상을 갖는 것—즉 같은 민족인 것—이 얼마나 중요한지를 물어본 것에 대해, 같은 서유럽 내에서도 아일랜드, 스페인, 포르투갈에서는 60% 이상의 응답자들이 매우 중요하거나 꽤 중요하다고 응답한 반면, 스웨덴에서는 23%, 스위스에서는 36%만의 응답자들만이 그렇게 대답하였다. 또한 한국과 일본의 경우, 각각 72%와 63%의 응답자들이 이렇게 대답하는 등, 각 국가가 겪은 역사적 경로와 경험 등 때문에 민족적인 측면이 국가정체성을 규정하는 데 얼마나 중요한지에 대한 인식이 다르다는 것을 암시한다.

그런데 민족적 정체성을 강조하는 국가의 입장에서 국제 이주는 기존의 국민과 다른 민족적 배경을 갖는 새로운 국민의 비중을 늘림으로써, 기존에 갖

〈표 7-1〉 국가정체성: "공통의 조상을 갖는 것이 [국가의] 진정한 국민인 것에 있어 얼마나 중요한가?"(단위: %)

	매우 중요하다	꽤 중요하다	중요하지 않다	전혀 중요하지 않다
노르웨이	23	25	30	22
대한민국	37	35	24	4
덴마크	21	24	36	19
독일	16	25	37	22
미국	24	18	33	25
벨기에	22	25	30	23
스웨덴	11	12	29	48
스위스	17	19	42	22
스페인	34	33	19	14
아일랜드	37	30	23	10
영국	31	26	27	16
일본	32	31	28	9
포르투갈	23	52	19	6
프랑스	24	23	27	26
핀란드	19	23	35	23

자료: International Social Survey Programme (2013)

국제 이주의 정치학

고 있던 민족적 정체성 중심의 국가정체성 개념을 재정의해야 할 도전을 제기한다. 그리고 이러한 문화적 다양성을 불러일으킨 국제 이주의 양상은 미등록 이민자나 난민의 이주에 국한되지 않는다. 독일의 경우 인구의 약 2% 정도가 민족적으로 튀르키예 출신인데,* 이는 제2차 세계대전 이후 부족한 노동력을 보충하기 위해 독일이 튀르키예로부터 다수의 노동자들을 받아들였기 때문이다. 또한 프랑스의 경우 같은 시기에 많은 이민자들을 모로코, 튀니지, 알제리 등의 북아프리카 국가들로부터 받아들였다. 독일과 마찬가지로 부족한 노동력을 보충하고자 하는 목적도 있었는데, 이 국가들은 프랑스의 식민지였기 때문에 공통된 언어적·역사적 배경을 갖고 있다는 이유에서 이 국가들의 노동자들을 받아들였다. 그런데 이들은 종교적으로 무슬림이기 때문에 1960년에 프랑스에서의 무슬림 인구는 전체 인구의 2% 수준에 불과했지만, 2010년에는 전체 인구의 10%를 차지하게 되었다(Kettani 2010). 만약 프랑스가 민족 정체성을 중심으로 국가정체성을 규정하고자 한다면, 전체 인구의 10명 중 1명이 무슬림이라는 현실과의 괴리가 발생하게 되고 결국 민족적 정체성으로 국가정체성을 정의하고자 하는 자율성에 제한이 가해진다. 이러한 점에서 국제 이주는 민족적 정체성을 중심으로 국가정체성 개념을 규정하고자 하는 자율성을 침해한다고도 볼 수 있다는 주장들이 있다.

국가정체성에 대한 이러한 고민은 다문화주의에 대한 논의와 밀접하게 연관되어 있다. 다문화주의는 한 사회에 다양한 전통과 관습, 그리고 문화가 공존하는 것을 받아들이고 인정하는 것을 의미한다(Colombo 2015). 20세기 초까지만 해도 문화, 민족, 인종 사이에 위계적 관계가 존재한다는 생각이 이민 정책에 뿌리 깊게 존재하였다. 하지만 제2차 세계대전 이후, 전쟁 기간 중 존재했던 민족 말살 정책에 대한 반성, 생물학적 차이를 우열의 관계로 바라본

---

* https://www.migrationpolicy.org/country-resource/germany

우생학에 대한 학문적 반성, 그리고 유럽의 68혁명과 미국의 시민권 운동 등을 통해 전후 세대들이 발전시킨 권위주의에 대한 비판과 자유지상주의(libertarianism)의 발전을 통해 영미권과 서유럽 국가에서 다문화주의가 확산되었다. 따라서 〈표 7-2〉에서 볼 수 있는 것처럼 이들 국가에서는 다른 국가들에 비해 더 적은 사람들이 같은 관습과 공유를 공유하는 것이 국가정체성의 필수 요소라고 생각하고 있다. 서유럽의 경우 평균적으로 74%의 사람들이 관

〈표 7-2〉 국가정체성: "관습과 전통을 공유하는 것이 [국가의] 진정한 국민인 것에 있어 얼마나 중요한가?"

	매우 중요하다	꽤 중요하다	중요하지 않다	전혀 중요하지 않다
그리스	53%	30%	11%	6%
네덜란드	31%	47%	16%	6%
독일	21%	41%	30%	8%
스웨덴	18%	43%	30%	9%
스페인	39%	35%	16%	10%
영국	30%	45%	17%	8%
이탈리아	39%	38%	17%	6%
프랑스	39%	38%	18%	5%
서유럽 평균	34%	40%	19%	7%
나이지리아	50%	32%	14%	4%
남아프리카공화국	65%	22%	9%	4%
대한민국	51%	38%	10%	1%
멕시코	62%	30%	6%	2%
브라질	51%	17%	22%	10%
아르헨티나	59%	27%	10%	4%
인도네시아	79%	18%	2%	0%
일본	25%	54%	19%	2%
케냐	58%	26%	12%	4%
폴란드	47%	44%	8%	1%
헝가리	65%	28%	6%	1%
기타 지역 평균	56%	31%	11%	3%

자료: Pew Research Center Global Attitudes & Trends (Spring 2023)

습과 전통을 공유하는 것이 그들의 국가의 진정한 국민인 것에 있어 매우 중요하거나 꽤 중요하다고 대답한 반면, 동유럽과 아시아, 중남미와 아프리카의 국가들에서는 87%의 사람들이 그러한 의견을 나타냈다.

하지만 다문화주의가 상대적으로 발달한 영미권과 서유럽 국가들에서도 다문화주의에 대한 비판과 도전은 여러 각도에서 제기되고 있다. 한편으로는 다문화주의가 통일되고 조화로운 국가와 국민의 정체성을 해치기 때문에 제한이 가해져야 한다고 생각하는 주장이 있다. 프랑스에서는 2011년에 공공장소에서 얼굴을 가리는 복장을 하는 것을 금지하는 법안이 통과되었는데, 이는 마스크나 헬멧 등을 포함하기도 하고 또한 공공의 안전을 그 이유로 들기는 했지만, 실질적으로는 무슬림 여성들의 종교적 복장을 금지하기 위함이었다 (Syed 2013). 다른 한편으로 상호문화주의나 탈다문화주의 등은 기존의 다문화주의가 다양한 문화적 집단들이 한 사회 내에서 조화롭게 공존하는데에 필요한 것 중 놓치고 있는 부분이 있기 때문에, 이러한 부분들이 보완되어야 한

상호문화주의(intercultrualism): 다문화주의가 다양한 문화적 양식들의 공존에 초점을 맞추는 반면, 상호문화주의는 문화적 집단들 사이의 교류와 대화, 상호 존중과 학습의 과정을 강조한다. 상호문화주의는 집단들 사이의 이러한 역동적인 관계를 통해 각 문화들이 갖고 있는 단점과 한계를 극복하고, 각 문화들 사이의, 그리고 소수자 문화들과 주류 문화 사이의 조화로운 공존을 달성할 수 있다고 주장한다(Meer and Modood 2012).
탈다문화주의(post-multiculturalism): 기존의 다문화주의가 민족적/인종적 소수자들의 문화적 생활양식에 대한 인정에만 초점을 맞춘 것에 대한 한계를 지적하며, 이들의 정치적 및 경제적 권리와 기회, 그리고 이에 대한 사회 속에서의 차별의 문제를 해결해야 함을 강조한다. 또한 기존의 다문화주의가 보편적 인권의 개념과 이민자 거주국의 기본적인 가치를 만족시키지 못하는 소수자 집단 내의 문화(예, 성차별과 인권 침해)에 대해 지나치게 관용적인 태도를 보였음을 지적하며, 각 소수자 집단 내에서의 개인의 자유와 인권의 문제를 방관하지 말아야 함을 제시하고 포괄적인 국가정체성과 소수자 집단의 고유한 문화적 정체성 사이의 균형을 맞추어야 함을 강조한다(Gozdecka, Ercan, and Kmak 2014).

다고 주장한다.

이처럼 국제 이주는 어떠한 기준으로 누구를 국민으로 규정할 것인가에 대해 질문을 던지고, 때로는 사회 구성원들이 기존에 갖고 있던 통념에 도전을 가하고 있다. 국제 이주는 필연적으로 문화적 다양성을 가져오고, 다양한 문화적 집단들이 어떻게 조화롭게 한 사회 내에서 공존할 것인가에 대한 질문과 문제를 제기한다. 그런 점에서 국제 이주는 주권의 자율성에 새로운 도전을 제기한다고도 볼 수 있을 것이다.

3. 국제 이주와 국내 갈등의 확산

정치적·사회적 갈등은 사람들이 서로 다른 가치와 관점을 갖고 있고, 이러한 차이점들이 합의점이나 균형점을 찾지 못하고 서로 충돌할 때 발생한다. 국제 이주를 통해 이민자들이 수용국에 들어온다는 것은 다른 가치와 관점들이 그 사회에 들어오는 것을 의미하고, 따라서 가치와 관점들이 충돌할 지점들이 더 늘어날 수 있다. 따라서 국제 이주는 다양한 형태로 이민 수용국 안에서의 서로 다른 집단들 사이의 갈등을 생성하거나 확산할 가능성을 가지고 있다.

(1) 이민 수용국의 사회 집단 사이의 갈등 확산

한 사회 내에 서로 다른 정치적, 경제적, 사회적, 혹은 문화적 집단들이 존재하더라도 이들의 힘의 균형(balance of power)이 이루어진 상태라면 그들 사이의 잠재적 갈등은 표면으로 드러나지 않을 수 있다. 하지만 이러한 사회 집단 중 하나와 동질적인 사람들이 외부로부터 대거 이주해온다면, 해당 집단의 크기를 상대적으로 증가시킴으로써 힘의 균형을 깨트리고 갈등을 수면 위로 끌

어울릴 수 있다.

예를 들어 레바논은 무슬림과 마론파 기독교, 그리고 그리스 정교회 등 다양한 종교적 집단들이 공존하는 사회이다. 그런데 1970년대에 팔레스타인 난민들이 레바논으로 들어오면서, 이 집단들 사이의 균형을 깨트리면서 기독교인들에게 위협 요소로 느껴지게 되었다. 또한 팔레스타인 난민 수용소는 사실상 대(對)이스라엘 항전 본부가 되었는데, 레바논 정부가 이를 방관하는 것에 대해 기독교 집단은 불만을 가지고 있었다. 따라서 레바논 내부의 기독교 집단과 무슬림 집단 사이의 갈등이 고조되었고, 마론파 교회를 향한 총격 사건, 이후 무슬림 집단에 대한 기독교 집단의 보복, 그리고 1975년 12월에 수백 명의 무슬림 희생자들을 낸 '검은 토요일(Black Saturday)' 등의 사건들을 통해 이후 15년 동안 이어진 레바논 내전이 시작되었다. 즉, 팔레스타인 난민의 레바논으로의 유입이, 기존에 잠재적으로 있던 레바논 내의 사회 집단 —기독교와 무슬림— 사이의 갈등을 증폭시키고 확대시킨 것이다(Hudson 1978).

또한 에티오피아와 소말리아는 많은 아프리카 국가들과 마찬가지로 식민 시대 이후 인위적인 국경 설정으로 인해 국내적으로는 소수 민족의 독립운동과 국외적으로는 영토 분쟁을 겪어오고 있다. 특히 에디오피아 내에서 소말리(Somali)족은 인구의 약 10%를 차지하며 세 번째로 큰 민족 집단을 이루고 있다. 그런데 1980년대 이후 지속되어 온 소말리아 내전으로 인해 수십만 명의 소말리아 난민들이 에티오피아로 유입되었는데, 이들 중 일부는 에티오피아의 소말리 분리·독립운동에 참여하거나 이를 지지함으로써 에티오피아 내의 갈등을 증폭시키는 역할을 하였다(Salehyan and Gleditsch 2006). 레바논 내의 팔레스타인 난민들과 에티오피아 내의 소말리아 난민들의 경우는 이주민들의 유입이 수용국 내에 기존에 존재하던 갈등을 증폭시키고, 때로는 수면 아래에 있던 갈등을 수면 위로 끌어올리는 결과를 가져온 것을 보여 준다.

(2) 이민자 사이의 갈등

세계적으로 수많은 국가와 집단들 사이에 수많은 갈등이 존재한다. 그런데 그러한 갈등 관계에 있는 국가 혹은 집단의 사람들이 제3국으로 이주했을 때, 그들이 갖고 있던 갈등의 양상을 수용국으로 함께 가지고 들어올 수 있다. 예를 들어 독일은 제2차 세계대전 이후 국내 노동력 부족 문제를 해결하기 위해 그리스 등의 남유럽 국가들뿐만 아니라 튀르키예와도 조약을 맺고 1961년부터 1973년까지 약 80만 명이 넘는 튀르키예인들을 방문노동자(guest worker) 프로그램을 통해 고용하였다. 현재 약 300만 명의 튀르키예인이 독일에 살고 있는데, 이 중 백만 명 정도는 민족적으로 쿠르드족에 속한다. 쿠르드족은 제2차 세계대전 이후 강대국들에 의한 자의적인 국경 설정으로 인해, 튀르키예와 이라크, 이란 등에 나뉘어져서 각각의 나라에서 민족 소수자로 살아가게 되었다. 한 민족이 이렇게 여러 국가에 분산되어 소수자로 살아가는 현실에 대항하여 1970년대부터 이라크에서 이들의 민족주의 운동이 생겨났고, 1980년대에는 튀르키예로 확산되어 분리·독립운동으로까지 이어졌다.

1990년대에 독일에는 약 200만 명의 튀르키예인들이 있었고, 이 중 삼 분의 일은 쿠르드족이었다. 이들 중 일부는 당시 튀르키예와 미국, 그리고 유럽연합 등에 의해 테러 집단으로 지정된 쿠르디스탄 노동자당(Kurdistan Workers' Party)의 회원이기도 하였다. 그런데 1999년에 케냐에서 쿠르드족의 리더였던 압둘라 외잘란(Abdullah Öcalan)이 튀르키예 정보당국에 의해 체포되었는데, 이로 인해 독일에 있는 쿠르드족 이민자들의 시위가 이어졌고, 이 과정에서 다른 튀르키예 이민자들과의 충돌이 발생하였다(Lyon and Uçarer 2001). 즉 튀르키예 안에 존재하는 민족 집단들 사이의 갈등이 튀르키예 출신 이민자들이 살고 있는 독일에서 재현된 것이다.

또한 최근의 예로 2023년부터 시작된 이스라엘과 하마스와의 분쟁과 충돌은 미국 내의 유대인들과 아랍 이민자들 사이의 갈등을 촉발시켰다. 물론 이는 넓은 의미에서 이스라엘을 지지하는 미국인들과 아랍 세력에 더 옹호적인 미국인들 사이의 갈등으로도 볼 수 있지만, 유대인과 아랍 이민자들이 각각의 집단과 시위에 동참하거나 이들을 이끌었고 이는 미국의 전반적인 외교정책에 대한, 그리고 보수와 진보 사이의 정치적 갈등으로 확산되었다. 결국 독일의 튀르키예 이민자들과 미국의 유대인 및 아랍 이민자들의 사례들은, 이민자들의 송출국들에 존재하는 갈등의 양상이 이민자들의 이주와 함께 수용국으로 옮겨져와서 비슷하게 반복됨을 통해 수용국 내의 안정과 시민의 안전을 위협하는 예를 보여 준다.

(3) 이민자와 거주국 정부 사이의 갈등

마지막으로 이민자들은 자신들이 살고 있는 거주국 정부와 갈등을 벌이게 될 수도 있다. 앞에서 언급한 독일에 거주하는 쿠르드족 이민자들의 경우, 1999년에 그들의 지도자가 튀르키예 정보당국에 의해 케냐에서 체포되는 과정을 이스라엘 정보당국이 지원하였다는 소문이 있었다. 그래서 독일의 쿠르드족 이민자들은 독일의 이스라엘 영사관 앞에서 시위를 벌였고, 이 과정에서 시위자들이 사망하는 사건이 발생하였다. 쿠르드족 이민자들은 이 책임을 독일 정부에게 물었고, 이로 인해 양자 사이에 갈등이 일어나게 되었다(Bengio 2014).

이민자 중 정치적 난민들은 자국에서의 정치적 탄압을 피해 이주했기 때문에, 난민 수용소는 반체제 운동의 거점이 될 수도 있고 반체제 운동은 때로는 무력 항쟁을 수반할 수도 있다. 만약 난민을 수용하는 국가가 난민 수용소가 이렇게 군사화되는 것을 반대한다면 이들 사이에 갈등이 생길 수 있다. 세 차례에 걸친 중동전쟁을 통해 발생한 팔레스타인 난민들은 처음에는 요르단으로 이주하였다. 요르단에 거점을 둔 팔레스타인 해방기구(Palestine Liberation Organization)는 이스라엘에 대한 무력 항쟁의 중심이 되었는데, 정작 요르단

정부는 외교적 방법과 국제사회와의 협력을 통해 이스라엘과의 영토 문제를 해결하고자 했기 때문에 확산되는 분쟁에 자신들이 휘말리는 것을 원하지 않았고 이스라엘과의 갈등을 피하고자 하였다(Barari 2008). 요르단 정부는 과격한 팔레스타인 해방기구의 존재가 이러한 외교적 노력에 방해가 된다고 생각하였고, 결국 1970년 9월에 요르단 군대가 팔레스타인 난민 수용소에 진입하여 이들을 강제로 진압하는 사건, 즉 검은 9월(Black September) 사건이 발생하였다. 이로 인해 팔레스타인 해방기구는 레바논으로 거처를 옮겼는데, 이들은 레바논 정부와도 지속적인 갈등을 겪었다. 이들을 향한 이스라엘 공격의 여파가 주변에 있는 레바논 국민에게도 미쳐 많은 이들이 피난을 떠나야 했고, 이들은 팔레스타인 난민들과 이스라엘에 별다른 대응을 하지 못하는 레바논 정부를 비난했기 때문이다(Michal'ák 2013).

독일의 쿠르드족과 요르단과 레바논의 팔레스타인 난민의 경우는 이들의 행위가 자국의 안전과 평화를 위협한다고 판단할 경우 거주국 정부와 이민자들 사이에 긴장과 갈등이 생길 수도 있음을 보여 준다.

4. 국제 이주와 국제 갈등의 확산: 이민 송출국과 수용국 사이의 갈등

앞에서 본 갈등의 유형들이 국제 이주를 통해 이민자들이 거주하는 국가 내에서의 갈등이 생성되거나 확산되는 유형이었다면, 국제 이주를 통해 이민자들의 출신국과 거주국 사이의 갈등이 생성되거나 확산될 수도 있다. 특히 난민과 같은 비자발적 이주가 일어날 때, 이민 수용국이 이민자들에게 호의적인 태도를 보이면 이러한 갈등의 가능성이 높아진다. 영국의 식민 지배 이후 힌두교에 바탕한 인도와 무슬림에 바탕한 파키스탄은 결국 분리·독립하여 개별적인 국가를 형성하였다. 이때 파키스탄은 인도의 서쪽에 있는 서파키스탄과 인도의 동쪽에 있는 동파키스탄—현 방글라데시—으로 나뉘어 있었는데, 각 지역은 다른 언어들을 사용하였을 뿐만 아니라, 서파키스탄 중심의 정책 시행으로 인해 동파키스탄에서는 독립운동이 일어났고 파키스탄 정부는 이를 억압하였다. 이로 인해 발생한 난민들은 인도로 이주하였고, 인도는 인도주의적 측면에서 이들을 보호한다는 명목으로 동파키스탄 독립 전쟁에 개입하였고, 이는 결국 1971년 세3차 인도-파키스탄 전쟁으로 이어졌다(Cordera 2015).

또한 1990년대에 르완다 내전 때 투치(Tutsi)족의 르완다 애국전선(Rwandan Patriotic Front)이 수도를 점령한 이후 후투(Hutu)족 사람들이 인근 국가인 자이르로 피난하였고, 자이르는 후투족 난민들이 군사화하여 르완다에 대항하는 것을 지원하였다. 이에 르완다는 자이르 내에 존재하는 투치족 반군을 지원하였을 뿐만 아니라, 자이르 내에 존재하는 후투족 난민 수용소를 공격하여 르완다의 내전은 난민들의 움직임을 통해 르완다와 자이르 사이의 국제적 분쟁과 갈등으로까지 이어지게 되었다(Atim 2013).

위에서 언급한 레바논 내전은 주변 국가들인 시리아와 이스라엘까지 개입하면서 국제전으로 확산되었다. 내전을 진정시키기 위한 레바논 정부의 요청으로 시리아가 개입하였고, 마론파 기독교 민병대를 이스라엘이 지원하는 과정을 통해 사실상 레바논에서 발생하는 시리아와 이스라엘의 간 전쟁의 양상을 띠게 되었다. 결국 1982년에 이스라엘은 레바논에 있는 팔레스타인 해방전선과 시리아군을 향한 대규모 공격을 감행하며 시리아 및 레바논과 전면적인 전쟁에 돌입하였고, 결국 팔레스타인 해방전선은 레바논을 떠나게 되었다(Rubenberg 1984).

인도-파키스탄, 르완다-자이르, 그리고 이스라엘-레바논 등 세 가지 경우 모두 인접 국가들은 이미 갈등의 경험을 가지고 있었다. 그런 상태에서 한 국가에서 발생한 정치적 불안정과 물리적 충돌로 인해 비자발적 이주가 발생하고, 이들과 출신국 사이의 갈등과 충돌이 고조되면서 결국 이민자들의 거주국과 출신국 사이의 국제적인 갈등과 분쟁, 그리고 전쟁으로까지 이어진 것을 볼 수 있다.

5. 소결

국가 안보는 물리적으로는 평화와 안정이 유지되고 외부나 내부로부터의 위협이나 폭력으로부터 보호받는 상태를 의미하고, 개념적으로는 국가의 영토와 국민을 효과적으로 통제하고 다스리는 능력과 자율성이 보장되는 상태를 의미한다. 국제 이주는 위에서 언급한 것처럼 다양한 측면에서 이러한 국가 안보의 실제와 개념을 위협할 가능성을 갖고 있다. 역사적으로 사람들의 이동은 사회적·정치적 갈등을 확산하는 매개가 되기도 하였다. 특히 2000년대에 들어 국제 이주에 대한 정책들은 산업발전과 복지 정책 등 경제적인 시각에서 논의되기도 하지만, 테러리즘 등 국가 안보의 측면에서 이루어지는 논의가 증가하였다. 국제 이주가 이민 수용국에 가져오는 영향과 결과가 더욱 다면화(multidimensional)된 것이다.

제8장

국제 이주와 국제정치경제

이 장은 국제 이주가 갖는 두 가지 정치경제적인 영향과 함의에 대해 논의한다. 첫째, 국제 이주는 경제적 세계화의 한 측면으로 이해할 수 있는데, 그렇다면 국제 이주는 국제 무역 및 자본의 이동이라는 경제적 세계화의 다른 측면들과는 어떠한 관계를 갖는가? 둘째, 지금까지 사회과학에서는 국제 이주가 이민자들을 받아들이는 나라들에 가지고 오는 영향들에 대해 주로 논의했는데, 최근 들어 국제 이주가 송출국에 미치는 영향들에 대한 논의가 활발해졌다. 따라서 이 장에서는 이민자들이 출신국을 떠남으로써 해당 국가들이 받는 정치경제적인 영향과 함의에 대해서도 논의한다.

1. 국제 이주와 경제 개방

국제 이주를 생산요소 중 하나인 노동력의 국제적 이동으로 보았을 때, 이한 제품에 대한 소비가 다른 제품에 대한 소비를 증가시킬 때, 이 두 제품은 보완재의 관계가 있다. 예를 들어 파스타 면에 대한 소비가 증가하면 파스타 소스에 대한 소비도 증가하기 마련이다. 반대로 한 제품에 대한 소비가 다른 제품에 대한 소비를 감소시킬 때, 이 두 제품은 대체재의 관계가 있다. 예를 들어 돼지고기 소비가 소고기 소비를 감소시킨다면, 소고기와 돼지고기는 대체재 관계에 있다.

는 경제적 세계화 현상의 한 측면으로 볼 수 있다. 경제적 세계화란 경제 활동을 구성하는 생산 활동과 소비 활동이 국가의 국경을 넘어서 이루어지는 것을 의미하는데(Rodrik 2011), 특히 생산 활동의 세계화는 생산된 제품의 자유로운 이동—국제 무역—과 함께 생산요소 중 자본과 노동의 자유로운 이동을 의미한다. 그렇다면 국제 이주는 경제적 세계화의 다른 측면들인 국제 무역 및 자본의 이동과 어떤 관계에 있는가? 구체적으로는, 국제 이주의 증가는 국제 무역과 자본의 이동을 증진시키는가 아니면 오히려 감소시키는가? 즉 국제 이주와 국제 무역 및 자본의 이동은 서로 보완재(complement)인가 아니면 대체재(substitute)인가? 이에 대해서는 서로 다른 이론적 주장들이 있다.

(1) 대체재로서의 국제 이주와 경제 개방

우선 국제경제학에서 헥셔-올린(Heckscher-Ohlin) 정리에 의하면 국가는 노동, 자본, 토지라는 3대 주요 생산요소(production factors) 중 풍부한 생산요소를 주로 사용하는 제품에 대해 비교우위(comparative advantage)를 가지며, 이러한 제품들을 주로 수출한다. 예를 들어 토지가 풍부한 국가는 많은 토지를 사용하여 생산해야 하는 농산물에 대한 비교우위를 가지고, 자본이 풍부한 국가는 많은 자본을 투입한 기술개발에 의존해야 하는 기술집약적인 제조업에 비교우위를 가진다. 반면 미숙련(unskilled) 노동력이 풍부한 국가는 이러한 노동력에 기반한 단순 제조업에 비교우위를 가진다. 국가들 사이에 무역이 이루어지는 이유는 국가들이 서로 다른 비교우위를 가지고 있고, 국가들이 각자의 비교우위를 활용하는 산업에 집중하여 재화와 서비스를 생산하여 이들을 서로 교환함으로써 전체적인 효용을 증가시킬 수 있기 때문이다.

하지만 국가들 사이에 생산요소, 특히 자본과 노동의 자유로운 교환이 이루어진다면 국가들 사이의 비교우위 구조가 깨어지게 된다. 만약 자본의 이동에 대해 정책적 제한이 없거나 약하다면, 선진국처럼 자본이 풍부한 나라는 해외직집투자(foreign direct investment) 혹은 금융 투자를 통해 자본을 유출시키고, 개발도상국처럼 자본이 풍부하지 않은 나라는 이러한 투자를 받아들임으로써 자본을 유입시킨다. 이 경우 자본 송출국이 갖고 있던 자본의 풍부성(abundance)과 자본 수용국이 갖고 있던 자본의 희소성(scarcity)은 각각 약해질 것이다. 마찬가지로 노동력이 풍부한 나라는 이민자들을 송출할 것이고 노동력이 부족한 나라는 이러한 이민자들의 유입을 받아들여 부족한 노동력을 보완하려고 할 것이다. 따라서 이민 송출국의 노동력의 풍부성과 이민 수용국의 노동력의 희소성 역시 줄어들 것이다. 따라서 자본과 노동의 자유로운 이동은 국가들 사이의 요소 부존도(factor endowment)의 차이를 없애기 때문에 국제 무역의 필요를 약화시키게 된다. 따라서 이러한 신고전파 무역이론에 따르면 국제 무역과 국제 이주는 서로 대체재가 된다.

같은 이론적 바탕에서 자본의 이동과 노동력의 이동도 서로 대체재의 관계를 갖는다고 예상할 수 있다. 자본의 국제 이동 중 하나인 해외직접투자(foreign direct investment)의 대표적인 예는, 한 나라의 기업이 다른 나라에 공장을 세우는 등 재화와 서비스의 생산 과정이 해외에서 이루어지도록 하는 것이다. 해외직접투자를 하는 것은 시장에 대한 접근성을 확보하고, 자국의 세금 혹은 노동법으로부터의 부담과 제한을 줄이려는 이유도 있지만, 보다 낮은 임금으로 노동력을 활용하려는 목적이 강하다. 그런데 만약 국제 이주를 통해 자국에서도 값싼 노동력이 확보된다면 해외직접투자에 대한 동기는 약해지게 된다. 따라서 국제 이주의 증가는 해외직접투자 등 자본의 이동을 감소시킬 수 있는 것이다.

(2) 보완재로서의 국제 이주와 경제 개방

이렇게 국제 무역과 국제 이주, 그리고 자본의 이동과 국제 이주가 서로 대체재의 관계를 가진다고 예측할 수 있는 이론적 바탕이 있음에도 불구하고, 최근 새로운 이론과 실증적 연구들은 이들이 서로 보완재의 관계를 가질 수 있다는 점을 제시하고 발견하였다. 이들이 서로 보완재의 관계를 갖는 데에는 다음과 같은 이유가 있다. 첫째로, 국가들 사이에 무역이나 자본의 이동이 이루어지기 위해서는 운송비, 관세, 행정 비용 등과 같은 재정적 비용뿐만 아니라 비-재정적 거래 비용(transaction costs)이 발생한다. 예를 들어, 재화나 서비스를 다른 나라에 수출하거나 다른 나라로부터 수입하기 위해서는 두 국가 사이에 서로의 경제 체제, 문화, 언어, 사회적 규범, 소비 선호 등에 대한 정보와 이해가 필요하다. 해외직접투자의 경우에는 단순히 재화나 서비스만 교환하는 것이 아니라 해외에 인력이 파견되고, 사업체를 건설하며, 현지의 수많은 업체와 협력을 해야 하기 때문에, 정보와 이해의 중요성은 더 커진다. 그런데 이민자들은 거주국과 출신국 모두에 대한 정보를 갖고 있고 이를 양 국가에 제공할 수 있기 때문에, 이민자들의 존재는 국제 무역과 자본 이동의 비-재정적 거래 비용을 줄여줄 수 있는 것이다. 특히 이민자들의 출신국의 정치·경제·사회적 개발 수준이 낮은 경우에는 정보의 투명성과 경제 활동의 제도화 수준 역시 낮을 수 있다. 이 경우 불완전한 정보로 인해 국제 무역과 자본 이동의 비-재정적 거래 비용은 상승하게 되고, 이를 낮춰주는 이민자들의 역할은 더 커진다(Hatzigeorgiou 2010).

둘째로, 국제 무역이나 자본의 이동에는 단순히 정보의 부족 문제뿐만 아니라 정보의 비대칭성 문제가 발생할 수 있다. 특히 자본 송출국—투자국—은 대부분 경제 활동이 제도화되어 있고 부패 수준이 낮은 반면 자본 수용국—투자대상국—은 그 반대이기 때문에, 국제 시장에서는 자본 수용국에 대한 정보가 더 부족하다. 이러한 정보의 비대칭성은 자본 수용국의 기회주의적 행태를 유발할 가능성이 있다. 이로 인해 상호 간 신뢰의 부족은 국제 무역이나 자본의 이동에 있어 상당한 정도의 거래 비용을 발생시킨다. 하지만 이민자들과 그들의 출신국에 있는 경제 주체들 사이에 구축된 네트워크는 이러한 신뢰의 문제를 해결할 수 있다(Egger, von Ehrlich, and Nelson 2012). 일반적으로 사회적 신뢰의 수준은 같은 인종적 혹은 민족적 집단 내에서 더 강하기 때문에 이민자들과 그들의 출신국 사람들이 갖는 높은 수준의 사회적 신뢰 관계는 정보의 마찰(information friction)에 윤활유 역할을 해 준다(Felbermayr and Toubal 2012). 또한 이민자들과 그들의 출신국 사람들 사이에 공유하는 문화와 규범 역시 이들 사이의 신뢰를 강화시키는 역할을 해 준다.

셋째로, 이민자들이 문화적 취향과 생활 습관으로 인해 필요로 하지만 그들의 거주국에서는 생산되지 않는 재화들이 존재한다. 이러한 재화들을 그들의 출신국으로부터 수입하여 판매하는 행위가 이루어질 때, 이는 새로운 국제 무역의 수요와 공급을 만들어 낸다. 만약 거주국의 자국민들도 이민자들의 문화적 재화에 관심과 호감을 느끼게 되면, 이 재화에 대한 수요는 더욱 증가하고 국제 무역 역시 증가하게 된다. 2023년에 미국에 거주하는 한국인 혹은 아시아인들뿐만 아니라 많은 미국인들 사이에서도 냉동 김밥에 대한 관심과 수요가 높아져서, 냉동 김밥의 한국으로부터의 수출이 급증한 것이 하나의 예이다. 하지만 이러한 수요가 지속된다면 그 재화를 이민자들의 거주국 내에서 생산하려는 움직임이 있을 것이고, 이 경우 장기적으로는 무역을 증가시키는 국제 이주의 영향은 다시 감소할 수도 있다(Girma and Yu 2002).

결론적으로, 최근의 많은 연구들은 국제 무역과 국제 이주, 그리고 자본의 이동과 국제 이주 사이에는 대체재보다는 보완재의 관계가 더 강하게 나타날 수 있다는 이론적 근거들을 제시하였고, 또한 실증적인 연구를 통해 이러한 보완재적 관계가 존재함을 발견하였다. 즉 이들에 따르면 국제 이주는 국제 무역과 자본의 이동을 촉진한다.

2. 이민자의 송금

경제적 이유로 이주한 이민자들은 때로 수입의 일부를 출신국에 남아 있는 자신의 가족에게 송금(remittances)한다. 특히 저개발국가의 경우에는 이러한 송금의 규모가 상당히 커서 국내총생산(GDP)의 30%를 넘는 경우도 존재한다. 〈표 8-1〉과 〈그림 8-1〉에서 보듯이 전 세계적인 이민자의 송금 규모는 지난 수십 년 동안 지속적으로 증가해 왔다.

따라서 이민자의 송금은 송출국의 입장에서는 주요한 외화 수익원이 될 수 있다. 그런데 이민자의 송금은 그 규모가 클 뿐만 아니라, 다음과 같은 측면에

〈표 8-1〉 국내총생산에서 이민자 송금이 차지하는 비율, 2022년

국가	송금액 규모(%)
타지키스탄	50.9
사모아	33.6
키르기스스탄	27.9
온두라스	26.8
버뮤다	23.8
레소토	23.8
엘살바도르	23.7
감비아	22.9
네팔	22.8
코모로	22.7

자료: World Development Indicators

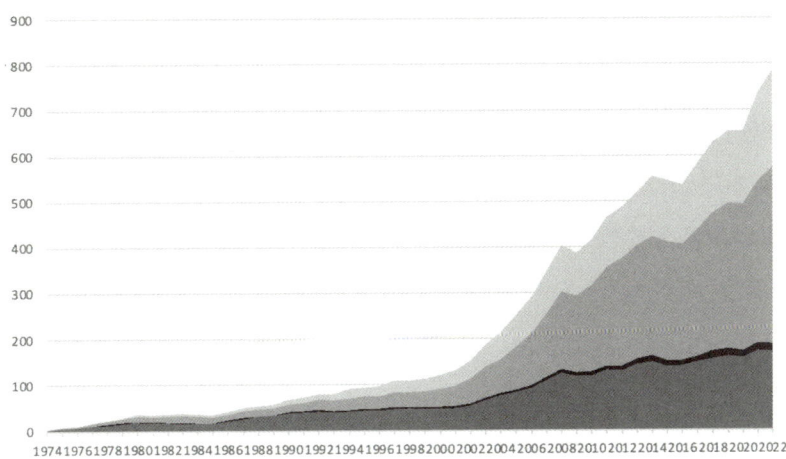

〈그림 8-1〉 이민자 송금, 1974~2022(단위: 10억 달러)

자료: World Development Indicators

서 해외 원조, 해외 사적 투자자들의 투자 등 다른 유형의 자본의 국제적 이동
과 다른 점이 있다.

첫째, 이민자의 송금은 그 유입이 안정적이다. 해외의 사적 투자자들의 금
융 투자의 경우는 투자대상국의 정치적·경제적 상황에 따라 언제든지 회수될
수 있는 위험이 있다. 한국을 비롯한 많은 아시아 국가들이 겪었던 1997년 금
융 위기가 보여 주듯이, 큰 규모의 해외 투자 금액이 단기간 내에 철수할 경우
해당 국가에는 경제적·사회적 불안정성을 가져온다. 하지만 이민자들은 가족
의 생활에 필요한 돈을 송금하는 것이기에 출신국의 상황 때문에 갑자기 송금
을 중단할 가능성은 매우 낮다. 따라서 이민자들의 송금은 그 흐름이 안정적
이고 지속적으로 유지되는 경향이 있다. 더군다나 해외의 사적 투자는 제도적
제어장치가 없는 한 언제든지 투자를 회수해 갈 수 있지만, 이민자의 송금은
현실적으로 그럴 수가 없기에 자본의 이탈을 걱정할 필요가 없다.

둘째, 이민자의 송금은 출신국의 경제적 상황이 좋지 않으면 오히려 그 실질적 액수가 증가하는 역주기적(counter-cyclical) 성격을 갖고 있다(Shapiro and Mandelman 2016). 위에서 언급했듯이 해외 사적 금융 투자의 경우에는 투자대상국의 경제가 안 좋아지면 오히려 투자액이 줄거나 투자를 회수하지만, 이민자의 송금은 다음과 같은 두 가지 이유에서 오히려 그 실질적 금액이 늘어날 수 있다. 첫째로는 출신국에 남아 있는 자신들의 가족의 경제적 상황이 어려울수록 이민자들은 더 많은 금액을 송금하는 경향이 있다. 둘째로는, 출신국의 경제적 위기는 출신국 통화의 가치를 떨어뜨리는 경우가 많기에(currency depreciation), 이민자들이 거주하는 국가의 통화를 기준으로 했을 때 같은 금액을 송금하더라도 출신국에서 환전된 가치는 더 증가하게 된다.

(1) 국가 발전에 기여할 수 있는 이민자 송금

이처럼 규모가 클 뿐만 아니라 안정적이고 역주기적으로 유입되는 이민자 송금은 이민자들의 출신국에 막대한 자본을 공급한다는 측면에서 이민 송출국의 경제와 사회 발전에 도움이 될 것으로 예상될 수 있다. 저개발국가들은 산업화를 이루기 위해 충분하고 안정적인 자본의 공급이 필요한데, 이민자들의 송금이 그 역할을 할 수 있기 때문이다.

이민자들의 송금이 그들의 출신국의 경제발전뿐만 아니라 정치적 민주화에도 기여할 수 있다는 주장이 있다. 권위주의 체제에서 정치 지도자들은 그들의 권력을 유지하기 위해 핵심 지지자들의 지지를 유지할 필요가 있다. 이는 강제적이고 권위적인 방법으로 이루어지기도 하지만 경제적·사회적 보상을 통해 이루어지기도 한다. 정부를 통한 일자리를 제공하거나, 특정 지역의 산업발전을 지원하는 정책을 시행하거나, 혹은 특정한 민족 집단에게 특혜를 부여하는 등의 방법을 통해 이들은 권력 유지에 필요한 최소한의 지지를 유지한다. 그런데 이민자들의 송금은 지지자들에게 경제적 수입의 또 다른 원천을 제공함으로써 정치 지도자들이 제공하는 경제적·사회적 특혜와 보상에 대한 의존도를 떨어뜨리게 된다. 따라서 경제적·사회적 자원을 갖고 이들의 지지를 구매하려고 하는 정치 지도자들의 행태가 더이상 작용하지 않게 되는 것이다(Escriba-Folch, Meseguer, and Wright 2015). 더군다나 이민자들의 송금은 정부의 중개 없이 이민자들과 그들의 가족 사이에 직접적으로 전달되기 때문에, 국민들이 정치 지도자들의 후원에 점점 덜 의존하게 된다. 결과적으로 권위주의 정치 지도자들에 대한 지지의 약화는 이들의 몰락의 단초를 제공할 수 있고, 이 경우 정치체제 자체의 민주화를 가져올 수도 있다.

(2) 국가 발전을 저해할 수 있는 이민자 송금

하지만 이민자 송금이 이주 송출국에 부정적인 정치적·경제적·사회적 영향을 미칠 수 있는 합리적인 이유도 존재한다. 첫째, 이민자 송금을 산업화를 위한 투자자본으로 잘 활용하면 경제발전에 도움이 될 수 있겠지만, 그렇지 않고 도덕적 해이를 가져오면 오히려 부정적인 영향을 가지고 올 수 있다. 이민자 송금은 외부적 충격(external shock)으로 인한 자본의 증가 현상이다. 즉 경제 체제 내부에서의 경제발전으로 인해 자본이 증가한 것이 아니라, 체제 외부로부터 자본이 유입된 것이다. 흔히 네덜란드병(Dutch disease)이라고 이야기하듯이, 이렇게 외부적 충격으로 인한 자본의 증가는 단기적으로 소득이 증가할 수 있지만, 장기적으로는 산업의 기반을 약화시킴으로써 경제를 악화시킬 수 있다. 실제로 이민자들로부터 송금된 돈이 저축을 통해 산업 발달을 위한 금융 자본으로 활용되거나 교육과 의료 등 사회적 자본을 개발하는 것에 쓰이기도 하지만(Khan, Sajid, Gondal, and Ahmad 2009), 부동산 투자나 사치품 소비 등 생산적인 활동과는 무관하게 쓰이는 경우도 있다(Stephenson and Wilsker 2016). 이 경우 이민자 송금은 산업과 경제 발전에 도움이 되지 못할 뿐아니라, 오히려 부동산 시장을 과열시키고 내수를 약화시키며 노동 의지를 약화시키는 등 해로운 영향을 미칠 수 있다.

네덜란드병은 석유 등 원자재를 풍부하게 보유하고 있는 국가들이 단기적으로는 원자재 수출로 경제적 이익을 얻을 수 있지만, 오히려 장기적으로는 불황에 직면하는 현상을 말한다. 이는 1959년 네덜란드가 북해 유전의 개발에 따른 석유 수출로 인해 일시적인 경제적 호황을 누렸지만, 이로 인해 물가와 통화 가치가 상승하고, 또한 제조업 발전의 동기를 약화시킴으로 인해 장기적으로는 제조업 쇠퇴와 경제 불황을 가져온 데서 그 이름이 붙여졌다.

둘째, 이민자 송금은 이민 송출국 내의 경제적 불평등을 증가시킬 수 있다(Bracking 2003). 선진국으로의 이민자들은 주로 가난한 국가들의 저소득층 사람들이라는 인식이 많지만, 사실 많은 경우에는 중·저(low-middle)소득 국가들의 중·저소득층 사람들이 많다. 이러한 사실은 전체 이민자 송금 중 저소득 국가들보다는 중저소득 국가들로 향하는 이민자 송금이 가장 큰 부분을 차지하고 있다는 사실에서 확인할 수 있다(〈그림 8-1〉 참고). 경제적 이주를 하기 위해서는 보다 나은 경제적 기회를 얻고자 하는 동기부여가 필요하고, 이런 점에서는 저소득층 국가의 저소득층 사람들이 더 큰 동기를 가지고 있는 것이 사실이다. 하지만 실제 이주를 위해서는 이주를 위한 경제적·사회적 비용을 감당할 수 있는 자원과 능력이 필요하다. 사회적 비용의 대표적인 예는 이주 과정, 이주를 하는 나라의 언어나 법적·사회적 상황에 대한 정보와 지식이다. 이를 위해서는 교육 등의 사회적 자원을 가지고 있어야 한다. 경제적으로는 이동과 정착을 위한 비용이 필요하고 이를 위한 어느 정도의 소득 혹은 자산이 필요하다. 그런데 가난한 국가의 저소득층의 경우에는 이러한 경제적·사회적 자원을 갖고 있지 않기 때문에, 실제로는 중·저소득 국가들의 중·저소득층 사람들이 이민자들의 많은 부분을 차지하고 있다.

따라서 이민자 송금의 많은 부분은 이민 송출국의 저소득층보다는 중·저소득층 가족들에게 돌아가게 되고, 이들의 소득 증가는 경제적 불평등을 약화시키보다는 오히려 강화시킬 수 있는 것이다. 또한 미국이나 서유럽같은 선진국들이 1990년대 이후 제4차 산업혁명을 위한 고숙련(highly-skilled) 이민자들을 점점 더 많이 받아들이고 있으며, 이들의 송금은 출신국의 중·고소득층이나 고소득층에게 갈 수도 있기 때문에, 이 경우 이민자 송금이 경제적 불평등을 상승시키는 효과는 더 커지게 된다.

셋째, 앞서 이야기했듯이 이민자들의 송금이 민주화에 기여할 가능성도 있지만, 동시에 어느 정도 민주화가 진척된 국가들에서는 지속적인 사회 발전을 위한 제도들의 빌딩을 저해할 수도 있다. 예를 들어 한 연구는 이민자들의 송금이 사회복지 제도와 정책의 발전을 저해한다고 주장한다(Doyle 2015). 시민들은 경제적 불안정성에 있을 때 사회복지 제도와 정책을 요구하고, 이에 정부가 반응할 때 이러한 제도와 정책이 발전하고 확대된다. 하지만 이민자들의 송금은 한편으로는 그들의 경제적 불안정성을 약화시키지만, 그렇기에 역설적으로 사회복지 제도와 정책에 대한 요구 역시 약화시킨다. 이민자들의 송금을 통해 사회복지 제도와 정책 없이도 시민들의 경제적 안정성이 유지된다면 그 자체로는 나쁘지 않을 수도 있다. 그러나 이민자들의 송금은 제도화된 현상이 아니기에 어느 정도의 가변성이 있다. 또한 앞서 이야기했듯, 이민자들의 송금이 저소득층에게 돌아가지 않는 상황에서 사회복지 제도와 정책마저 발달하지 못하면, 경제적 불평등 문제는 더욱 심화될 수 있다.

이민자 송금은 분명 이주 송출국에 정치, 경제 및 사회의 발전을 위한 좋은 기회를 제공한다. 하지만 그 자본이 어떻게 사용되느냐에 따라 상반된 결과들을 가져올 수 있다. 따라서 송금받은 금액을 환전하지 않고 외화로 저축할 때 세금이나 이자에 있어 혜택을 주는 등의 정책들을 통해 송금된 자원을 일단 제도화된 금융 체계 안으로 유입시키고, 이를 통해 이민자 송금의 긍정적인 역할을 극대화하려는 노력이 필요할 것이다.

3. 국제 이주와 두뇌 유출

(1) 두뇌 유출(brain drain)

1990년대 이후 미국과 서유럽 등 선진국들은 정보기술(information tech-nology)과 유전공학 등에 기반한 제4차 산업혁명의 성공적인 수행을 위해 이러한 분야들에 전문적인 지식과 기술, 경험을 갖춘 전문 인력을 확보하는 것이 중요하다는 것을 인식하고 있다. 또한 자국민만으로는 이러한 인재들에 대한 수요를 맞출 수 없다는 판단 아래, 자격 요건을 갖춘 이민자들을 적극적으로 받아들이고 있다. 유럽연합 국가들은 블루카드(Blue card) 제도를 통해서 전문직 이민자들에게 비자 취득 과정을 간소화하고, 가족초청권을 부여하며, 영주권 취득 요건을 완화시키는 등의 혜택을 제공하고 있다. 호주의 경우 이주 신청자의 배경에 따라 점수들을 부여해서 최종 점수가 특정 기준을 초과하면 이주을 허락하는 점수 제도(point system)를 운영하고 있는데, 호주의 과학·기술·공학·수학(STEM; Science, Technology, Engineering, and Mathematics) 관련 학위를 받거나, 아니면 호주에서 필요로 하는 직업의 배경을 가진 사람들에게는 가산점을 부여하고 있다.

이러한 정책들에 힘입어 전문직 이민자들의 이주는 계속 증가해 왔다. 한 조사에 따르면 전체 이민자 중 고등학교 이상의 교육을 받은 이민자들의 비중은 1975~2000년에 4배 증가하였다(Defoort 2008). 하지만 이는 송출국의 입장에서는 자국의 경제와 산업발전을 이끌어야 할 전문 인력을 잃고 있는 것이 된다. 이를 두뇌 유출이라 부른다. 두뇌 유출이라는 용어는 원래 1950~1960년대에 영국의 많은 과학자들과 기술자들이 미국과 캐나다 등으로 이주한 현상을 지칭하는 것에서 유래하였다(Cervantes and Guellec 2002). 하지만 오늘날에는 주로 개발도상국의 이민자들이 유학생으로서 다른 나라, 특히 선진국에서 일정한 학위 과정을 마친 후 출신국으로 돌아가지 않고 거주지에서 직장을 구하고 영주하는 현상을 의미한다. 두뇌 유출은 이민 수용국들의 산업 수요에 맞추어, 주로 이공계 분야에서 이루어져 왔다. 한국의 경우에도 한 조사에 따르면 2012~2022년 약 25만 명의 이공계 학부생들과 10만 명의 이공계 대학원생들이 해외로 유학을 갔으며, 이공계 박사 4명 중 적어도 1명은 해외 취업을 선호하는 것으로 조사되었다.[*]

많은 개발도상국에서 두뇌 유출의 규모는 상당히 크다. 두뇌 유출은 주로 고등학교 이상의 교육을 받은 자국민 중 해외에 거주하는 사람들의 비율로 측정되는데, 한 조사에 의하면 2000년을 기준으로 했을 때 25개 국가들에서 이러한 교육을 받은 사람 중 과반수가 해외에 거주하는 것으로 나타났다(Docquier, Lowell, and Marfouk 2009). 이 국가들은 대부분 소득 수준이 낮고, 산업화가 이루어지지 못했으며, 경제 규모가 작은 국가들이다. 따라서 자국의 산업과 경제를 발전시킬 수 있는 전문 인력의 상당수가 해외에 거주하며 거주국의 경제활동에 참여하고 있는 것은, 이민 송출국의 입장에서는 자국의 산업과 경제를 발전시킬 수 있는 기회를 놓치고 있다고 생각할 수 있다.

따라서 많은 나라들이 두뇌 유출을 막기 위한 정책들을 강구하고 있다. 이러한 정책들은 유지(retention)를 위한 정책, 귀환(return)을 위한 정책, 그리고 연계(engagement)를 위한 정책으로 구분할 수 있다(Gribble 2008). 첫째로 유지를 위한 정책은 젊은 사람들이 외국이 아닌 자국에서 학위를 마치도록 유도하는 정책이다. 대표적으로 이공계 학위 과정에 대한 재정적 지원을 늘림으로써 상대적으로 유학에 대한 동기를 약화시키고자 하는 정책이다. 둘째로 귀환을 위한 정책은 외국에서 학위를 마친 사람들이 자국으로 돌아와서 직업을 구하도록 유도하는 정책이다. 예를 들어 유학생들을 위한 장학금을 수여할 때, 유학한 사람들이 학위를 마친 이후에는 귀국해서 일정 기간 자국에서 일해

[*] http://www.dhns.co.kr/news/articleView.html?idxno=294430

야 하는 의무를 함께 부여함으로써 유학생들의 귀환 비율을 늘릴 수 있다. 또한 이들이 유학하고 있는 지역에서 기업설명회와 인터뷰를 진행하고, 자국 기업에 취업할 경우 귀국 비용을 지원하는 등 재정적 지원과 편의를 제공하기도 한다. 마지막으로 연계 정책은 네트워크(network) 정책, 혹은 디아스포라(diaspora) 정책이라고도 불리는데, 외국에 거주하는 자국 출신 전문 인력과 자국의 전문 인력의 교류를 확대함으로써 해외의 기술과 경험이 자국으로 이전(transfer)되는 것을 목적으로 한다. 또한 자국 출신의 해외 거주 사업가들로 하여금 출신국에 투자를 하거나 출신국과의 무역 교류를 증진시킬 것을 유도하고 있다.

하지만 이러한 정책 중 일부는 한계들을 갖고 있다. 특히 귀환 정책의 경우, 무엇보다도 전문직 이민자들이 출신국으로 돌아가지 않고 거주국에 남는 이유는 임금 등 단순히 더 나은 경제적 보상을 바라는 것 때문만이 아니라 근무 환경, 거주국의 문화, 자녀 교육 환경 등 전반적인 삶의 질을 고려하기 때문이다(Gibson and McKenzie 2011). 또한 유학생 출신에 대한 대우를 개선하는 것은 오히려 유학을 장려하는 효과를 낳기 때문에 두뇌 유출 문제를 더 악화시킬 수 있다. 또한 연계 정책의 경우, 이민 송출국이 복수 국적을 허용하지 않는 상황에서 해외 거주자들이 거주국의 국적을 취득한 경우에는, 이민자들은 본국의 국적을 상실하게 되어 역설적이게도 본국에서의 경제 활동에 제약이 가해지고 결국 이들을 통한 경제 활동의 교류와 협력이 어려워지게 된다. 따라

연계 정책의 예로는 싱가포르를 들 수 있다. 싱가포르 정부는 1991년에 싱가포르 국제 재단(Singapore International Foundation)을 설립하여 전 세계에 약 100여 개의 친목 모임들과 경영자 협회들의 설립을 후원하였고 2006년에는 해외 싱가포르 부서(Overseas Singaporean Unit)를 창설하여 해외의 싱가포르 교포 단체, 사업체, 그리고 학생 사회들을 지원하고 이들과 자국 사회와의 교류와 연계를 강화하고 있다(Ziguras and Gribble 2014).

서 두뇌 유출을 막기 위해서는 보다 폭넓은 관점에서 전반적인 직장 문화, 교육 제도, 그리고 국적에 관련된 법체계 등을 바꾸는 것이 필요하다.

(2) 두뇌 이득(brain gain)

두뇌 유출에 대한 우려와는 반대로, 전문직 이민자들이 출신국에 돌아오지 않고 거주국에 영구 체류하는 것이 오히려 출신국에서 더 많은 사람들이 전문 지식에 내한 교육을 받게 함으로써 누뇌 이득의 효과를 가져온다는 주장들도 있다. 이러한 두뇌 이득 효과는 전문 지식 획득에 대한 두 가지 메커니즘의 동기부여를 통해 이루어진다. 첫째로는 사회적 동기부여 메커니즘으로서, 거주국에 영구 체류하는 이민자들의 삶에 대한 정보가 출신국의 사람들 사이에서 동료 효과(peer effect)를 불러일으킬 수 있다. 즉 주변에서 전문 지식을 통해 이주를 한 사람들을 발견하고 거주국에서의 이들의 삶을 관찰하면서, 자신들도 이주를 열망하게 되고 이를 위해 전문 지식 획득을 추구하게 된다는 것이다(Gibson and McKenzie 2011). 하지만 이러한 사람들 모두가 이주를 할 수 있는 것은 아니며, 대다수는 국내에서 취업하기에 결과적으로 이민 송출국들은 국내 노동시장에 더 많은 전문 인력을 보유하게 된다. 둘째로는 경제적 동기부여로서, 전문 인력의 해외 송출로 인해 국내 전문직 노동시장에는 전문 인력의 공급이 감소하고, 따라서 이들의 임금이 증가하는 현상이 발생할 수 있다(Uprety 2020). 따라서 교육 수준에 따른 임금의 차이는 더 커지게 되고, 이는 더 많은 사람들로 하여금 전문 지식을 취득하려는 열망을 갖게 할 수 있다.

또한 앞서 이야기한 대로 전문직 이민자들의 송금이 자국에 있는 가족들의 교육비로 사용됨으로써 자국의 전문 인력 양성에 도움이 될 수도 있다. 전문직 이민자들은 거주국에서 합법적인 경제활동을 통해 비숙련 이민자들에 비해 높은 수준의 임금을 받는다. 또한 유학을 위해 자국의 금융기관이나 가족들로부터 돈을 빌려 이를 갚아야 하는 경우도 있다. 따라서 전문직 고숙련 이민자들은 비숙련 이민자들에 비해 더 많은 금액을 자국으로 송금하는 경향이 있다(Bollard et al. 2011). 자국에 있는 사람들이 전문직 이민자들로 인해 위에서 언급한 동료 효과의 영향을 받는 것에 더해 고등 교육을 받기 위한 재정적 자원까지 지원받는다면, 전문적 이민자들이 갖는 두뇌 이득 효과는 더욱 극대화될 수 있다.

이민자들의 송금과 마찬가지로, 두뇌 유출과 두뇌 이득 중 어느 효과가 더 큰지는 분명하지 않으며, 전문 인력 교육과 고용, 유지 등을 위해 어떠한 정책을 시행하는지가 중요하다. 특히 두뇌 유출에 대한 가능성에 더해 많은 이민 송출국이 출산율 저하로 인한 인구 고령화 문제를 겪으면서, 이들 역시 해외로부터 전문 인력들의 이주를 더 적극적으로 받아들이려는 움직임들이 있다. 한국의 경우에도 제4차 산업혁명을 위한 국제적 경쟁, 국가경쟁력 제고에 대한 도전, 그리고 출산율 저하의 위기 속에서 더 개방적인 이주 정책과 사회통합 정책들을 시행하고, 이를 통해 해외로부터 전문 인력을 받아들여서 필요한 노동 시장에 공급해야 한다는 주장들이 점점 증가하고 있다(허준영 2025).

4. 소결

경제적 세계화의 각 측면—국제 이주, 국제 무역, 자본의 이동—은 모두 거대하고 복잡한 현상이기 때문에, 이들 사이의 관계의 양상을 단순하게 정리하는 것은 쉽지 않고 이론적으로도 그 관계가 한 방향으로만 흐를 것이라고는 예측하기 힘들다. 그럼에도 불구하고 많은 실증적인 연구들은 이들 사이에 대체재로서의 관계보다는 보완재로서의 관계가 강하게 나타난다고 밝히고 있다. 특히 국제 이주의 역할에 대해서는, 국제 무역과 자본의 이동이 이루어지기 위해서는 각국 경제 주체들 사이에 적절한 정보가 교환되어야 하고 이를 통해 상호 신뢰가 쌓여야 하는데, 이민자들이 자신들의 출신국과 거주국 사이에 이러한 정보의 교류와 신뢰의 구축을 도울 수 있다. 따라서 국제 이주는 국제 무역과 자본의 이동이 보다 활발하게 이루어질 수 있도록 윤활유의 역할을 한다고 볼 수 있다.

국제 이주가 지속되고 그 규모가 커지면서, 이제는 국제 이주가 이민 송출국들에 미치는 정치적·경제적 영향에 대해서도 많은 관심이 쏠리고 있다. 특히 국세 이주 송출국늘이 경제적으로 아직 산업화가 진행 중이고, 또한 산업화를 기반으로 한 경제발전이 주요한 정책적 목표인 경우가 많기에 이민자들을 송출하는 것이 이러한 국가의 경제발전에 어떠한 영향을 미치는지가 중요할 것이다. 그런 측면에서 이민자들의 송금과 두뇌 유출 문제가 많은 정책적 함의를 가지게 된다. 이민자들의 송금과 전문 인력의 이주가 이 국가들의 경제 발전에 해가 되는지 혹은 득이 되는지에 대해서는 더욱 많은 연구가 필요하다. 하지만 한 가지 확실한 것은, 이들이 경제와 사회 발전에 도움이 되게 하려면 무엇보다도 적절하고 효율적인 정책이 필요하다는 것이다. 따라서 이러한 정책들에 대한 보다 많은 고민과 연구, 논의와 시행이 필요할 것이다.

제9장

난민

난민 위기는 국제정치 질서에 충격을 가하는 중요한 현상으로 대두되고 있다. 시리아 난민 사태, 베네수엘라 정치 위기로 촉발된 대규모 난민 사태, 2021년 미군의 철군 결정 이후 벌어진 아프가니스탄 사태, 우크라이나 전쟁으로 인한 난민 발생은 내전, 취약국가(fragile state), 전쟁 등으로 인한 강제 이주 현상이 주변국에 충격을 주는 것은 물론, 전 세계적인 차원의 문제로 발전할 수 있음을 일깨워 주었다. 본 장에서는 난민의 개념 및 난민 위기의 특징을 살펴보고, 글로벌 난민 레짐의 한계와 변화를 개괄해 보고자 한다.

국제정치학에서는 레짐을 다양하게 정의하고 있지만, 많이 인용되는 크래스너(Stephen D. Krasner)의 정의에 따르면, 레짐은 "국가간 특정 영역에서의 정책결정 절차"이다. 즉 레짐은 국제사회에서 국가를 포함한 다양한 행위자들을 규율하는 원칙, 규범, 그리고 의사결정 절차 등을 포함하고, 핵확산 방지 레짐, 반부패 국제 레짐처럼 특정 문제 영역에 국한되어 형성된다는 점을 강조한다(김태운 2006).

1. 난민의 개념

난민 문제를 이해하기 위해 먼저 선행되어야 할 과제는 난민에 대한 명확한 정의를 파악하는 것이다. 대규모 난민 위기가 발생하면 언론은 강제이주민(forced migrants), 난민(refugees), 국내 실향민(internally displaced persons), 비호 신청자(asylum seekers) 등을 구분하지 않고 박해, 분쟁, 폭력 등으로 거주지, 고향, 고국을 떠난 사람들을 통칭하여 난민으로 부른다. 유엔난민기구(UNHCR)은 난민, 국내 실향민, 비호 신청자 등을 포함하여 보호 대상자 혹은 강제이주민으로 명명하고 있다. 하지만 난민, 국내 실향민, 비호 신청자 등은 강제이주민이라는 큰 틀 내에 있는 서로 다른 범주들이어서 구분이 필요하다.

우선 난민은 국경을 넘어 난민 지위를 인정받은 사람들이다. 난민협약은 난민을 "인종, 종교, 국적, 특정 사회집단의 구성원 신분 또는 정치적 의견을 이유로 박해를 받을 우려가 있다는 합리적 근거가 있는 공포로 인하여, 자신의 국적국 밖에 있는 자로서, 국적국의 보호를 받을 수 없거나 또는 그러한 공포로 인하여 국적국의 보호를 받는 것을 원하지 아니하는 자"로 정의한다(신지원 외 2012). 이에 따르면 난민으로 인정받기 위한 요건 중 하나는 '충분한 근거가 있는 공포(well-founded fear)'로서, '공포'라는 주관적 요소와 '충분한 근거가 있는'이라는 객관적 요소를 모두 포함한다. 한국 법원도 난민으로 인정받기 위해서는 난민 신청자가 박해에 따른 공포라는 주관적 요소만으로는 충분하지 않고, 신청자의 주관적 심리상태가 객관적 근거와 상황에 의해 입증되어야 한다는 입장을 견지하고 있다.

둘째는 박해의 의미이다. 박해의 주된 5가지 사유는 인종, 종교, 국적, 특정 사회집단의 구성원 신분 또는 정치적 의견이다. 간혹 언론에서 '기후 난민', '환경 난민' 같은 용어를 사용하는데 기후 변화로 인한 피해는 난민협약과 난민법상 박해의 사유가 아니다. 셋째는 위의 5가지 사유로 인해 박해를 받을 우려가 있는 충분한 근거가 있는 공포가 인정되어도, '국적국이나 거주국의 보호를 받을 수 없거나 그러한 공포로 인하여 보호를 받는 것을 원하지 않을 것'이라는 요건도 충족해야 한다. 즉 국적국이 보호를 거부하거나 박해의 주체여서 국적국의 보호를 받을 수 없어야 난민에 대한 보호 의무가 발생한다고 볼 수 있다.

국내 실향민은 난민과 비슷한 상황에 처해 있으나 국경을 넘지 못한 채 국내에서 보호를 구할 수밖에 없는 사람들을 지칭한다. 비호 신청자는 난민 지위를 받기 위해 난민 인정 절차를 밟고 있으면서 결과를 기다리는 사람들로 난민 지위를 인정받으면 난민이 된다.

난민은 난민협약의 규정에 따라 난민 지위를 얻은 사람들이고, 비호 신청자는 이러한 규정을 진행 중인 사람들이어서 글로벌 난민 레짐의 보호 안에 있다고 볼 수 있다. 하지만 국내 실향민은 글로벌 난민 레짐의 충분한 보호를 받지 못한 채, 소득 손실, 주거 불안정 등 경제적, 물리적 위협에 노출될 수밖에 없다. 이들은 국경을 넘지 않아 자국의 보호와 책임하에 있기에 글로벌 난민 레짐에 의한 보호도 크게 기대할 수 없는 사각지대에 놓여 있다.

난민과 관련한 또 다른 개념도 존재한다.

- 위임 난민(mandate refugee): 위임 난민은 유엔난민기구가 난민협약 체약국 혹은 비체약국에 체류하는 자에 대해 난민으로 인정하는 사람을 말한다. 난민협약 체약국의 난민 인정 여부와 상관없이 유엔난민기구가 자체적인 기준에 따라 유엔의 보호가 필요하다고 하는 경우 위임 난민을 인정하고 있다.
- 보충적 보호(complementary protection): 보충적 보호란 난민협약상 난민 인정 사유에 해당하지 않지만 본국으로 송환했을 경우 박해를 받을 위험이 있어 국적국으로 돌아갈 수 없는 사람들을 보호하는 조치를 말한다. 한국 난민법은 보충적 보호의 일환으로 인도적 체류 허가를 인정하고 있다. 인도적 체류 허가는 난민으로 인정받지 못했지만 고문 등 비인도적 처우나 처벌 또는 그 밖의 상황으로 인해 생명이나 신체의 자유 등이 현저히 침해당할 수 있는 합리적인 근거가 있는 경우 제공된다.

국제 이주의 정치학

2. 난민 현황

유엔난민기구에 의하면 전 세계 강제이주민의 수는 2018년 7천 80만 명을 기록했고, 2019년에는 7천 950만 명으로 크게 증가하였으며, 2022년 현재 전 세계 강제이주민의 수는 약 1억 800만 명으로 지금까지 강제 이주 현황이 집계된 이래 처음으로 1억 명을 넘어섰다. 여기에는 약 3천 500만 명의 난민, 6천 200만 명의 국내 실향민, 500만 명의 난민 신청자가 포함된다(UNHCR 2023).

난민을 포함한 강제이주민의 수는 최근 10년간 계속 증가하고 있다. 그러나 보다 중요한 점은 난민 증가로 인한 부담이 일부 국가들에 집중되고 있다는 것이다. '지리적 우연(accidents of geography)'의 결과로 난민이 발생한 인접 국가들에 난민 보호의 책임이 과도하게 몰리고 있는 것이다(Hathaway and Neve 1997, 141). 이러한 난민 위기의 특징은 선진국과 후진국 간 책임의 불균형을 낳고 있어 책임 분담을 위한 글로벌 난민 레짐의 한계를 지적하는 목소리가 높아지고 있다. 또한 난민들이 난민캠프에 머무는 기간이 길어지는 '장기화된

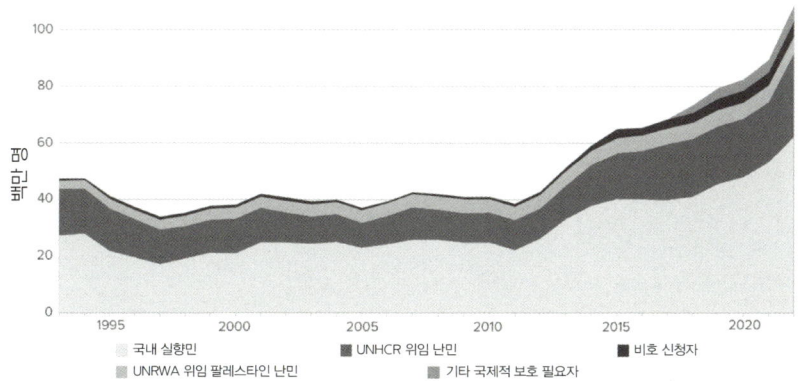

〈그림 9-1〉 강제 이주 현황(1993~2022)

자료: UNHCR, 2023. Global trend fored displacement in 2022

난민 상황(protracted refugee situations: PRS)'이 개선되지 않으면서 난민 위기를 인도주의적 긴급구호 방식으로 해결하기에는 한계가 있다는 인식이 커지고, 난민 위기 상황에 대한 대안적인 해결책을 모색해야 한다는 요구가 높아지고 있다(송영훈 2017).

3. 난민 위기의 특징

난민은 국가의 취약성이 증가하기 때문에 발생한다. 더 나은 경제적 기회를 추구하기 위해 출신국을 자발적으로 떠나는 이민자와는 달리 난민은 박해, 폭력 등으로 인해 강제적으로 자신의 터전을 떠날 수밖에 없었던 사람들이다. 이들을 강제적으로 떠나게 만든 요인은 다름 아닌 대규모 폭력의 발생이고, 대규모 폭력이 발생한 원인은 국가 간 분쟁 혹은 국가 내 분쟁으로 인한 국가의 붕괴이다. 베츠(Alexander Betts)와 콜리어(Paul Collier)에 의하면, 국가는 대규모 폭력에 의해 반드시 붕괴하는 것은 아니며 국가가 강압적 힘을 행사하기 위한 능력이 상대적으로 취약할 때 국가의 붕괴와 실패로 이어진다(Betts and Collier 2017).

〈그림 9-2〉는 2022년 주요 난민 발생국을 나타낸다. 대부분의 난민은 시리아, 우크라이나, 아프가니스탄, 베네수엘라 등 특정 지역에 집중하여 발생한다. 현재 전 세계에서 가장 많은 난민을 발생시키고 있는 국가는 시리아로 내전으로 인해 약 650만 명이 강제적으로 시리아를 떠나 전 세계 126개국에 수용되었다. 이들 중 83%는 인접 국가에 수용되었는데 튀르키예가 가장 많은 360만 명의 난민을 수용하였고, 이어서 레바논이 약 91만 명, 요르단이 약 65만 명을 수용하였다. 인접 국가 이외에는 독일에 약 57만 명, 스웨덴에 약 11만 명이 수용된 바 있다(UNHCR 2020, 20). 최근 들어 주목할 만한 변화는 베네

국제 이주의 정치학

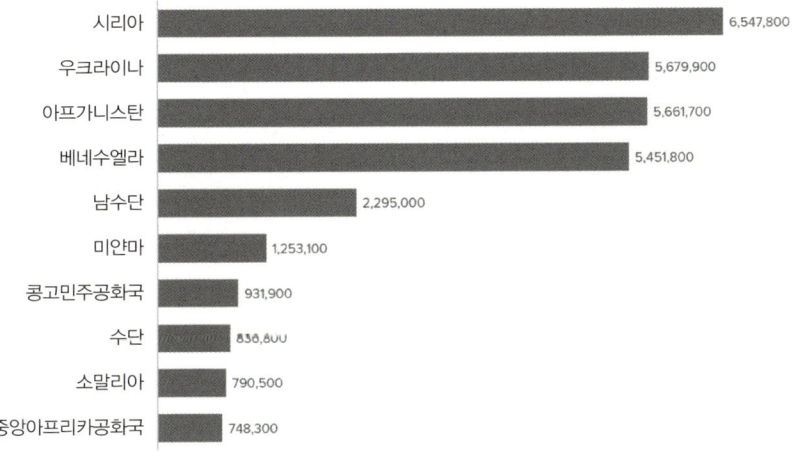

〈그림 9-2〉 주요 난민 발생국

자료: UNHCR, 2023. Global trend fored displacement in 2022

수엘라 난민 그리고 러시아-우크라이나 전쟁으로 인한 우크라이나 난민 사태이다. 2010년 베네수엘라 출신 난민은 6,700명이었으나 2022년에는 정치적, 사회경제적인 위기 상황으로 인해 약 540만 명이 강제적으로 해외로 이주, 전 세계 네 번째로 많은 난민을 발생시킨 국가가 되었다. 2022년 2월 시작된 러시아-우크라이나 전쟁으로 인해 약 560만 명의 우크라이나인들이 본국을 떠나 폴란드와 같은 인접국 및 유럽 각국에 수용되었다. 이는 제2차 세계대전 이후 가장 빠르게 강제 이주가 이루어진 사례이다. 이처럼 전 세계 난민은 특정 국가와 특정 지역에 집중되어 발생하고 있다. 난민 발생국은 물론, 난민을 수용하고 있는 주변 국가들을 지원하여 난민을 발생시키는 근본적인 원인을 해결하지 못하면, 대규모 난민 위기는 언제든지 재발할 수 있음을 알 수 있다.

난민 문제의 특징 중 하나는 취약국가에서 분쟁과 폭력이 발생하여 대규모 강제 이주가 발생한다면, 그 부담은 고스란히 주변국에 전가된다는 점이다. 유엔난민기구에 의하면 전 세계 난민의 72%는 인접국에 수용된다(UNHCR

2022). 시리아 난민들은 튀르키예, 레바논, 요르단 등지에 수용되었으며, 튀르키예에만 약 380만 명의 시리아 난민이 있다. 아프가니스탄 난민들은 파키스탄과 이란에 주로 수용되었다. 그러나 우리는 난민 문제가 난민 발생 지역에 국한되지 않고, 전 세계적인 차원의 문제로 발전될 수 있음을 시리아 난민 사태에서 목도한 바 있다. 시리아에서 시작된 대규모 난민 이동이 유럽으로 향하면서 난민 문제의 안보화와 극우 포퓰리즘의 부상을 통해 인도주의적 보호와 유럽 통합의 근간을 흔들렸다. 이러한 흐름은 바다를 건너 트럼프 행정부의 반이민·반난민 기조로 이어졌다. 그만큼 난민 위기는 국제사회의 협력과 공조를 통해 전 세계적인 차원의 해결책을 모색해야 하는 사안이다. 하지만 문제는 난민 문제의 특성상 국제협력이 쉽지 않다는 데 있다.

우선 난민 발생과 분포가 지리적으로 집중되는 특징은 난민 발생 지역과 지리적으로 떨어져 그 충격이 상대적으로 덜한 국가들의 무관심을 낳아 난민 위기 해결을 위한 국제협력의 가능성을 낮춘다. 난민 문제 해결을 위한 국제협력은 힘의 불균형 상태에 있는 두 행위자 사이에서 약한 행위자인 후진국은 협력을 강하게 원하는 반면, 강한 행위자인 선진국은 협력할 동기가 부족한 상황에서 이루어진다. 더군다나 난민 문제 해결을 위한 국제협력에서 선진국은 힘과 자원 면에서 우위를 점하고 있으나 선진국 사회에서 벌어지고 있는 난민 문제의 안보화는 협력의 동기를 감소시키고 있다. 그 결과, 2021년 현재 전 세계 난민의 83%가 저소득, 중소득 국가에 수용되어 있고, 최빈국도 전 세계 난민의 27%를 수용하고 있다(UNHCR 2022). 〈그림 9-3〉에서 볼 수 있듯, 10대 난민 수용국 가운데 선진국은 독일이 유일할 정도로 난민 수용에 있어 선진국과 개발도상국 간의 불균형은 매우 심하다고 할 수 있다.

〈그림 9-3〉은 주요 난민 수용국을 나타낸다. 2022년 현재 튀르키예가 약 350만 명으로 가장 많은 난민을 수용하고 있다. 튀르키예에 이어 이란이 두 번째로 많은 난민을 수용하고 있는데 약 340만 명의 난민을 수용했다. 콜롬비아

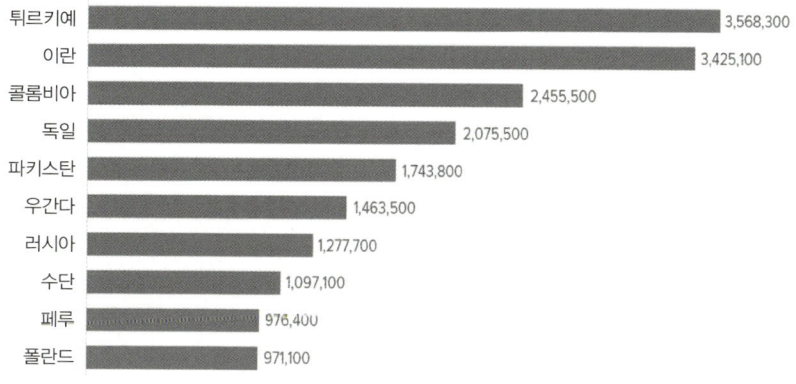

〈그림 9-3〉 주요 난민 수용국

자료: UNHCR, 2023. Global trend fored displacement in 2022

는 세 번째로 많은 난민을 수용하는 국가인데 이는 앞서 서술한 베네수엘라로부터 탈출한 난민이 급증했기 때문이다. 시리아 난민들은 튀르키예, 레바논, 요르단 등지에 수용되었으며, 베네수엘라 강제이주민들은 콜롬비아 등 인접 국가에 수용되었으며, 우크라이나 난민은 폴란드에 주로 수용되었다. 이처럼 전 세계 난민은 주요 선진국이 아닌 난민 발생국의 인접 국가에 수용되고 있음을 알 수 있다.

난민 발생과 분포가 지리적으로 집중되는 특징은 난민 발생 지역과 지리적으로 떨어져 그 충격이 상대적으로 덜한 국가들의 무관심을 낳아 난민 위기 해결을 위한 국제협력의 가능성을 낮추고 있다. 이 점에서 난민 위기는 국제협력의 위기이기도 하다. 시리아 난민들이 유럽으로 이동한 것을 유럽 난민 사태로 부르고 있지만, 이는 유럽만의 실패가 아닌 글로벌한 차원에서 국제사회가 비호를 제공하고 책임을 분담하는 데 실패한 것이다.

난민 수용과 지원에 있어 선진국과 후진국 간의 불균형 외에 중요한 난민 위기의 특징은 장기화된 난민 상황(PRS)이다. 유엔은 장기화된 난민 상황을 25,000명 이상의 같은 국적의 난민들이 특정 수용국에 5년 이상 체류하는 상황으로 정의하고 있다(송영훈 2017, 11). 같은 국적의 난민들이 5년 연속으로 25,000명 선에 도달하거나 넘어서야 하는 등 장기화된 난민 상황 개념이 난민 캠프의 장기화 현상을 정확하게 반영하는 데 한계가 있다고 하더라도, 이 개념은 난민 위기 상황이 해결되지 못한 채 표류하고 있는 현실을 어느 정도 잘 보여 준다. 전 세계 난민 중 장기화된 난민 상황에 처한 비율은 2012년 61%였다가 2015년 41.5%까지 감소하였으나 2016년 다시 67.4%로 증가하였고(송영훈 2017, 12), 2019년에는 전 세계 난민 77%에 달하는 1,570만 명이 장기화된 난민 상황에 놓여있다. 이들은 전 세계 32개국에 수용되어 있고, 5년 이상 장기화된 사례는 51개에 달한다(UNHCR 2019, 24). 이는 2016년 39개 사례에 비해 오히려 증가한 것으로 장기화된 난민 상황을 해결하기 위해서는 기존의 해결책이 아닌 새로운 접근법이 요구된다고 할 수 있다(정희율 외 2019).

위와 같은 난민 위기 상황의 특징은 국제사회에서 난민 수용과 지원을 위한 국제협력 특히 책임 분담 메커니즘의 강화가 필요하다는 점을 잘 보여 준다. 또한 장기화된 난민 상황의 지속과 악화에서도 볼 수 있듯이, 난민캠프를 위주로 하는 난민 위기 해결책은 한계점을 맞고 있으며, 인도주의와 개발의 연계(humanitarian-development nexus)와 같은 대안이 모색되어야 함을 잘 드러내고 있다. 이러한 문제의식은 「난민 글로벌 컴팩트」(GCR)가 태동하게 된 중요한 배경이 되었다

4. 글로벌 난민 레짐의 한계와 변화

글로벌 난민 레짐의 두 축은 1951년 난민협약과 유엔난민기구이다. 난민협약은 가입국에서 난민 인정과 수용에 관한 일관적인 지침을 제시함으로써 보편적인 규범을 창출·실행하도록 하는 제도적 틀을 제공하며, 유엔난민기구

는 이러한 국제 규범을 확산시키고 새로운 변화에 맞는 규범을 재정의하는 역할을 수행한다. 하지만 글로벌 난민 레짐은 지속적으로 발생하는 난민 위기에 대응하는 데 있어 여러 가지 한계를 보이고 있다.

글로벌 난민 레짐의 한계는 크게 세 가지로 요약해볼 수 있다. 첫째는 난민에게 부여되는 보호의 양과 질에 있어 국가가 궁극적인 재량을 가지고 있다는 점이다. 난민협약은 난민에 관한 일반적인 정의를 제공하고 있지만, 난민 지위가 결정되는 과정을 특정화하지 못함으로써 난민 지위 결정(refugee status determination)은 개별 국가의 주권과 관료적 결정 영역에 속하게 되었다. 그 결과, 국가들은 난민 보호에 있어 부수적인 범주를 만들어서 난민 지위보다 못한 권리와 비호 수준을 제공하고 있으며, 일부 선진국은 양자 협정을 통해 자국에 난민을 수용하기보다 제3국에 난민을 수용하는 정책을 쓰기도 한다 (Betts and Milner 2019).

둘째, 글로벌 난민 레짐은 다른 국제정치 영역과의 중첩을 통해 '난민 레짐 복합체(refugee regime complex)'를 형성하고 있는데 이로 인해 난민 레짐이 점차 난민 레짐 밖에 있는 정책 영역의 정치 논리에 의해 영향을 받는 현상이 증가하고 있다. 〈그림 9-4〉은 난민 레짐 복합체 개념을 보여 주고 있다. 난민 레짐은 여행, 노동, 인권, 인도주의, 개발, 안보 등 다른 국제정치 영역과 중첩되어 작동하는데 이러한 현상은 난민 수용국들로 하여금 난민 이슈를 다른 이슈로 치환하여 처리하는 유인을 제공한다. 예를 들어 난민 수용국들은 여행 레짐 혹은 이주 노동 레짐과의 연계 속에서 난민 신청자를 미등록 노동자로 처리함으로써 난민협약의 핵심 요소인 강제송환 금지 원칙(non-refoulment)의 준수를 회피할 수 있다.

글로벌 난민 레짐의 문제점에 있어 가장 큰 문제는 세 번째에 있다. 글로벌 난민 레짐이 국가 간 협력에 강제성을 부여하지 못함으로써 실질적으로 난민들에게 피난처를 제공하고 이를 위한 국제사회의 책임 분담을 촉진하는 데 한

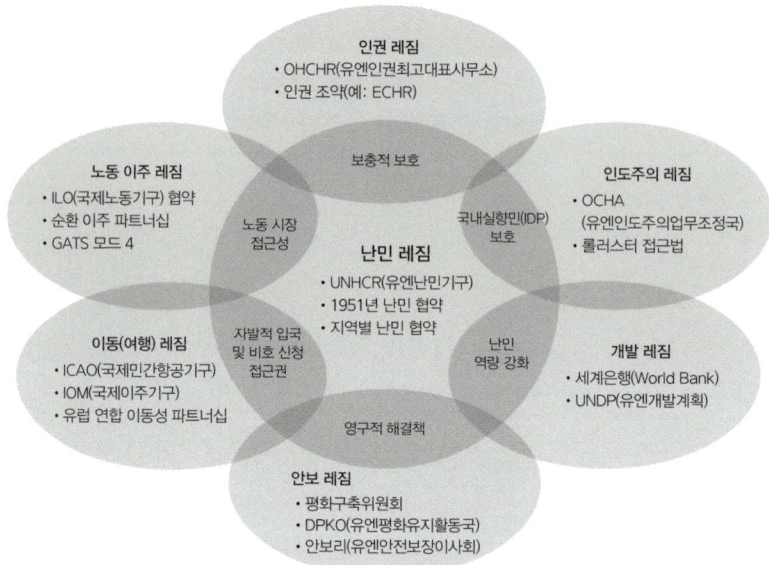

〈그림 9-4〉 난민 레짐 복합체

자료: Betts and Milner (2019)

계가 있다는 점이다. 글로벌 난민 레짐의 중요한 두 가지 축은 비호(asylum)와 책임 분담(responsibility-sharing)이다. 글로벌 난민 레짐은 난민 신청자가 첫 번째로 난민 지위를 신청하는 국가에 강제송환 금지 원칙을 준수하라는 국제적 의무를 부과하고 있지만, 다른 국가들이 난민 보호에 힘쓰는 국가들을 도와주거나 난민 보호 비용을 함께 분담하는 메커니즘을 결여하고 있다는 한계가 있다. 즉, 비호 제공에 있어 글로벌 난민 레짐은 비교적 분명한 규범을 나타내고 있는 반면, 책임 분담에 대해서는 상대적으로 약한 규범을 보여 주고 있다.

취약한 책임 분담 메커니즘에 더해 난민들이 난민캠프에 머무는 기간이 길어지는 장기화된 난민 상황이 지속되면서 난민 수용국에 불균형하게 할당된 부담을 가중시키고 있다. 장기화된 난민 상황은 유엔난민기구의 주요 해결책으로 기능해 온 난민캠프의 운영이 한계에 도달했다는 것을 시사하고, 난민캠프를 넘어 인도주의와 개발의 연계(humanitarian-development nexus)와 같은 대안적이고 장기적인 접근이 필요하다는 점을 시사한다. 난민 문제 해결책을 장기적인 관점에서 모색한다면, 기존의 난민 정책은 새로운 시각에서 접근할 필요가 있다. 우선 장기적인 계획은 보다 많은 사업을 필요로 하고, 보다 많은 사업은 더 많은 자원과 비용을 요구한다. 더 구체적으로 난민 정책에 인도주의적 행위자뿐만 아니라 국세개발협력 행위자들이 참여해야 하는 것을 의미하고, 유엔난민기구를 포함한 난민 정책 관련 행위자들은 국제개발협력 행위자는 물론 세계은행과 같은 다자기구, 기업과 같은 민간 영역과 함께 새로운 파트너십을 추구해야 한다(이병하 2021).

국제사회는 난민 보호를 위한 선진국과 개발도상국 간 책임의 불균형을 타개하고, 인도주의와 개발의 연계에 기반한 새로운 해결책을 모색하는 데 초점을 맞출 필요가 있다는 인식하에 2018년 두 가지의 글로벌 컴팩트 즉「이주에 관한 글로벌 컴팩트」(Global Compact for Safe, Orderly, and Regular Migration: GCM)」와「난민 글로벌 컴팩트」(Global Compact on Refugees: GCR)를 채택하였다. 이 중「난민 글로벌 컴팩트」는 난민 수용국의 부담 완화, 난민의 자립 지원, 난민의 제3국 정착 기회 확대, 난민의 안전하고 자발적인 귀환 지원이라는 목표를 설정하고 있다. 「난민 글로벌 컴팩트」는 국제사회의 책임 분담 메커니즘을 강화하고, 난민 문제를 국제개발협력과 연계시킴으로써 선진국과 개발도상국 간 협력을 위한 새로운 접근법을 제시하고 있다.

난민 글로벌 컴팩트는 책임 분담 메커니즘을 구체화하기 위한 제도적 장치를 마련하였다. 첫 번째는 글로벌 난민 포럼(Global Refugee Forum)으로 4년마다 개최되고, 유엔 회원국의 정부 관계자는 물론 국제기구, 시민사회, 난민 등 관련 당사자들이 참여하여 난민 보호를 위한 구체적인 공약(pledge)을 내놓고, 「난민 글로벌 컴팩트」의 이행을 점검한다. 각국은 물질적, 기술적, 재정적 지원 혹은 재정착 같은 난민의 재배치 등 다양한 형태로 책임 분담을 위해 기여할 수 있다.

두 번째는 특별한 상황에 포괄적으로 대응하기 위해 물질적, 기술적, 재정적 지원을 동원할 수 있는 메커니즘으로 지원 플랫폼(support platform)을 제시하고 있다. 지원 플랫폼은 난민 수용국이 감당할 수 없는 대규모 난민 상황이 발생하거나 장기화된 난민 상황에 추가적인 지원이 필요할 경우, 난민 수용국의 요청에 의해 유엔난민기구가 가동시킬 수 있는 제도적 장치이다. 지원 플랫폼의 기능에는 난민 상황의 예방과 해결책에 대한 정치적 약속 강화, 제3국으로의 재정착과 각종 지원책, 인도주의-개발의 연계 등이 포함된다.

「난민 글로벌 컴팩트」는 난민캠프를 넘어 난민 보호와 지원을 위한 새로운 해결책을 제시하고자 비호와 개발을 연계한 시범사업으로 이루어진 포괄적 난민 대응 체제(Comprehensive Refugee Response Framework: CRRF)를 포함하고 있다. 포괄적 난민 대응 체제의 핵심은 '전 사회적 접근(whole-of-society approach)'을 통해 난민의 자립을 지원하는 것으로, 폭넓게 본다면 인도주의-개발의 연계에 기초하고 있다. 인도주의-개발 연계는 난민 위기 상황을 해결하기 위해 단기적인 긴급구호와 지속가능한 개발 프로그램을 상호보완적으로 추진하는 것을 목적으로 한다. 이를 통해 인도주의-개발 연계는 장기화된 난민 상황을 극복하고, 난민과 수용국 사회가 상생할 수 있는 조건으로 이행한다는 원칙을 세우고 있다.

현재까지 지속적인 난민 위기에 「난민 글로벌 컴팩트」가 어떻게 기능할 것인지 예측하기는 어렵다. 하지만 적어도 책임 분담 메커니즘의 한계를 극복하고, 인도주의-개발 연계에 기반한 대안적 접근을 모색하는 국제사회의 노력이 가시화되었다는 점은 긍정적이다. 물론 난민의 자립 지원이라는 이름하에 난민 문제를 보호의 의무가 아닌 경제적 효용의 문제로 접근한다는 비판도 존재한다(한준성 2022). 또한 「난민 글로벌 컴팩트」가 법적 구속력이 없고, 정치

2022년 말 기준 유엔난민기구가 추산한 재정착 필요 난민은 150만 명이나 실제로 재정착 혜택을 받은 난민은 114,300명으로 필요 인원의 7%에 불과하다. 이처럼 재정착이 잘 실현되지 않자, 최근 들어서는 '보충적 난민수용 경로(complementary pathways)'에 대한 논의가 활발하다. 보충적 난민수용 경로는 제3국이 난민에게 합법적 체류를 제공함으로써 전통적 재정착 제도를 보충하는 방법으로 노동기반 수용경로를 들 수 있다. 노동기반 수용경로는 일정한 자격을 갖춘 난민에게 정부, 국제기구, 시민사회 및 기업 간 파트너십을 통해 제3국에 취업할 수 있는 기회를 부여하는 것이다. 대표적인 사례가 캐나다의 「경제이동경로 프로젝트(Economic Mobility Pathway Project: EMPP)」이다. EMPP는 숙련 기술을 가진 난민을 기존의 경제이민 프로그램을 통해 받아들이고 향후 영주권까지 취득할 수 있도록 설계되어 있다. EMPP를 통해 수용되는 난민은 기존의 재정착 쿼터와는 별도로 산정되고, 난민의 특수한 상황을 고려하여 공식 학위나 자격증이 없어도 급여명세서 등 다른 서류를 통해 기술과 전문성을 인정하는 유연한 방식을 채택하고 있다.

적 의지와 자발적 기여를 강조한다는 점에서 얼마나 국가들이 「난민 글로벌 컴팩트」를 준수할 것인가에 대해 의문이 있다. 하지만 향후 「난민 글로벌 컴팩트」가 책임 분담의 이행을 평가하기 위한 지표체계를 더 발전시키고, 지속가능한 개발목표(SDGs)와의 연계성을 더 강화해 나간다면 글로벌 난민 레짐은 운 좋게 선진국에 도착한 소수가 아니라, 대다수 난민을 위한, 지속가능한 체제로 나아갈 수 있을 것이다.

5. 우크라이나 난민 사태

러시아-우크라이나 전쟁으로 인한 우크라이나 난민 사태는 제2차 세계대전 이후 가장 큰 규모의 강제 이주 현상으로 또한 가장 빠르게 보호조치가 이루어진 사례이다. 약 500만 명의 우크라이나인들이 본국을 떠나 보호처로 향하는 데는 두 달밖에 걸리지 않았다. 같은 수의 시리아인들이 본국을 떠나는

데 약 4년이 걸렸고, 같은 수의 베네수엘라인들이 국적국을 떠나는 데도 약 4년이 걸렸음을 고려하면 우크라이나인들을 보호하기 위한 유럽의 대응은 신속했다고 할 수 있다.

유럽의 신속한 대응과 환대의 이면에는 난민 위선(refugee hypocrisy)이라는 비판도 존재한다. 예를 들어 카를 네하머 오스트리아 총리는 "우크라이나는 아프가니스탄과 같은 나라들과 다릅니다.… 우리는 지금 이웃 돕기에 대해 이야기하고 있는 것입니다."라고 말했고, 키릴 페트코프 불가리아 총리는 "이 사람들은 유럽인입니다.… 이 사람들은 똑똑하고 교육받은 사람들입니다.… 이 것은 우리가 익숙했던 난민의 물결, 정체성이 확실하지 않은 사람들, 과거가 불분명하고 심지어 테러리스트일 수도 있는 사람들이 아닙니다"라고 말했다 (한준성 2023 재인용).

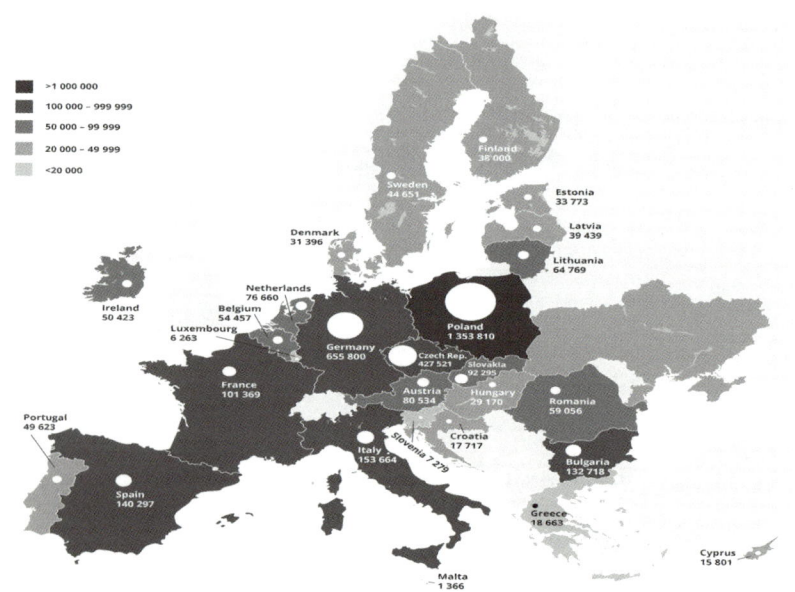

〈그림 9-5〉 유럽의 우크라이나 난민 수용 현황
자료: UNHCR, 2022

2015년 시리아 난민 사태와 비교했을 때 우크라이나 난민 사태에 대한 유럽의 신속한 대응에는 인종주의와 백인 우애(fraternity of whiteness)가 있었다고 볼 수 있고, 유럽에 대한 직접적인 안보 위협이 있었기 때문이라는 해석도 가능하다. 하지만 중요한 점은 유럽연합의 신속한 대응을 가능하게 한 제도적 측면이다. 유럽연합 이사회는 2022년 4월 우크라이나를 떠나는 사람들을 위해 임시보호지침(Temporary Protection Directive)의 적용을 결정했다. 임시보호지침은 2001년에 만들어졌으니 한 번도 적용한 석이 없는 제도이다. 임시보호지침에 따라 우크라이나를 떠난 사람들은 최대 3년간 유럽연합 역내 거주 허가 및 노동시장 접근권이 보장되고, 주거, 복지, 의료지원 등 사회복지 접근권, 18세 미만 미성년자에 대한 교육권을 보장받았다. 또한 우크라이나 난민을 가장 많이 수용한 폴란드는 2022년 3월 21일 「우크라이나 영토에서 발생한 무력 충돌과 관련한 우크라이나 국민 지원 특별법」을 제정하여 이들에 대해 거주, 노동시장, 교육, 의료 시스템 등에 대한 접근권을 보장하였고, 우크라이나 아동 19만 명을 폴란드 교육 체계로 편입시켰다.

그러나 러시아-우크라이나 전쟁이 장기화되면서 언제까지 유럽의 국가들이 우크라이나 난민 수용에 적극적일지는 미지수이다. 예를 들어 폴란드에 있는 우크라이나 난민들의 70%가 12개 대도시에 체류하고 있는데 우크라이나인들이 갑자기 늘어나면서 주거비 인상과 같은 문제가 발생하고 있다. 또한 2024년 4월 유럽연합 의회는 「신 이민 난민 협정(New Pact on Migration and Asylum)」을 통과시켰는데 이 협정은 일정 수의 난민 신청자를 다른 회원국에 재배치하고, 재배치를 거부할 시 1인당 2만 유로를 납부하도록 하고 있다. 이에 대해 우크라이나와 인접한 동유럽 국가들은 강하게 반발하고 있어 향후 우크라이나 난민 수용에 어려움이 예상된다.

6. 소결

역사적으로 난민은 냉전 시기 체제 경쟁의 상징이기도 했고, 테러리즘에 동원되거나 전염병을 확산시켜 수용국의 안보를 위협하는 존재이기도 했다. 난민 이슈는 박해와 분쟁으로부터 어떻게 하면 난민의 생존을 보장하고, 이들의 권리를 증진시킬 수 있는가에 있기 때문에 한편으로는 인권의 문제이다. 하지만 난민 수용국은 강제적으로 국경을 넘어 자신들의 영토 안으로 들어온 사람들을 주권의 논리로 거부할 수도 있다. 이런 이유에서 난민 이슈는 인권 이상의 문제로 주권과 인권의 대립 속에 놓인 국제정치적 문제이다. 지속적으로 발생하고 있는 난민 위기는 국제사회에 주권의 논리를 넘어 난민의 인권과 생존을 위해 해결책을 제시하는 정치적 의지를 보여 줄 수 있는지를 실험해 볼 수 있는 사례가 될 것이다.

제4부

국제 이주의 국내정치적 결과

제10장

국제 이주와 정당정치

국제 이주는 한 사회에 존재하는 경제적·사회적·문화적 가치와 자원의 균형을 깨뜨린다. 그리고 이러한 변화에 불편함을 느끼는 내국인들은 깨어진 균형을 복원하기 위해 다양한 요구를 제기한다. 이 과정에서 변화를 초래한 이민자들과 내국인들 간에, 그리고 균형을 어떻게 복원할 것인가를 두고 서로 다른 생각을 가진 내국인들 사이에서, 여러 가지 갈등이 벌어지게 된다. 따라서 정치를 '한 사회 내의 가치와 자원을 권위적으로 배분하는 과정'으로 정의한 이스턴(David Easton)의 고전적인 정의에 비추어 보았을 때(Easton 1957), 국제 이주는 이민 수용국의 정치 과정에 커다란 변화를 가져올 수밖에 없다. 이러한 관점에서 본 장에서는 지난 수십 년 동안 국제 이주가 이민자들을 받아들이는 국가에 어떠한 정치적 변화를 가져왔는지 살펴보고자 한다.

1. 정치경쟁의 다원화와 정당정치의 변화

(1) 국제 이주의 정치화

국제 이주는 1980년대에 미국에서, 그리고 서유럽에서는 1990년대 이후 주요한 정치적 사안으로 자리매김하였다.* 이 시기에 미국에서 국제 이주를 정치화시킨 것은 미등록 이민자 문제였다. 미국은 농업 분야 노동력 부족을 해소하기 위해 1942년부터 1964년까지 브라세로(Bracero) 프로그램을 통해 매년 적게는 수천 명, 많게는 수십만 명에 이르는 멕시코 노동자들을 공식적으로 받아들였다. 하지만 1964년에 프로그램이 종료된 이후 불법적으로 국경을 넘는 숫자가 급속하게 증가하기 시작해서 1970년대 중반에는 매년 약 40만 명의 미등록 이민자들이 미국으로 유입된 것으로 추정되고 있다. 미국 정부는 이로 인해 1986년에 「이민 개혁 및 통제법」(Immigration Reform and Control Act)」을 통해 미등록 이민자들을 고용하는 고용주에 대해 벌금을 부과하고, 국경 통제를 강화함으로써 이들의 숫자를 줄이고자 하였다. 1990년에도 「이민법」 개정을 통해 이민귀화국(Immigration and Naturalization Service)—현재 미연방이민국(United States Citizenship and Immigration Services)으로 대체됨—의 예산을 강화하며 국경 통제를 더욱 강화하였다.

서유럽의 경우에는 1991년에 발발한 유고슬라비아 전쟁으로 인해 많은 난민이 서유럽으로 이동한 것이 국제 이주를 주요한 정치적 사안으로 만든 계기가 되었다. 이 전쟁으로 인해 1992년 한 해에만 약 70만 명의 난민이 서유럽

---

* 미국의 경우 국제 이주는 20세기 초에 이미 한 번 정치화된 경험이 있다. 기존에 서유럽에서의 이민자들을 주로 받아들이다가 19세기 말부터 점점 동유럽과 남유럽, 중앙아메리카 및 남아메리카, 그리고 이후에는 중국 등 아시아로부터의 이민자들이 증가하자 미국 내에서는 이에 대한 반발이 심해졌다. 결국 미국은 이주 과정에 언어 시험 등 아시아인들에게 불리한 기준들을 적용하기 시작하였고, 1882년 「중국인 배제법」과 1917년 「이민법」에서 이주 금지 지역을 아시아(Asiatic barred zone)로 확대하였고, 1924년 「이민법」에서 국적별 쿼터(national origin quota) 제도를 도입함으로써 비유럽 이민자들의 유입을 제한하였다.

으로 유입되었고, 그중의 대다수는 독일과 오스트리아 등의 국가로 이주하였다(〈그림 10-1〉 참고). 서유럽 국가들은 처음에는 인도주의적 차원에서 이들을 받아들였지만, 그 숫자가 너무 많아지고 무엇보다 난민에 대한 여론이 악화하자 여러 가지 제한적인 정책들을 도입했다. 예를 들어 여권과 비자 등 여행과 이주를 위한 서류를 갖추지 않은 탑승객을 태운 항공사에 벌금을 부과하거나, 안전한 제3국을 거쳐 도착한 난민들에 대해서는 난민 신청을 거부하기 시작했다. 또한 난민 심사를 기다리는 동안 이들에게 제공되는 숙소, 음식, 의료 등의 인도주의적 지원 역시 재정 부담 증가를 이유로 점점 줄여나갔다(Dörr and Faist 1997).

1990년대 초 서유럽에서의 경험은 난민, 혹은 넓은 의미에서의 국제 이주가 정치적인 사안이 되고 선거의 결과에도 영향을 미칠 수 있다는 것을 보여 주는 계기가 되었다. 예를 들어 난민을 가장 많이 받아들인 독일의 경우, 1991~1992년 지방선거를 앞두고 몇몇 지역에서는 유권자들이 난민 문제를 가장 주

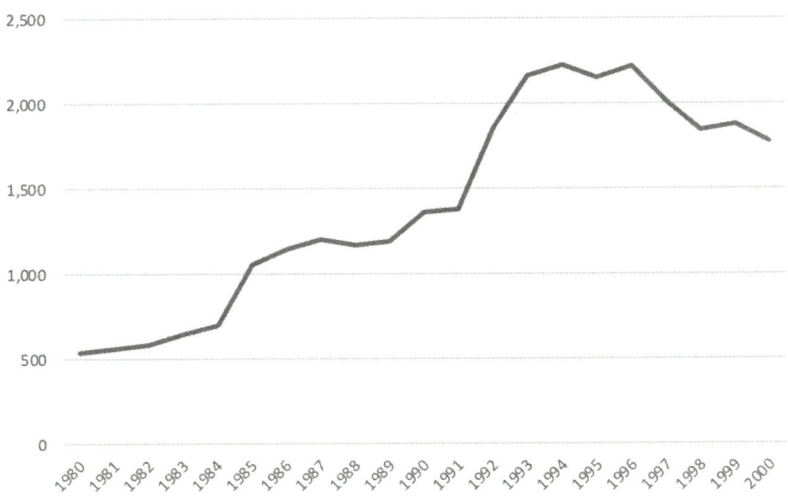

〈그림 10-1〉 서유럽 내 난민 수, 1980~2000 (단위: 천 명)

자료: World Development Indicators

요한 선거 이슈 중 하나로 고려하였다(Geddes 2003). 또한 이 중 많은 지역에서 중도좌파인 사회민주당(Social Democratic Party)이 중도우파인 기독민주당(Christian Democratic Union)에 패배했는데, 패배의 중요한 이유로 난민 이슈에 대한 사회민주당의 온건한 태도가 지적되었다(Faist 1994).* 이러한 경험을 통해 유럽의 정당들은 국제 이주에 대해 온건한 태도를 취하는 것이 선거에서 불리하게 작용할 수 있다는 사실을 깨달았다.

(2) 국제 이주와 국내 정치

이민자들을 받아들이는 나라들에서 국제 이주가 주요한 정치적 사안으로 떠올랐다는 것은, 주요 정치 행위자들이 국제 이주와 관련된 이슈들을 그들의 정치 행위에 반영하기 시작했다는 것을 의미한다. 이전까지 이들은 소득재분배, 복지제도, 경제에 대한 정부의 역할 등 경제와 관련된 이슈들을 주로 고려하였다. 하지만 이 시기를 거치면서 경제 이슈뿐만 아니라 국제 이주와 관련된 이슈들—얼마나 많은 이민자들을 받아들일 것인지, 이들을 어떻게 통합할 것인지, 그리고 이들이 어떠한 정치적, 사회적 권리를 누리게 할 것인지 등—도 유권자와 정당의 선택에 영향을 미치게 되었다. 즉 유권자들은 국제 이주에 대해 각 정당이 어떠한 정책적 입장을 가지고 있는지 고려하고, 국제 이주에 대한 자신의 생각을 가장 잘 대변하는 정당에 투표하는 경향이 나타났다. 정당과 후보들은 여론의 변화에 맞추어 국제 이주와 관련한 이슈에 대해 입장을 조정하고, 선거에서 유리하고 판단된다면 이러한 이슈를 적극적으로 강조하며 활용하였다.

---

* 당시 독일의 헌법은 "정치적 이유로 박해를 받는 사람들은 비호(asylum)의 권리를 갖는다"라고 규정하여, 독일 정부가 비호 신청을 거부하는 것을 법적으로 어렵게 만들었다. 따라서 1990년대 초에 기독민주당은 이 헌법을 개정할 것을 주장하였으나 사회민주당은 반대하였다. 결국 1991∼1992년 지방선거에서 사회민주당이 패배한 이후, 1993년에 헌법 개정에 찬성하게 되었다.

국제 이주가 주요한 정치적 사안으로 떠오르고 유권자와 정당 등 주요한 정치 행위자들이 그들의 행위에 국제 이주와 관련된 사안들을 반영하기 시작함에 따라 다음과 같은 현상들이 나타났다. 첫째로 전통적인 진보(좌파)와 보수(우파)의 개념으로는 설명하기 어려운 정치 구도가 나타나기 시작했다. 예를 들어 육체노동자들은(blue-collar workers) 전통적으로 소득재분배와 복지제도를 찬성하며 시장에 대한 정부의 적극적인 개입을 지지하는 등 경제 이슈에 대해 진보적인 입장을 취하며 진보적인 성낭을 지지해 왔지만, 국제 이주에 대해서는 이민자의 숫자를 줄이기를 원하는 등 대체로 보수적인 입장을 취한다(Kaihovaara and Im 2020). 이들이 국제 이주를 지지하지 않는 것은 무엇보다도 이민자들의 유입으로 인해 노동시장에서의 경쟁이 심해지는 것을 우려하기 때문이다. 이러한 태도는 진보적인 이민정책을 펼치고자 하는 진보정당의 입장과 반하는 것이고, 따라서 일부 육체노동자들은 국제 이주에 대해 그들과 같은 입장을 취하는 보수적인 정당을 지지하는 것으로 선회하기도 하였다(Han 2016). 반대로 고소득층은 그들의 경제적인 이해관계에 따르면 증세에 반대하는 보수적인 정당을 지지하는 것이 자연스러울 수도 있지만, 다문화주의 등 국제 이주와 관련한 진보적인 가치를 추구하기 때문에 녹색당과 같은 진보적인 정당을 지지하기도 한다. 이처럼 정치적 이념을 이해하는 데에 있어서 경제 이슈에 대한 진보(좌파)적 입장과 보수(우파)적 입장이라는 차원만으로는 국제 이주에 대한 입장을 정의하고 이해할 수 없게 되었다. 따라서 오늘날의 정치적 이념을 이해하기 위해서는 기존의 경제적으로 진보(좌파)적 혹은 보수(우파)적인 입장이 형성하는 '오래된 정치(old politics)' 차원뿐만 아니라, 국제 이주 및 문화적 다양성에 대한 제한을 선호하는 권위주의(authoritarianism)적 입장과 이에 반대되는 자유지상주의(libertarianism)적 입장이 형성하는 '새로운 정치(new politics)' 차원을 함께 고려해야 한다.

둘째로 국제 이주는 기존의 정당 지지층을 분열시켰다. 보수정당을 지지하

경제적 사안들이 주를 이루었던 정치적 사안들을 오래된 정치로, 국제 이주를 비롯한 성적 정체성(gender identity), 환경문제 등 20세기 후반에 주요한 정치적 사안으로 떠오른 사안들을 새로운 정치로 부른다. 후자의 경우 권위주의적 입장은 국제 이주뿐만 아니라 새로운 성적 정체성에 반대하고 환경보호에 대해 미온적 태도를 취하는 입장을 대변하는 반면에, 자유지상주의적 입장은 국제 이주와 새로운 성적 정체성을 지지하고 환경보호에 대해 적극적인 태도를 취하는 입장을 대변한다.

는 사람 중에는 경제적 자유주의자들과 문화적 권위주의자들이 섞여 있었는데, 이들은 경제 사안에 대해서는 증세나 관대한 복지제도를 통한 소득재분배에 반대하고 시장에 대한 정부의 과도한 개입과 규제를 반대하는 등의 보수적인 입장을 비슷하게 취하지만 국제 이주 문제에 대해서는 서로 다른 입장을 취하는 경향이 있다. 문화적 권위주의자들은 다문화주의를 찬성하지 않고 민족주의(nationalism) 혹은 토착민주의(nativism)의 성향을 가지기 때문에 국제 이주에 반대하는 반면, 경제적 자유주의자들은 국제 이주를 생산요소의 자유로운 이동으로 바라보며 이를 지지하기도 한다. 예를 들어 1980년대에 미국 레이건(Reagan) 행정부는 미등록 이민자들을 제한하기 위해 이들을 고용하는 고용주들에 대한 처벌을 기조로 하는 법령을 도입했지만, 정작 그의 지지기반인 농장 고용주들의 반대에 부딪혔다(Kaplowitz 2018). 또한 진보정당은 노동자 계급과 문화적 자유지상주의자들에 의해 주로 지지받는데, 문화적 자유지상주의자들은 다문화주의를 찬성하며 국제 이주에 대해 호의적인 반면에 노동자들은 노동시장에서의 경쟁에 대한 우려로 인해 국제 이주를 반대하는 성향이 강하다. 따라서 각 정당은 자신들이 선택하는 이민정책으로 인해 때로는 지지층의 일부를 잃는 것을 감수해야 한다. 예를 들어 독일의 수상 메르켈(Merkel)은 2010년대 후반에 인구의 고령화와 이에 따른 노동력 부족의 문제를 해결하기 위해 확장적인 이민정책을 추구했는데, 이로 인해 그녀가 속한 기독민주당의 자매정당인 기독사회당(Christian Social Union)의 반발에 직면

민족주의는 타민족에 대한 자민족의 우월성을 강조하는 데에 그치는 반면, 토착민주의는 자민족의 요소(예, 문화, 가치, 사상, 전통)가 타민족의 요소의 유입으로 인해 위협받고 훼손되고 있다는 인식에 기반한다.

해야 했다(Karnitschnig 2018). 또한 서유럽의 사회민주당들도 당의 지도자들이 추구하는 이민 친화적인 정책과 그들의 주요 지지기반인 노동자들이 선호하는 제한적인 이민정책 사이의 갈등을 겪고 있다.

마지막으로, 비록 국제 이주가 진보정당과 보수정당 모두에게 일정 부분의 딜레마를 가져다 준 것은 사실이지만, 보수정당보다는 진보정당에 더 큰 어려움을 가져왔다. 국제 이주가 주요한 정치적 사안으로 떠오른 것은 국제 이주에 대한 여론이 점점 부정적으로 변하는 것과 함께 일어났다. 따라서 유권자들은 기존의 주요 정당들이 더욱 제한적인 이민정책을 도입하고 시행할 것을 요구하였는데, 산업화된 민주국가의 진보정당들은 크게 두 가지 이유에서 제한적인 이민정책을 시행하는 데에 한계를 가지고 있다. 첫 번째로 대부분의 인종적·민족적 소수자들은 진보정당을 지지하는 경향이 있는데, 이들은 인종적·민족적 다수자들에 비해 개방적인 이민정책을 더 선호한다. 따라서 이들의 지지를 받는 진보정당들로서는 제한적인 이민정책을 옹호하고 시행하는 데에 어려움이 있다(Faist 1994). 두 번째로 진보정당은 전통적으로 사회 구성원들 사이의 차별에 반대하고, 평등하고 공정한 관계를 지지하는 정치적 이념에 대한 신념을 유지해 왔다(Lahav 2004). 이러한 이념적 전통 속에서 제한적인 이민정책을 시행하는 것은 정치적 비판을 감수해야 하는 일이다. 설사 비판을 감수하면서 제한적인 정책을 시행하더라도, 국제 이주에 반대하는 사람들이 얼마나 그 정책의 진정성을 신뢰하고 진보정당을 지지할 것인가에 대한 의문이 있을 수밖에 없다. 따라서 국제 이주가 주요한 정치적 사안으로 떠오르던 시기에 진보정당은 보수정당에 비해 여전히 개방적인 이민정책들을 스웨덴 사회민주당은 유럽의 사회민주당들 중 가장 진보적인 정책들을 추구하고 유지해 온 정당이지만, 2010년대에 중동으로부터의 난민이 증가함에 따라 2014년 집권 이후 2016년에 제한적인 난민 정책을 도입하였다. 이 정책은 영구적 거주권 외에 3년 이하 혹은 13개월의 단기체류권 제도를 도입하였다. 또한 영구적 거주권을 받은 난민에게만 가족초청권(family reunification)을 부여하였다. 또한 난민신청자가 정부가 제공하는 거주시설 외의 다른 시설에서 거주할 경우 이에 대한 정부 보조를 철회할 수 있도록 하는 새로운 정책을 2019년에 도입하였다.

옹호하고 시행하였다. 반면 보수정당은 이미 이념적으로도 법과 질서, 그리고 전통적인 가치들을 강조해오고 있었고, 문화적 보수주의자들에 의해 지지를 받고 있었기에 제한적인 정책을 도입하고 시행하는 데에 큰 어려움이 없었다.

진보정당과 보수정당 사이의 이러한 정책적 차이는 국제 이주에 대해 부정적인 여론이 팽배하는 상황에서 진보정당에게 불리한 요인으로 작용하였다. 따라서 많은 진보정당도 2000년대에 들어 제한적인 이민정책을 도입하기 시작하였다. 특히 서유럽에서 지난 100여 년 동안 대표적인 중도좌파 정당으로 진보 정치를 이끌었던 사회민주당은 그들의 주요한 지지기반인 육체노동자들이 국제 이주 문제로 인해 극우 정당을 지지함에 따라 이들의 지지를 다시 가져오기 위해 때로는 극우 정당의 정책과 비슷한 정책을 내어놓기도 하였다.

2. 극우 포퓰리즘의 성장

(1) 극우 정치

극우 정치와 포퓰리즘(populism)은 한마디로 정의하기 어려운 개념이고, 지역과 시기에 따라 다르게 해석될 수 있다. 하지만 이민자들을 받아들이는 오늘날의 산업화된 민주국가의 맥락에서 이야기한다면, 극우 정치의 요소들로 다음 세 가지를 제시할 수 있다(Mudde 2007). 첫째는 반이민주의(anti-immi-gration)로서 국제 이주에 대한 반대와 반감이다. 하지만 사람들은 여러 가지 이유로 국제 이주에 반대할 수 있다. 어떤 사람들은 국제 이주가 가져오는 경제적 영향 때문에 반대하는 반면 다른 사람들은 이의 문화적 영향 때문에 반대하기도 한다. 또한 어떤 사람들은 국제 이주로 인해 테러리즘 등 안보에 위협이 더해진다고 믿기에 국제 이주에 대해 부정적인 의견을 갖는다. 그래서 뮤데는 극우 정치의 두 번째 요소로 토차민주의(nativism)를 제시함으로써 반이민주의의 문화적 바탕을 강조한다. 따라서 극우 정치에 있어서는 다문화주의에 대한 반대 등 문화적인 요인이 반이민주의의 주요한 이유가 된다. 마지막으로는 권위주의(authoritarianism)이다. 이로 인해 극우 정치를 지지하는 사람들은 국제 이주가 가져오는 부정적인 결과들을 때로는 자유민주주의가 강조하는 공정한 절차와 원칙을 무시하고서라도 강력한 권위를 가진 지도자가 나서서 해결하기를 바란다.

러시아와 튀르키예와 같이 제한적인 민주주의 체제를 가지고 있는 국가뿐만 아니라 미국과 서유럽 등 전통적으로 높은 수준의 민주주의 체제를 가지고 있는 국가에서도 극우 정치는 지난 20~30년 동안 큰 성공을 이루었고 극우 정당들은 크게 성장하였다(〈표 10-1〉 참고). 이러한 극우 정치의 성공에는 여러 가지 요인들이 있겠지만, 국제 이주가 큰 역할을 하였다. 서유럽의 경우 1990년대 초 유고슬라비아 전쟁으로 인해 많은 난민이 유입되면서 국제 이주가 주요한 정치 사안으로 떠오르고 이에 대한 여론이 악화되었지만, 기존의 주요 정당들은 유권자의 기대에 원하는 수준으로 신속하게 대응하지 못하였다. 이때 덴마크 인민당(Danish People's Party)과 같은 새로운 극우 정당들이 생겨나기도 하고, 혹은 오스트리아 자유당(Freedom Party of Austria)과 같은 기존의 정당이 반이민 정서를 담아내면서 극우 정당으로 탈바꿈하기도 하였다. 이러한 정당들은 국제 이주 이슈를 중심으로 정치적 기업가(political

<표 10-1> 서유럽 정당 계열별 평균 득표율

정당 계열†	1990-1999	2000-2009	2010-2019
극우 정당	5.3%	8.2%	10.9%
중도우파 정당	15.6%	16.3%	14.5%
중도좌파 정당	31.0%	29.7%	24.2%
극좌 정당	6.2%	6.4%	8.1%

† 중도우파 정당은 기독민주당, 자유당, 보수당을 포함하고 중도좌파 정당은 사회민주당을 (혹은 사회당, 노동당), 극좌 정당은 녹생당과 공산당을 포함한다.

자료: Manifesto Project Database

entrepreneurship)로서 역할을 하였다(De Vries and Hobolt 2023). 즉 이들은 적극적으로 난민 및 국제 이주 문제를 정치화하였고, 기존 주요 정당들의 미지근한 대응을 비판하였다. 또한 단순한 반이민주의를 넘어서 이민자들을 전통적인 사회에 대한 위협으로 여기고(토착민주의)이 문제를 해결하기 위해 강력한 권위를 정당화하면서(권위주의) 반이민 정서를 갖는 유권자들의 지지를 이끌어냈다.

미국의 경우 비록 국제 이주는 서유럽에 비해 일찍 정치화되었지만, 양당제라는 특성으로 인해 극우 정당이 나타나지는 않았다. 하지만 서유럽의 극우 정당들과 비슷한 정책, 주장, 그리고 화법을 활용한 트럼프(Donald Trump)가 2016년 대선에 출마하여 승리함에 따라 미국에서의 극우 정치의 성공을 상징하게 되었다. 트럼프는 멕시코와 접한 국경에 장벽을 설치하는 것을 대표적인 선거 공약으로 내세웠고(반이민주의), 인종이나 민족 집단들 사이의 차별적이고 위계적인 관계에 대한 화법을 자주 사용하였으며(토착민주의), 집권 이후에는 정책 추진 과정에서 의회의 통제를 받지 않는 행정명령(executive order)을 자주 사용하면서(권위주의) 이민자, 특히 무슬림 이민자들에 대한 통제를 강화하였다.

(2) 극우 포퓰리즘

토착민주의와 권위주의에 기반한 반이민주의를 중심으로 이민 수용국들에서 성장한 극우 정치는 국제 이주를 둘러싼 사안들을 넘어서 정치 체제의 정당성과 권위 자체에 도전하기에 이르렀고, 이러한 움직임을 포퓰리즘이라고 부른다. 포퓰리즘 역시 시대와 지역 등에 따라 그 정의가 조금씩은 달라진다. 공통적으로는 정치와 정책의 과정과 결과에 대중의 의지(will of people)가 관철되어야 한다고 강조하며, 현재의 정치 체제에서는 주요 정낭과 이익집단과 같은 부패한 정치적·사회적 엘리트들이 대중의 의지가 정치과 정책에 반영되는 것을 가로막아 왔다고 주장한다. 따라서 포퓰리즘은 강한 반엘리트주의(anti-elitism)의 성격을 보인다. 미국과 서유럽 같은 이민 수용국들의 극우 포퓰리즘은 여기에 하나의 성격이 추가되는데, 그것은 배제주의(exclusionism)이다(Mudde and Kaltwasser 2013). 이때 극우 포퓰리즘은 한 사회의 구성원들을 '선한 우리(good us)'과 '악한 그들(bad them)'로 이분법적으로 구분하는데, 여기서 '우리'와 '그들'의 구분은 선한 대중들과 악한 엘리트들로만 나뉘는 것이 아니라 선한 자국민들과 악한 이민자들 —혹은 인종적·민족적 소수자들— 그리고 선한 전통주의자들과 악한 반전통주의자들—예를 들어 성적 소수자들—로도 나뉜다. 따라서 자유민주주의가 주장하는 것과 달리 정치적·정책적 과정에서 이러한 '악한 그들'의 목소리를 들을 필요가 없으며, 정치적·정책적 결과도 이들을 배려하고 보호할 필요가 없다고 본다는 측면에서 배제주의의 성격을 띤다.

극우 포퓰리즘 정당들은 주로 1980년대 이후의 세계화, 탈산업화, 국제 이주, 그리고 유럽 통합과 같은 정치·경제·사회적 변환기에 기존의 주요 정당들과 정치 지도자들이 —단순히 능력이 없어서가 아니라— 기업이나 노동계와 같이 오랜 시간 동안 정치적 협력관계를 맺어 왔던 이익집단들을 보호하느라 이러한 변화들에 올바로 대응하지 못하였고, 결과적으로 일반 국민의 이익을 보호하지 못하였다고 지속적으로 주장한다. 그리고 이러한 변화와 주요 정당의 대응 실패가 현재 이 국가들이 겪고 있는 여러 가지 정치적 혼란과 경제적 어려움의 주요한 원인이라는 것을 강조한다(Betz 1994). 예를 들어 이들은 국제 이주가 자국민들의 실업률을 증가시킨다고 강조하고, 이민자들의 복지 혜택 수급을 '복지 쇼핑(welfare shopping)'의 행태라고 비난한다. 또한 이민자들로 인해 범죄율이 높아지고 사회적 불안이 증가했다고 주장한다.

예를 들어 2016년에 영국이 유럽연합으로부터 탈퇴한 브렉시트(Brexit)는 이러한 극우 포퓰리즘 정치의 결정적인 단면이었다. 영국의 극우 정당인 영국독립당(UK Independence Party)은 유럽 통합이 부패한 정치인들 간 타협의 산물이며, 영국 국민에게 이익보다 폐해를 더 많이 가져다주었다고 주장하였다. 특히 유럽연합 내에서 국제 이주가 자유로워지면서 영국의 경제와 문화, 사회가 피폐화되었다고 주장하며 브렉시트 운동을 이끌었다. 실제 국제 이주에 대한 분노는 영국이 유럽연합으로부터 탈퇴하는 것을 찬성하는 주요 동력이었고, 따라서 유럽연합 탈퇴 찬성표는 최근 이민자들이 크게 증가한 지역들에서 많이 나왔다(Goodwin and Milazzo 2017). 또한 유럽연합에 대한 부정적인 태도의 이유를 묻는 질문에 대해 영국 사람들은 무역이나 국가 주권에 대한 염려보다도 국경 통제, 이민자들의 복지 혜택 수급 등 국제 이주에 대한 사안들을 더 많이 지적하였다(Vasilopoulou 2016).

극우 포퓰리즘은 단순히 국제 이주에 대한 정책적 반대를 넘어서 기존의 정치 질서에 대한 반발과 부정으로 이어졌다. 극우 포퓰리즘 정당들과 정치인들은 국제 이주와 유럽 통합 등의 사회적 변화에 제대로 반응할 의지와 능력이 없었던 기존의 주요 정당들을 청산되어야 할 부패한 집단이라고 공격하며, 자신들이 진정한 대중의 의지를 반영하고 실현할 수 있는 대안임을 내세우고 있다. 이들이 드러내는 반엘리트주의로 인해 시민들이 정치 체제와 법질서, 그리고 주요 정책에 대해 가지고 있는 신뢰가 약해지고 있다(Eberl, Huber, and

국제 이주의 정치학

Greussing 2021). 또한 이들이 주장하는 배제주의는 사회 내에서의 소수자들과 약자들에 대한 차별을 강화시키고 정당화시킨다(Magalhães and Costa-Lopes, 2024). 이처럼 오늘날 정치와 사회에 큰 영향을 주고 있는 극우 포퓰리즘의 성장에 국제 이주가 큰 역할을 하였다.

3. 국제 이주와 복지제도

(1) 국제 이주의 재정적 영향

국제 이주가 이민 수용국의 복지제도에 직접적으로 미치는 재정적인 영향을 이해하는 것은 쉽지 않다. 이민자들 역시 다양한 방법으로 세금을 내고 동시에 복지 혜택을 누리기도 한다. 그런데 복지제도의 특성이나 이민자들의 법적·경제적 지위 등에 따라 세금을 내는 것과 복지혜택을 받는 것 중 어느 것이 더 클지 알 수 없기 때문이다. 예를 들어 이민자들의 소득 수준이 높을수록 이들은 세금을 통해 복지제도에 더 많은 기여를 할 것이고, 이들의 소득이 낮을수록 복지 지출을 증가시킬 것이다. 각국의 복지제도의 특성 또한 중요하다. 미국의 의료체계는 정부의 역할이 최소화되어 있는 시장 중심적인 체계이지만 영국의 의료체계는 기본적으로 정부 기관(National Health Service)에 의해 운영이 되고, 합법적으로 영국에 거주하는 모든 사람이 이를 이용할 수 있다. 따라서 영국의 의료체계가 미국의 의료체계에 비해 국제 이주에 의해 더 큰 영향을 —그 영향의 방향이 어느 쪽이든지 간에— 받을 것이라고 예측할 수 있다.*

---

* 복지제도에 대한 국제 이주의 재정적 영향에 대해 수많은 실증적 연구들이 이루어졌으나 공통된 결과를 도출하지는 못하였다. 어떤 연구들은 이민자들이 복지제도로부터 받는 혜택보다 더 많은 기여를 한다는 증거를 발견했지만, 또 다른 연구들은 그 반대의 결과에 도달하였다. 하지만 이러

하지만 국제 이주가 복지제도에 주는 직접적인 재정적 영향에 대한 객관적인 사실과는 별개로 많은 국가의 국민은 자신들의 복지제도가 국제 이주로 인해 더 큰 부담을 떠안고 있다고 믿고 있다. 서유럽에서 2014년에 행해진 유럽사회조사(European Social Survey)에 따르면 이민자들이 복지제도에 기여하는 정도보다 혜택을 받는 것이 더 크다고 믿은 사람들은 전체의 43%에 해당했고, 그 반대로 생각한 사람들은 27%에 불과했다. 한국에서도 한국종합사회조사(Korean General Social Survey)의 2010년 조사에 따르면 47%의 응답자가 이민자들이 늘어남에 따라 그들의 복지를 위해 우리가 부담해야 할 세금이 늘어날 것이라는 점에 동의하고 23%만이 동의하지 않았다.

(2) 국제 이주와 복지제도

이처럼 이민 수용국에서는 이민자들이 복지 지출과 복지제도에 미치는 영향에 대한 우려가 존재한다. 어떤 사람들은 여기서 더 나아가 이민자들이 이주를 결정할 때, 이주할 국가의 복지제도를 고려하여 가장 많은 혜택을 누릴 수 있는 곳을 선택한다고 믿기도 한다. 이는 복지 자석(welfare magnet) 가설이라고 불리는데, 한 국가의 관대한 복지제도가 이민자들을 끌어들이는 자석과 같은 역할을 한다는 의미로 붙여진 이름이다. 비록 복지 자석 가설을 뒷받침하는 실증적 증거는 없으나, 이러한 가설은 사람들이 국제 이주의 재정적 영향에 대해 얼마나 큰 우려를 가지고 있는지 보여 준다. 따라서 많은 사람들이 점점 국제 이주와 복지국가라는 두 사안을 서로 연계해서 생각하고 논의하게 되었고, 이는 크게 두 가지 결과를 가져왔다.

첫 번째로 이민자를 많이 받아들이는 나라에서 복지제도와 소득재분배에 대한 전반적인 지지가 감소하였다. 소득재분배는 기본적으로 부유한 사람들

한 실증적 연구들을 종합적으로 검토한 연구에 따르면, 국제 이주가 어떠한 영향을 가지든 간에 그 영향의 크기는 해당 국가의 경제 규모에 비해 크지 않다(Coleman and Rowthorne 2004).

국제 이주의 정치학

이 납세를 통해 경제적 자원을 기여하여 가난한 사람들에게 혜택이 돌아가도록 하는 것이다. 따라서 소득재분배에 대한 광범위한 지지가 이어지려면 동료시민들을 같은 사회를 함께 구성하고 있는 동반자로서 인정하고 신뢰하는 것이 전제되어야 하는데, 이를 사회적 신뢰라고 한다. 그런데 사람들은 인종적·민족적·문화적으로 자신들과 비슷한 사람들에 대해 더 높은 수준의 사회적 신뢰를 보내는 경향이 있다(Uslaner 2002). 또한 대부분의 이민 수용국에서 이민자들이 내국인들보나 경세 수순이 낮으므로 이민자들이 소득재분배의 혜택을 받을 가능성이 높다. 따라서 내국인들과 이민자들 사이의 사회적 신뢰의 수준이 낮은 상황에서 내국인들은 자신들이 기여하는 경제적 자원이 이민자들에게 돌아가는 것을 선호하지 않으며, 결과적으로 소득재분배를 제도적으로 뒷받침하는 복지제도에 대한 지지가 약해지게 되는 것이다(Burgoon 2014).

두 번째로 많은 사람들이 이민자들에 대한 복지 혜택에 제한을 가하거나 그 액수를 감소시키는 것을 선호하게 되었다. 미국선거연구(American National Election Studies)는 1992년과 1996년에 각각 "미국에 오는 이민자들이 메디케이드(Medicaid),* 푸드 스탬프(Food Stamps),** 그리고 각종 복지제도를 포함한 정부 혜택을 언제 받을 수 있어야 하는지"를 물어보았는데, 1992년에는 21%의 사람들이 "이주한 즉시" 그리고 79%의 사람들이 "1년 이상 기다린 이후"에 받을 수 있어야 한다고 대답했는데, 1996년에는 이주한 즉시 받을 수 있어야 한다고 대답한 사람들은 12%로 줄었고 1년을 기다려야 한다고 대답한 사람들은 88%로 증가하였다. 2016년의 유럽사회조사에 따르면, 서유럽의 사람들 역시 이민자들의 복지혜택 수급에 부정적인 태도를 보이고 있다. 이민자가 언제 내국인과 똑같은 복지혜택을 누려야 하느냐는 질문에 대해 11%의 응답

---

* 소득이 낮은 사람들에게 주어지는 의료혜택임.
** 소득이 낮은 가정에 주어지는 식료품 보조 혜택으로서 현재는 「보충 영양 지원 프로그램(Supplementary Nutrition Assistance Program)」으로 이름이 바뀜.

자는 "도착과 즉시", 11%의 응답자는 "일한 것과 상관 없이 1년 후에", 45%의 사람들은 "일을 하고 세금을 내기 시작한 이후 적어도 1년 후부터", 27%의 사람들은 "국적을 획득한 이후"라고 대답하였고, 6%의 사람들은 조건과 시기에 상관없이 똑같은 혜택을 받아서는 안 된다고 대답하였다.

이러한 여론은 복지 쇼비니즘(welfare chauvinism)으로 발전되어서 복지제도에서 내국인이 아닌 사람들을 배제하고 제외하고자 하는 움직임으로 이어졌고, 이러한 여론에 부응하여 국제 이주를 받아들이는 많은 나라들이 이민자들에게 주어지는 복지혜택에 점점 제한을 가하기 시작하였다. 예를 들어 영국은 1999년에 이민자들이 이주 후 첫 5년 동안은 본인들의 기여에 기반하지 않은 복지혜택을 받지 못하게 하였다. 덴마크 역시 2002년부터 이주 이후 첫 7년 동안에는 복지혜택의 일부 금액만을 받도록 하였다. 미국에서도 텍사스 등 국제 이주에 반감이 많은 주에서는 미등록 이민자의 자녀들이 공립학교에 다니는 것을 제한하고자 하는 움직임이 있다.

(3) 국제 이주와 연금제도

하지만 적어도 복지제도의 특정 부분에 대해서는 국제 이주가 긍정적인 기여를 할 수 있으며, 그렇기 때문에 이민자들을 더 받아들여야 한다는 주장도 있다. 최근 많은 국가가 인구의 고령화 현상을 겪고 있고, 이로 인해 국가가 운영하는 연금제도의 위기를 겪고 있다. 하지만 국제 이주는 다음과 같은 측면에서 인구 고령화와 연금 기금 고갈의 문제를 완화시켜 줄 것이라는 기대가 있다. 첫 번째로 많은 이민자들이 젊은 경제활동인구이다(Boeri, Hanson, and McCormick 2002). 국제 이주의 목적에는 탄압을 피하기 위한 정치적 이유와 가족과 합치기 위한 인도적 이유도 있지만, 고용의 기회를 높이고 자신의 노동에 대해 더 나은 보상을 받으려는 경제적 이유가 크다. 또한 조금이라도 젊을 때 국제 이주를 선택할수록 이러한 경제적 혜택을 받는 기간이 늘어나기 때문에 나이가 들수록 국제 이주의 동기가 약해진다. 따라서 대부분의 이민자들은 경제활동인구이며, 따라서 이들은 노동을 통해 연금 기금에 기여하게 된다. 두 번째로 이민자 역시 은퇴하면 연금의 수혜자가 될 수 있지만, 내국인에 비해 실제로 연금을 수령하는 비율은 적다. 무엇보다도 은퇴 이후 법적 신분과 체류지에 따라 연금 수령에 제한이 가해질 수 있기 때문이다. 예를 들어 미국의 영주권자들이 은퇴 후 자국으로 돌아가면 사회보장(social security) 연금을 받을 수는 있지만, 영주권을 유지하려면 지속적으로 미국을 방문하고 체류해야 한다. 따라서 이들이 결국 영주권을 박탈당할 가능성이 있고 이 경우 연금의 일부만을 받게 된다. 따라서 이민자들은 그들의 전 생애주기 동안 연금 기금에 기여하는 금액이 수령하는 금액보다 더 큰 경우가 많다(Razin and Sadka 1999).

그래서 많은 국가에서 인구 구조의 균형을 유지하고 연금 기금을 유지하기 위해 경제활동인구에 해당하는 이민자들을 더 받아들여야 한다는 목소리가 커지고 있다. 앞에서 언급했듯이 독일의 수상 메르켈은 보수정당 출신임에도 이러한 이유에서 더 많은 이민자를 받아들이는 정책을 추진하였다. 미국에서도 지금의 추세가 계속되면 2030~2040년 정도에 사회보장기금이 바닥날 것이라고 예상되는 가운데, 젊은 이민자들을 더 적극적으로 받아들여 고령화 문제를 해결해야 한다는 주장들이 나오고 있다. 한국 역시 인구절벽으로까지 표현되는 저출생 및 고령화 상황에서 국제 이주의 확대가 하나의 정책적 대안으로 점점 활발하게 논의되고 있다.

4. 소결

지난 20~30년 동안 국제 이주는 이민 수용국 정치의 핵심적인 구조를 변화시켰고, 정치 행위의 양상을 바꾸어 놓았으며, 새로운 정치 행위자들의 등장을 초래하였다. 국제 이주가 국내 정치에 미치는 영향은 지금도 이어지고 있다. 2011년 시작된 시리아 내전으로 인해 다시 한번 수많은 난민들이 유럽으로 들어옴에 따라 국제 이주에 대한 여론은 더욱 악화되었고, 스웨덴 등 반이민 정서가 다른 나라들에 비해 강하지 않던 국가들에서도 스웨덴 민주당(Sweden Democrats)과 같은 극우 포퓰리즘 정당이 성장하게 되었다. 기존의 극우 포퓰리즘 정당들은 더욱 영향력이 커져서, 프랑스의 극우 정당인 국민연합(National Rally)의 당수인 마린 르 펜(Marine Le Pen)이 대통령선거에서 당선권에 들기 시작했다. 미국의 바이든 대통령은 2020년 취임 이후 국제 이주에 대한 부정적인 여론과 재선에 대한 부담으로 인해 난민 허가 과정을 더 엄격하게 바꾸고 미등록 이민자들의 추방 과정을 더 간소하게 만들려고 노력하는 등 취임 전의 약속에 비해 더 제한적인 정책들을 제시하거나 시행하였다. 국가마다 정도의 차이는 있지만 국제 이주가 중요한 정치적 사안으로 자리 잡고, 기존의 정당들에 부담을 안겨주며, 극우 포퓰리즘 정당에게 새로운 기회를 안겨주는 현상은 계속 진행되고 있다.

국제 이주의 정치학

제11장

국제 이주와 여론

민주주의 국가에서도 정부의 중요한 정치적·정책적 결정이 항상 여론이 움직이는 대로 이루어지지는 않는다. 때로는 유권자 다수의 반대에도 불구하고 정책이 강행되기도 하고, 때로는 많은 유권자가 원하는 정책이 복잡한 정치과정을 거치며 좌초되기도 한다. 그러나 단기적인 궤도 이탈에도 불구하고, 민주주의 국가의 정책 결정은 최종적으로 유권자의 승인과 평가로부터 자유로울 수 없다는 사실에는 변화가 없다. 이민정책도 마찬가지이다. 종종 여론과는 무관한 정치적·경제적 논리에 따라 이민정책이 결정되고 집행되는 경우가 발생하지만, 장기적으로 한 국가의 이민정책의 방향은 대중이 이민과 이민자에 대해 가지고 있는 전반적인 생각과 태도의 틀을 벗어나기 어렵다.

이 장에서는 이민을 주로 받아들이는 미국과 서유럽 국가를 중심으로 대중이 이민과 관련하여 어떠한 생각을 가지고 있는지 살펴본다. 물론 국가마다 그리고 한 국가 안에서도 이민에 대한 다양한 생각이 존재하기 때문에, 이민에 대한 여론을 한 가지로 규정하기는 어렵다. 다만 여기에서는 전반적인 여론의 흐름과 특징, 그리고 어떠한 요인들이 이민에 대한 긍정적 혹은 부정적 태도에 기여하는지 살펴본다. 마지막으로 이민에 대한 여론과 관련 정책 사이에 벌어지는 상호작용에 대해 기존 연구들은 어떠한 결론을 내리고 있는지 간략하게 논의한다.

1. 이민에 대한 여론의 현황과 특징

많은 국가에서 대중이 이민에 대해서 가지고 있는 태도는 기본적으로 그리 긍정적이지 않다. 이러한 점을 엿볼 수 있는 자료가 〈그림 11-1〉에 제시되어 있다. 해당 자료는 2018년 27개국에 걸쳐 현재 자국이 지나치게 많은 이민자를 받아들이고 있다고 생각하는지 ―따라서 앞으로는 이민의 유입을 제한해야 하는지― 아니면 더 많은 이민자를 받아들여야 한다고 생각하는지 물어본

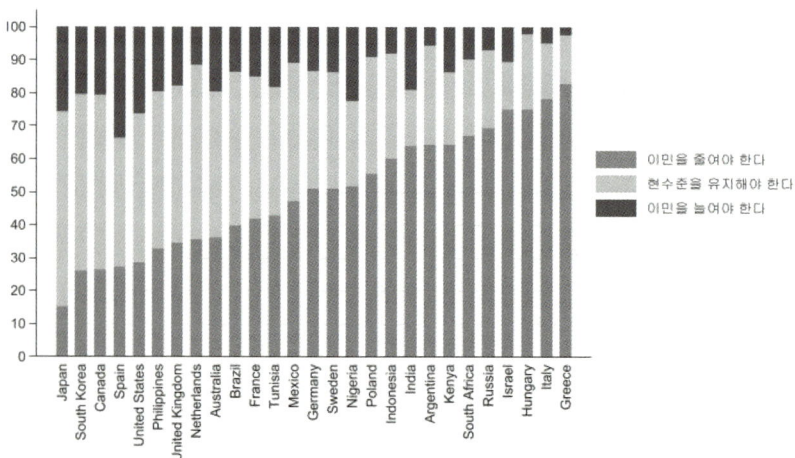

〈그림 11-1〉 이민의 적정 규모에 대한 여론 (%)

자료: 2018 Global Attitudes and Trends, Pew research center.

국제 이주의 정치학

결과이다. 일반적으로 이 질문은 사람들이 이민에 대해 얼마나 개방적인 혹은 폐쇄적인 태도를 보이는지 측정하기 위한 대표적인 수단으로 사용된다.

결과에 따르면 많은 국가에서 절반이 넘는 응답자들이 자국으로 들어오는 이민의 규모를 줄여야 한다고 생각하는 것으로 나타났다. 물론 이민을 줄이자는 의견이 그리 높지 않은 국가들도 존재하지만, 이러한 사례는 대부분 미국이나 캐나다, 오스트레일리아와 같은 전통적인 이민국가나 한국이나 일본과 같이 이민의 규모 자체가 그리 크지 않은 국가들에 집중되어 있다. 특히 주목해야 하는 점은 자국으로 들어오는 이민자를 줄여야 한다고 대답한 비율이 상대적으로 낮은 국가에서조차 더 많은 이민자를 받아들여야 한다고 생각하는 사람들이 다수를 차지하는 것은 아니라는 사실이다. 이들 국가에서는 대부분 현재의 이민 규모를 유지해야 한다는 유보적인 대답이 오히려 가장 높은 비율을 차지했다. 즉 이민에 대한 폐쇄적인 태도가 감소한다고 해서 대신에 개방적인 태도가 증가하지는 않는다는 것이다.

흥미로운 점은 이민에 대한 폐쇄적 내지는 유보적 태도에도 불구하고, 많은 사람들이 이민이 가져오는 결과에 대해서는 상당히 긍정적으로 평가한다는 점이다. 〈그림 11-2〉는 비슷한 시기에 실시된 제5차 선거체제비교연구(Comparative Study of Electoral Systems) 자료를 사용하여, 대중들이 이민으로 인해 어떠한 결과가 나타난다고 생각하는지 살펴보고 있다.* 보다 구체적으로 국가별로 "일반적으로 이민자들은 우리나라의 경제에 도움이 된다"와 "일반적으로 이민자들은 우리나라의 문화를 훼손한다"의 두 가지 진술에 대해 동의하거나 반대하는, 혹은 특별히 동의하지도 반대하지도 않는 비율을 보여 주고 있다.

조사 결과에 따르면 몇몇 소수의 국가를 제외하고는 이민이 경제적으로나

---

* 제5차 선거체제비교연구에는 총 45개국이 참여하였지만, 지면 관계상 여기에서는 〈그림 11-1〉과 중복되는 국가들만 선택하여 제시하였다.

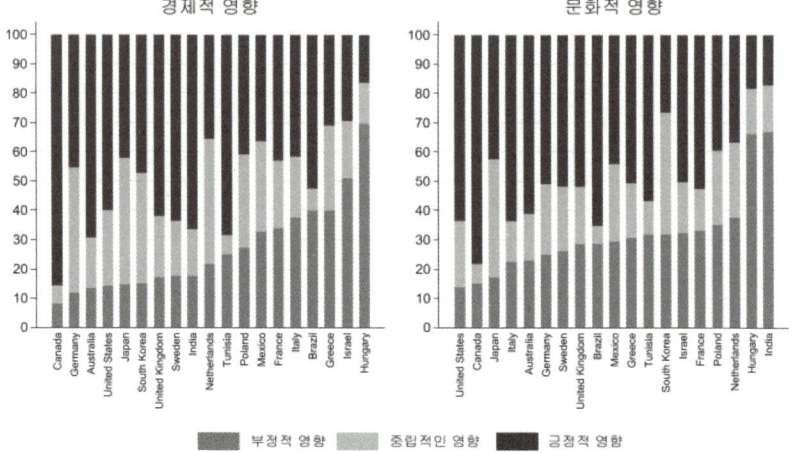

경제적 영향   문화적 영향

<그림 2> 이민이 가져오는 영향에 대한 여론 (%)

자료: Comparative Study of Electoral Systems, module 5, 2016-2021.

문화적으로나 긍정적인 영향을 끼친다는 응답이 부정적인 영향을 끼친다는 응답보다 더 높은 것으로 나타났다. 무엇보다도 〈그림 11-2〉에서 이민이 경제적으로나 문화적으로나 부정적인 영향을 끼친다고 대답한 비율이 〈그림 11-1〉에서 이민을 줄여야 한다는 폐쇄적인 태도를 보인 비율보다 상대적으로 더 낮다는 점이 눈에 띈다. 이와 같은 여론의 모습은 대중이 이민에 대해 폐쇄적 혹은 유보적인 태도를 보이는 이유가 단순히 이민이 가져올 수 있는 부정적 영향에 대한 우려에서 비롯된다고 간단하게 이야기하기 어렵다는 것을 의미한다.

이민에 대한 태도는 평가의 대상이 되는 이민자가 어떤 사람인가에 따라 상당히 달라질 수 있다. 우선 대중은 일반적인 이민자에 비해 난민에 대해서는 더 관대한 태도를 보이는 경향이 있다. 실제로 〈그림 11-1〉에서 전체 응답자의 50%가 이민자를 더 받아들이거나 현재 수준을 유지해야 한다고 대답한 반면에, 동일한 조사에서 응답자의 71%가 전쟁이나 폭력으로 인한 난민을 수용하는 것에 대해서 찬성했다.* 또한 사람들은 자신과 문화적으로나 인종적으로 비슷한 이민자들을 상대적으로 선호하는 경향이 있다. 〈그림 11-3〉에서 이러한 사실을 확인할 수 있다. 2020년에 실시된 유럽사회조사(European Social Survey)에서는 "우리나라 대다수와 같은 인종이나 민족에 속하는 이민자," "우리나라 대다수와 다른 인종이나 민족에 속하는 이민자," 그리고 "유럽 밖의 더 가난한 국가 출신 이민자"를 얼마나 받아들여야 한다고 생각하는지 질문하였다. 응답자들은 4점 척도를 사용하여 내납했으며, 〈그림 11-3〉은 각 국가별로 긍정적으로 ―"많은/상당수(some)의 이민자를 받아들여야" 한다고― 대답한 응답자의 비율을 보여 주고 있다.

조사 대상인 모든 유럽 국가에서 "우리나라 대다수와 같은 인종이나 민족에 속하는 이민자"를 받아들여야 한다는 대답이 "우리나라 대다수와 다른 인

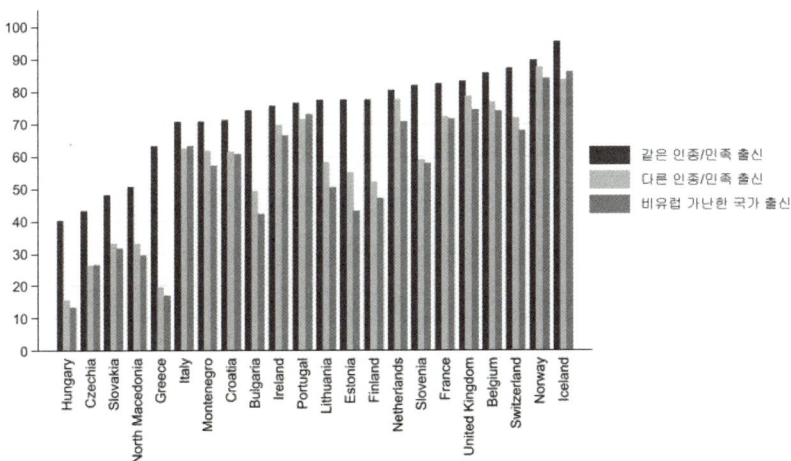

〈그림 11-3〉 출신 국가에 따른 이민자 수용 (%)

자료: European Social Survey, round 10, 2020.

---

* 미국과 일본에서만 난민을 수용해야 한다는 의견의 비율이 이민을 더 받아들이거나 현재 수준을 유지해야 한다고 대답한 비율보다 더 낮게 나타났다.

종이나 민족에 속하는 이민자"를 받아들여야 한다는 대답보다 더 높게 나타났다. 다시 말해서 유럽의 대중은 명확하게 자신들과 같은 인종이나 민족 배경을 가진 이민자들을 더 선호한다는 것이다. 이와 더불어 몇 가지 추가적으로 흥미로운 패턴이 관찰된다. 첫 번째로 전반적으로 이민 수용에 대해 폐쇄적인 국가일수록 인종적 배경이 같은 이민자를 상대적으로 더 선호하는 정도가 더욱 커진다는 점이다. 두 번째로는 이민자의 인종적 배경뿐만 아니라 경제적 배경 또한 이민에 대한 태도에 차이를 가져온다는 점이다. 대부분의 유럽 국가에서 비유럽의 가난한 국가로부터의 이민자에 대한 선호는 인종적 배경이 다른 이민자에 대한 선호보다도 오히려 더 낮게 나타났다.

2. 이민 태도의 결정요인

앞 절에서 이민을 받아들이는 국가의 대중이 이민에 대해 가지고 있는 생각의 대략적인 모습을 살펴보았다면, 이 절에서는 과연 어떠한 요인들이 이러한 생각에 영향을 끼치는지 살펴본다. 지금까지 많은 경험적 연구가 어떠한 요인이 이민과 관련한 대중들의 태도에 영향을 끼치는지 탐구해 왔지만, 가장 대표적인 것으로는 크게 두 가지 접근을 들 수 있다. 첫 번째는 이민자들의 유입이 수용국의 노동 시장 및 복지시스템에 끼치는 영향에 주목하여, 경제적 자원의 분배를 둘러싼 경쟁과 이해관계의 충돌을 중심으로 이민에 대한 태도를 설명하는 정치경제학적 접근이다. 두 번째는 이민자와 내국인 사이에서 정치적·사회적 차원에서 벌어지는 집단 간 관계에 주목하여, 이민자들이 심리적 차원에서 초래하는 상징적(symbolic) 위협을 중심으로 이민에 대한 태도를 설명하는 사회심리학적 접근이다.

국제 이주의 정치학

(1) 경제적 이해관계와 이민에 대한 태도

이민이 초래하는 첫 번째 경제적 영향은 노동시장의 변화이다. 이민자의 유입은 기본적으로 노동시장에 저임금·저숙련 노동자가 새롭게 공급된다는 것을 의미하며, 그 결과 저숙련 내국인 노동자들이 이민자들과의 일자리 경쟁과 이로 인한 임금 하락의 위협에 직면할 수 있다. 따라서 내국인 중에서도 낮은 숙련 수준으로 인해 노동시장에서 취약한 상황에 처한 노동자일수록 이민에 대해 부정적인 태도를 취하게 된다는 것이다(Scheve and Slaughter 2001; Mayda 2006).

실제로 —흔히 교육이나 임금 수준으로 측정되는— 숙련 수준과 이민에 대한 긍정적 태도 사이에는 높은 상관관계가 존재하지만, 동시에 이것만으로 이민에 대한 태도를 설명하기에는 한계가 존재한다. 노동시장에서의 경쟁에 초점을 맞춘다면 내국인 노동자들은 자신과 노동시장에서 경쟁할 가능성이 큰, 즉 비슷한 숙련 수준의 이민자에 대해 특히 반대하는 모습을 보일 것이라고 예측된다. 그러나 현실에서 사람들은 본인의 숙련 수준과 무관하게 저숙련 이민자보다는 고숙련 이민자를 일반적으로 선호하는 모습을 보인다. 정치경제학적 접근은 이러한 현상을 다음과 같이 설명한다. 낮은 임금과 불안정한 고용으로 인해 이민자들은 거주 국가에서 세금으로 납부하는 것보다 더 많은 공공서비스와 복지혜택의 수혜자가 될 수 있다. 그리고 이러한 간극을 메꾸기 위해서는 내국인들의 세금 부담이 늘어날 수밖에 없다. 즉 이민으로 인해 발생할 수 있는 재정 부담에 대한 우려가 기왕이면 저숙련 이민자보다는 고숙련 이민자를 받아들이고자 하는 태도로 이어지며, 특히 납세를 통해 복지시스템을 유지해야 하는 고소득자일수록 이민에 대해 부정적인 태도를 보인다는 것이다(Facchini and Mayda 2009).

이상의 논의는 기본적으로 각자가 처한 경제적 상황이 이민에 대한 태도를 결정한다는 것을 의미한다. 그러나 국가가 받아들이는 이민으로 인해서 국민

각자가 직접적으로 경험하는 경제적 손실은 그리 크다고 하기 어렵다. 따라서 이민에 대한 태도에 더 큰 영향을 끼치는 것은 개인 수준의 구체적 이해관계보다는 국가의 전반적인 경제 상황에 대한 추상적인 인식일 수 있다(Citrin et al. 1997; Valentino et al. 2019). 다시 말해서 내가 실제로 피해를 보는가와는 무관하게, 이민으로 인해 일자리가 부족해지거나 재정 부담이 가중될 것이라는 인식, 혹은 보다 근본적으로 국가 경제가 어려운 상황이라는 인식을 가진 사람일수록 이민에 대해 부정적인 태도를 가지게 된다는 것이다. 경제가 불황을 겪는 시기에 전반적으로 반이민 정서와 인종 간 갈등이 강해지는 현상도 마찬가지로 경제적 인식의 중요성을 반증하는 것이라고 할 수 있다.

(2) 상징 정치(symbolic politics)와 이민에 대한 태도

이민자들은 내국인과는 여러 가지 측면에서 다른 배경을 가진 국가나 지역 출신인 경우가 많다. 따라서 이민자의 유입이 경제 체제에 영향을 주기도 하지만, 이와 동시에 그들을 받아들이는 국가의 사회 질서와 인종 구성, 그리고 문화적 전통 등 새로운 갈등을 불러일으킬 수 있다. 그리고 이러한 종류의 갈등과 관련된 상징적 차원의 위협이 이민을 바라보는 태도에 영향을 주게 된다.

몇몇 연구는 자국의 문화적 동질성을 중요하게 생각하는 사람은 이민에 대해 부정적인 태도를 가지며, 이러한 문화적 요인을 고려한다면 각자의 경제적 상황이나 국가 경제 상황 등은 별다른 설명력을 가지지 못한다고 주장한다(Sides and Citrin 2007; Sniderman et al. 2004). 또한 교육을 많이 받은 사람일수록 이민에 대해 긍정적인 태도를 보인다는, 개인 수준에서 이민에 대한 태도를 설명하는 가장 강력한 요인인 교육 수준 또한 —정치경제학적 접근의 주장과는 달리— 기술적 숙련 수준을 나타내는 것이 아니라 문화적 다양성과 관용에 대한 가치와 신념을 반영한다는 증거가 제시되었다(Hainmueller and Hiscox 2007).

국가정체성은 정치 공동체의 정당한 구성원과 그렇지 않은 사람을 구분하는 기준이 무엇이라고 생각하는가를 의미한다. 예를 들어 어떤 사람은 특정 국가의 국민이 되기 위해서 출생이나 혈연과 같은 개인의 의사와 무관하게 주어지는 조건을 요구할 수 있고, 다른 사람은 해당 국가의 법과 제도를 존중하거나 언어를 구사하는 등 개인의 노력으로 충족할 수 있는 기준만 충족한다면 된다고 생각한다. 일반적으로 공동체의 정당한 구성원으로 인정받기 위한 조건으로 개인이 선택할 수 없는 귀속적(ascriptive) 특성을 중요하게 생각하는 사람은 민족적 정체성(ethnic identity)이 강하다고 하며, 개인의 자발적 선택을 중요하게 생각하는 사람은 시민적 정체성(civic identity)가 강하다고 한다. 그리고 시민적 정체성은 이민에 대한 태도에 그리 큰 영향을 끼치지 않지만, 민족적 정체성이 강한 사람일수록 이민에 대해 배타적이고 부정적인 태도를 보이는 경향이 있다.

미국이나 서유럽 국가의 경우 이민에 대한 태도는 이민자의 인종에 대한 고려와 떨어뜨려 생각하기 어렵다. 미국의 경우 미등록 이민자의 다수를 차지하는 히스패닉계에 대한, 혹은 유럽에서 아랍 국가 출신 무슬림에 대한 편견과 선입견이 강한 사람일수록 이민에 대해서 부정적인 태도를 보이곤 한다. 다만 그렇다고 해서 편견과 선입견의 대상이 되는 이민자가 특정 국가나 지역 출신으로 고정된 것은 아니다. 미국의 역사를 돌아봤을 때, 히스패닉계 이민자의 유입이 급증하기 이전 시기에는 인종적·문화적 배경이 크게 다르지 않은 동·남유럽 출신 이민자들도 편견과 선입견의 대상이 되곤 했다. 즉 중요한 것은 이민자 집단의 출신 자체가 아니라 자신과는 다른 인종과 문화를 바라보는 내국인의 태도라고 할 수 있다. 예를 들어 자민족중심주의(ethnocentrism)가 강하거나 배타적인 형태의 국가정체성(national identity)을 가진 사람일수록 이민에 대해 부정적이고 차별적인 태도를 가지는 경향이 있다는 것이다(Kinder and Kam 2009; Schildkraut 2011; Wong 2010).

(3) 두 가지 접근의 비교

정치경제학적 접근과 사회심리학적 접근은 각각 경제적 이해관계 및 상징적 위협이 이민에 대한 태도에 중요한 영향을 끼친다는 실증적인 증거를 제시해 왔다. 그러나 두 가지 유형의 요인들이 가지는 상대적 영향력의 크기를 비교한 결과는 대부분 경제적 이해관계보다는 상징적 위협이 끼치는 영향력이 훨씬 더 크다는 결론을 내리고 있다. 다시 말해서 내국인들이 이민에 대해 부정적인 태도를 가지는 주된 이유는 이민으로 인한 경제적 손실 —에 대한 우려— 때문이 아니라 이민이 가져올 문화적·인종적 변화에 대한 거부감 때문이라는 것이다. 물론 그렇다고 해서 경제적 이해관계가 무의미하지는 않다. 미국에서 실시된 한 연구에 따르면 일반적으로는 상징적 위협의 영향력이 강하지만, 이민자의 유입이 급격히 증가한 산업에 종사하는 사람들이 해당 이민자들에 대해 평가할 때에는 경제적 위협의 영향력이 결코 무시할 수 없는 수준인 것으로 나타났다(Malhotra et al. 2013).

그러나 이러한 결론은 주로 미국과 서유럽 국가들을 대상으로 이루어진 연구에 기반한 결론이며, 이민의 역사와 전통이 다른 국가에서도 적용될지는 불분명하다. 나아가 경제적 이해관계와 상징적 위협의 영향력이 반드시 상호배타적이지 않으며, 어느 것이 이민에 대한 태도에 더 큰 영향을 끼치는가는 상황에 따라 달라질 수도 있다. 예를 들어 한 연구에 따르면 경제적으로 발전한 국가나 지역에서는 이민에 대한 부정적 태도를 설명하는 데 상징적 위협이 가지는 영향력이 커지는 반면에, 저발전 국가나 지역에서는 경제적 이해관계가 여전히 중요한 영향력을 가지는 것으로 나타났다(Buehler et al. 2020).

3. 맥락과 환경에 따른 이민 태도의 변화

대중이 이민에 대해 가지는 태도는 개인적인 특성뿐만 아니라 그들이 살아가면서 이민자들과 상호작용하는 다양한 맥락과 환경에 따라서도 달라질 수 있다. 이와 같은 맥락적 요인이 가지는 중요성을 잘 보여 주는 것이 소위 경쟁 가설(competition hypotheis)과 접촉(contact hypothesis) 가설 사이의 오래된 논쟁이다. 경쟁 가설에 따르면 주변에 이민자의 숫자가 늘어날수록 한정된 경제적·정치적 자원을 둘러싼 내국인과 이민자 간 경쟁이 심해지고 ―혹은 그렇다는 믿음이 강해지고― 결과적으로 내국인들 사이에서 이민자에 대한 부정적 태도가 강화된다. 반면에 접촉 가설에 따르면 주변에 이민자의 숫자가 늘어나면 내국인들이 이민자와 사회적 관계를 맺고 상호작용할 확률이 증가하고, 이는 이민자에 대한 편견과 선입견을 교정함으로써 이들에 대한 부정적 태도를 완화한다. 다시 말해서 경쟁 가설과 접촉 가설은 지역 차원의 이민자 집단의 규모라는 맥락적 요인이 이민에 대한 내국인의 태도에 끼치는 영향력에 대해 상반된 예측을 제시한다.

　두 가지 가설 중 현재까지의 경험적 연구 결과는 이민자의 증가가 접촉의 효과보다는 경쟁의 위협을 증가시키는 효과가 더 크다는 쪽으로 기울고 있다. 다만 이민자의 증가가 무조건적으로 이민에 대한 부정적인 태도를 강화시키는 것은 아니며, 실제 거주지의 인구 구성 변화가 이민에 대한 태도에 영향을 끼치는 메커니즘은 상당히 복잡한 모습을 보인다. 예를 들어 이민자의 유입이 반이민 정서를 불러일으키는 것은 언론이나 정치엘리트에 의해 이민에 대한 부정적인 묘사가 집중적으로 제기된다는 조건이 함께 나타났을 때이다(Brader et al. 2008; Hopkins 2010). 혹은 기존에 이민자들이 얼마 거주하지 않던 지역에서는 새로운 이민자의 유입이 부정적 태도를 강화시켰지만, 기존에 이미 이민자들이 많이 거주하던 지역에서는 새로운 이민자의 유입이 오히려 이민에 대한 긍정적인 태도를 강화하는 것으로 나타나기도 했다(Newman 2013).

　거주지 인구 구성의 변화 외에도 이민에 대한 태도에 영향을 끼칠 수 있는 맥락적 요인은 바로 사회경제적(socioeconomic) 환경이다. 미국의 인종 집단 간 관계를 다룬 연구에 따르면 평균 소득이나 교육 수준이 높은 지역에 사는 백인들은 유색 인종이나 이민자에게 부정적인 태도를 내비칠 가능성이 낮은 반면에, 상대적으로 열악한 환경에서 거주하는 백인들은 유색 인종이나 이민 자로부터 더 큰 위협을 느끼고 더 부정적인 태도를 보인다(Branton and Jones 2005). 그리고 이와 같은 사회경제적 환경의 중요성은 유럽 국가의 대중들이 무슬림 이민자들을 바라보는 태도에서도 마찬가지로 확인되었다(Semyonov et al. 2006). 특히 흥미로운 부분은 사회경제적 환경이 주류 백인뿐만 아니라 소수 집단에 속하는 내국인들이 이민자를 어떻게 바라보는가에도 영향을 줄 수 있다는 점이다. 예를 들어 미국 흑인의 경우 같은 지역 내 히스패닉계 이민 자들이 자신들보다 경제적으로 더 부유한 경우, 이들에 대해 부정적인 편견을 가지고 이들과의 정치적 협력에 소극적인 태도를 취하는 모습이 발견되었다 (Gay 2006).

4. 다문화주의 관련 여론과 정책

새롭게 유입되는 이민의 규모를 어떻게 통제할 것인가의 문제와 함께 이민 정책의 또 다른 축은 이미 합법적으로 입국하여 거주하고 있는 이민자들을 어 떻게 대우할 것인가, 즉 통합(incorporation)의 문제이다. 과거에는 이민자들 이 자신들의 고유한 문화와 전통을 포기하고 거주 국가의 주류 사회에 동화 (assimilation)되는 것을 중요하게 생각했다면, 현재 대부분이 국가에서는 다문 화주의(multiculturalism) 나아가 상호문화주의(interculturalism)에 기반하여 인 종적·문화적 다양성을 인정하는 가운데 다양한 배경을 가진 집단들 사이의 공존과 소통을 추구하고 있다. 그러나 이러한 정책 목표를 달성하기 위해서는 다양성의 가치에 대한 합의와 함께 이민자 집단의 고유한 문화와 전통에 대한 대중들의 존중이 뒷받침되어야 한다.

국제 이주의 정치학

다문화주의는 다양한 문화의 존재와 가치를 인정하고, 소수 집단의 문화가 억압받지 않고 존속·발전할 수 있도록 정부가 적극적인 조치를 취해야 된다고 주장한다. 그러나 1990년대 들어 다문화주의로 인해 오히려 소수 문화가 사회에서 고립되거나, 다수의 권리를 침해하고 사회를 분열시킨다는 비판이 제기되었다. 소수 문화 내부에서 발생하는 약자에 대한 억압이나 불공정에 대해 눈감는다는 것도 흔히 제기되는 비판이었다. 상호문화주의는 이러한 다문화주의의 한계를 극복하기 위한 시도로서, 인정과 공손을 넘어 서로 다른 문화 사이의 대화와 상호작용을 강조하고 이를 통해 새로운 공통의 문화와 정체성을 만들어 내야 한다는 주장이라고 할 수 있다. 물론 다문화주의와 상호문화주의가 서로 대립적인 관계라고 하기는 어려우며, 상호보완적인 관계를 가진다고 보는 것이 적절할 것이다.

일단 많은 나라에서 인종적·문화적 다양성의 가치에 대해서는 상당히 폭넓은 합의가 존재하고 있다. 〈그림 11-4〉에서는 2021년 17개 국가에 걸쳐 실시된 설문조사에서 "서로 다른 민족적·종교적·인종적 배경을 가진 사람들이 함께 살아가는 것이 우리나라를 더 살기 좋게 만든다고 생각"하는지 질문한 것에 대해 긍정적으로 대답한 비율을 보여 주고 있다. 그리고 소수의 국가를 제외하고는 대부분의 국가에서 절반을 훨씬 넘는 비율이 다양성이 사회에 긍정적인 영향을 준다고 생각하는 것으로 나타났다.

그러나 추상적인 차원에서 다양성의 가치에 동의하는 것과 이민자들의 고유한 문화와 전통을 존중하는 것 사이에는 상당한 차이가 존재한다. 〈그림 11-5〉는 다른 자료에서 "이민자들이 거주 국가의 관습과 전통에 적응해야 한다"는 진술에 대해 동의 혹은 반대하는 비율을 보여 주고 있다.* 이민자들이 거주 국가의 관습과 전통에 적응해야 한다는 주장은 그들 고유의 문화와 전통

---

* 비교의 목적을 위해 〈그림 11-4〉의 설문과 중복되는 국가들만 선택하여 제시하였다.

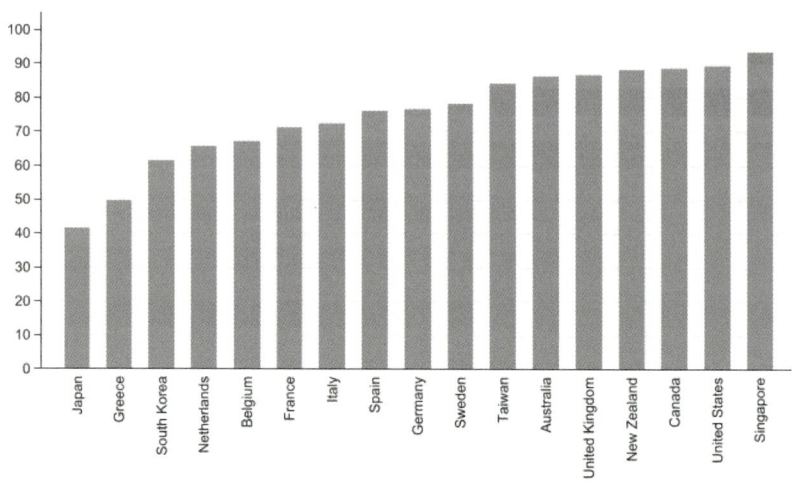

〈그림 11-4〉 인종적·문화적 다양성에 대한 긍정적 여론 (%)

자료: 2021 Global Attitudes and Trends, Pew research center.

을 일정 부분 포기할 것을 요구한다는 점에서 동화주의에 가까운 입장이라고 할 수 있으며, 이에 반대하는 의견은 다문화주의와 가까운 입장이라고 할 수 있다. 결과에 따르면 소수의 몇몇 국가를 제외하고는 이민자들의 적응과 동화를 강조하는 입장이 반대 입장에 비해 훨씬 더 높은 비율로 나타났다.

〈그림 11-4〉와 〈그림 11-5〉의 비교는 인종적·문화적 다양성이라는 추상적 가치와 이러한 가치를 실현하기 위한 정책 방향 사이에서 일반 대중들이 상충하는 태도를 가지고 있다는 사실을 보여 준다. 다시 말해서 많은 국가에서 이민자를 비롯한 소수 집단의 고유한 문화와 전통 자체에 대해서 긍정적인 태도를 보이는 사람들이 다수이지만, 이와 같은 문화적 다원주의는 이민자들이 세대가 거듭되면서 궁극적으로는 주류 사회에 동화되고 편입된다는 전제 위에서 가능하다는 것이다. 따라서 인종적·문화적 다양성이라는 가치에 대한 동의가 이러한 다양성을 유지하기 위한 적극적인 정책 개입에 대한 지지로 이어지지 않을 가능성이 높다. 비슷한 예로 미국의 백인들이 인종 간 평등이라

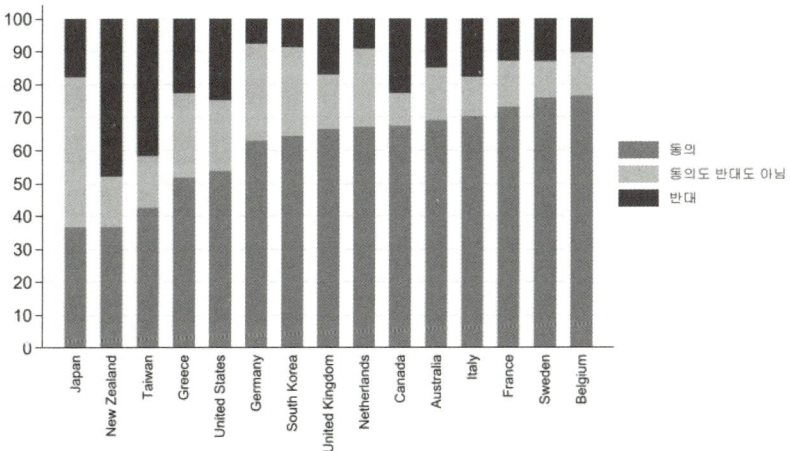

〈그림 11-5〉 동화주의/다문화주의에 대한 여론 (%)

자료: Comparative Study of Electoral Systems, module 5, 2016-2021.

는 추상적 원칙에 대해서는 압도적으로 찬성하지만, 흑인들이 겪는 차별을 철폐하고 이들의 사회경제적 지위를 상승시키기 위한 구체적인 정책에 대해서는 미온적인 태도를 보이는 것과 마찬가지의 현상이라고 할 수 있다.

물론 다문화주의가 단순히 여론을 반영하는 것이 아니라 정책적 개입과 실천을 통해 사람들의 선호와 태도를 변화시키려는 취지를 가지고 있다는 점을 고려한다면, 다문화주의 정책에 대한 대중들의 지지와 실제 시행되고 있는 정책 사이에는 일정한 괴리가 나타날 수 있다. 즉 다문화주의에 대한 지지가 낮은 국가라고 해서 반드시 관련 정책이 존재하지 않는 것은 아니다. 실제로 〈그림 11-6〉에서는 21개 서구 민주주의 국가를 대상으로 각국이 이민자들을 대상으로 다문화주의 관련 정책을 실시하고 있는 수준을 지표화한 다문화주의 정책 지수(multiculturalism policy index)*를 보여 주고 있다. 네덜란드를 비롯

* 다문화주의 정책 지수를 개발한 연구진은 21개국에 걸쳐 이민자(immigrant minorities), 토착원주민(indigenous peoples), 그리고 소수민족(national minorties)의 세 집단을 대상으로 각국이 시행하고 있는 다문화주의 관련 정책을 10년마다 조사하여 8점 만점의 지표를 구성한다. 이 중

한 소수의 국가를 제외하고는 2000년에 비해 2020년에 다문화주의 관련 정책이 늘어난 가운데, 〈그림 11-5〉에서 동화주의에 대한 지지가 높음에도 불구하고 〈그림 11-6〉에서는 다문화주의 정책이 많이 시행 중인 국가들이 상당수 존재한다.

　만일 대중의 여론과 다문화주의 정책의 발전 사이에 일정한 괴리가 존재한다면, 중요한 질문은 과연 다문화주의 정책을 통해 이민에 대한 부정적인 태도를 완화시키고 이민에 대한 여론을 변화시키는 것이 가능한가이다. 다문화주의 정책이 이민을 받아들이는 국가에서 인종적·문화적 다양성의 증진 및 집단 간 상호 존중과 소통이라는 점에서 여러 가지 긍정적인 효과를 가져온

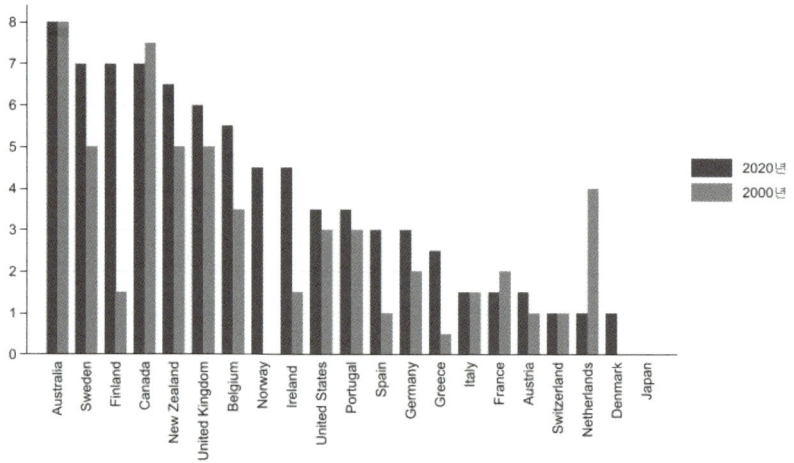

〈그림 11-6〉 국가별 다문화주의 정책 지수

자료: Multiculturalism Policies in Contemporary Democracies, Queen's University (https://www.queensu.ca/mcp/).

　〈그림 11-6〉에서 제시된 이민자를 대상으로 한 다문화주의 정책 지수는 다음 8개 분야의 정책이 시행되고 있는가 여부에 기반하고 있다: 다문화주의에 대한 헌법적/법률적 명시, 공교육과정에 다문화주의 채택, 공영 미디어 운영이나 언론 매체 허가 기준으로 민족적 대표성 포함, 종교 관련 법령이나 규칙으로부터의 면제, 이중국적 허용, 민족 집단을 대변하는 사회단체의 문화 활동에 대한 재정 지원, 이중언어교육에 대한 재정 지원, 이민자 집단에 대한 소수자우대정책.

것은 사실이지만, 이와 동시에 의도하지 않은 역효과를 낳을 가능성도 있기 때문이다. 예를 들어 다문화주의에 반대하는 사람들이 다문화주의 정책과 실천—혹은 그 과정에서 나타나는 이민자들의 정치적·경제적·사회적 지위 향상—으로 인해 오히려 이민으로부터 더 큰 위협을 느끼도록 하고, 이는 다시 내국인과 이민자 집단 사이의 갈등과 이민에 대한 부정적 태도를 강화시킨다고 주장하기도 한다.

또한 다문화주의가 이민과 직접적으로 관련되지 않는 다른 차원에서 의도치 않은 결과를 가져올 수 있다는 주장도 존재한다. 예를 들어 오래전부터 인종적·문화적 다양성의 증가 혹은 이에 대응하기 위한 다문화주의 정책이 사회적 신뢰와 연대를 약화시킴으로써 복지와 재분배에 대한 대중들의 지지를 약화시키고, 결과적으로 복지국가의 쇠퇴에 기여한다는 비판이 제기되어 왔다.* 또한 한 연구에 따르면 다문화주의 관련 정책의 발전이 이민에 대한 태도 자체에는 직접적인 영향을 끼치지 않더라도 이민에 대한 부정적인 태도와 의회나 정당과 같은 대의제 기구에 대한 불만 사이의 관계를 강화시키고, 이것이 정치적으로 불만을 가진 유권자들이 이민 문제를 고리로 극우 정당에 지지를 보낼 수 있는 토양을 제공해 줄 수 있다(Citrin et al. 2014).

5. 소결

최근 많은 서구 민주주의 국가에서 극우 포퓰리즘 정치인과 정당이 성장하는 배경으로 이민에 대한 대중의 반감이 지목되면서, 이민에 대한 여론이 가지는 정치적 중요성이 다시 부각되고 있다. 이 장에서 이민에 대한 태도에 영

---

* 다만 Banting and Kymlicka(2006)는 이러한 주장이 실제로는 근거가 약하다는 분석과 증거를 제시하고 있다.

향을 끼치는 다양한 요인들을 살펴보았지만, 그중 가장 중요한 발견은 이민에 대한 태도가 개인의 특성에 따라 일방적으로 결정되는 부분보다 환경과 맥락에 따라 달라지는 부분이 매우 크다는 사실이다. 그리고 이러한 사실은 다시 적절한 정책 개입을 통해 내국인과 이민자들 사이에서 벌어지는 상호작용에 영향을 끼침으로써 이민에 대한 부정적인 태도를 완화하는 것도 충분히 가능하다는 점을 보여 준다.

심리학 연구에 따르면 내집단(in-group)과 외집단(out-group)을 구분하여 내집단에 속하지 않는 사람을 편애하고 그렇지 않은 사람에 대해 거부감을 느끼는 것은 인간의 자연스러운 모습이다. 이러한 관점에서 보자면 현실에서 많은 사람들이 이민과 이민자에 대해 부정적인 태도를 보이는 것 자체를 비난할 수는 없다. 마찬가지의 이유에서 단순히 이민이 가져오는 긍정적인 효과를 강조하는 것만으로는 이민과 이민자에 대한 부정적인 태도를 완화시키기 어렵다. 오히려 이민에 대한 여론에 영향을 끼치고자 하는 노력이 집중해야 하는 과제는 어떻게 내집단과 외집단을 나누는 경계를 재정의하여 많은 사람들이 이민자들을 내집단의 정당한 구성원으로 인정하도록 이끌 것인가라고 할 수 있다.

제12장

이민자들의 정치참여

한 사회의 정당한 구성원으로서 인정받기 위해서는 구성원으로서의 권리와 의무를 충실하게 수행해야 하며, 이러한 권리와 의무 중 가장 기본적인 것 중의 하나가 바로 자신이 속한 공동체를 운영하기 위한 의사결정과정에 참여하는 것, 즉 정치참여라고 할 수 있다. 이러한 관점에서 본다면, 이민자들이 거주 국가의 정치에 얼마나 적극적으로 참여하는가는 그들이 새로운 사회에 얼마나 통합되었는가를 보여 주는 주요한 척도 중의 하나라고 할 수 있다. 또한 이민자들이 정치참여를 통해 자신들의 목소리를 적극적으로 낼 때 이들의 생각과 이해관계가 정치적으로 반영될 수 있으며, 궁극적으로 내국인과 이민자 간 정치적 평등을 달성할 수 있다.

그러나 익숙한 곳을 떠나 새로운 곳에서 새로운 삶을 꾸려가야 하는 이민자들이 거주 국가의 정치에 관심을 가지고 적극적으로 참여하는 것은 결코 쉬운 일이 아니다. 더구나 선거와 관련한 많은 활동—예를 들어 선거권 및 피선거권, 정당 가입 등—에 참여하기 위해서는 시민권과 같이 일정한 법적 지위를 갖추어야 하기 때문에,* 상당한 숫자의 이민자들은 자신의 의사와 능력과 무관하게 정치참여의 기회로부터 배제되어 있다. 그러나 이러한 장애물에도 불구하고 많은 이민자들이 거주 국가의 정치에 참여하여 자신들의 목소리를 내기 위해 노력하고 있는 것도 사실이다. 이 장에서는 이민자들이 거주 국가의 정치에 참여하기 위해 어떠한 노력을 하고 있는지, 이러한 노력의 성패에는 어떠한 요인이 영향을 끼치는지, 그리고 정치참여를 통해 어떠한 정치적 결과가 나타나는지 간략하게 살펴본다.

1. 이민자들의 정치참여

민주주의 국가에서 가장 기본적인 정치참여는 선거에서 투표하는 것이다. 그리고 투표율이라는 측면에서 본다면 내국인에 비해 이민자들이 상대적으로 정치참여에 소극적이라는 사실은 부정할 수 없다. 〈그림 12-1〉에서는 유럽의 주요 국가를 대상으로 한 설문조사에서 가장 최근의 전국 단위 선거에 참여하여 투표했다고 대답한 비율을 보여 주고 있다. 슬로바키아와 같은 예외적인 국가가 존재하기는 하지만, 거의 모든 국가에서 이민자들은 내국인에 비해 상당히 낮은 수준의 투표율을 기록하는 것으로 나타났다. 비슷한 현상은 대서양을 건너 미국에서도 발견되어서, 2020년 인구총조사에 따르면 외국에서 출생한 이민자들은 60.8%의 투표율을 기록하여 67.4%의 내국인에 비해 상당한 격차를 보였다.

---

* 투표 참여가 항상 시민권을 전제하는 것은 아니다. 한국의 경우 시민권이 없는 이민자도 영주권 획득 후 3년이 지나면 지방선거에서 투표할 수 있으며, 유럽연합의 경우에도 EU 회원국 출신이라면 거주 국가의 시민권 없이도 유럽의회 선거에서 투표할 수 있다. 그러나 대통령선거나 총선과 같은 국가 수준의 선거에서는 투표에 참여하기 위해서 시민권이 필수인 경우가 대부분이다.

정치학 분야의 연구 결과에 따르면 정치적 자원 및 기술, 심리적 태도, 그리고 동원(mobilization)의 세 가지 요인이 투표에 참여하는 사람과 그렇지 않은 사람의 차이를 만드는데(Verba et. al 1995), 이민자는 내국인에 비해 이 세 가지 요인 모두에서 불리한 위치에 있을 수밖에 없다. 우선 이민자들은 교육이나 소득 수준, 직업 안정성 등 다양한 사회경제적 측면에서 어려움을 겪을 가능성이 높으며, 이는 정치에 참여하기 위한 자원과 기술을 축적하기 어렵다는 것을 의미한다. 두 번째로 이민자들은 거주 국가의 정치에 익숙하지 않으며, 이는 선거에 관심을 갖거나 특정 정당을 지지하는 등 투표에 참여하도록 이끄는 심리적 태도를 형성하기 어렵게 만드는 요인이다. 마지막으로 과거 이민자들을 정치적으로 동원하고 앞의 두 가지 장애물을 극복하도록 도와주는 역할을 했던 정당이나 사회단체들의 위상과 활동이 시간이 지남에 따라 점차 약화되었다(Wong 2006).

물론 불리한 조건에도 상당수 이민자들이 선거에 참여하여 투표하고 있는 것도 사실이다. 이를 가능하게 한 요인으로 여러 가지를 지적할 수 있겠지만,

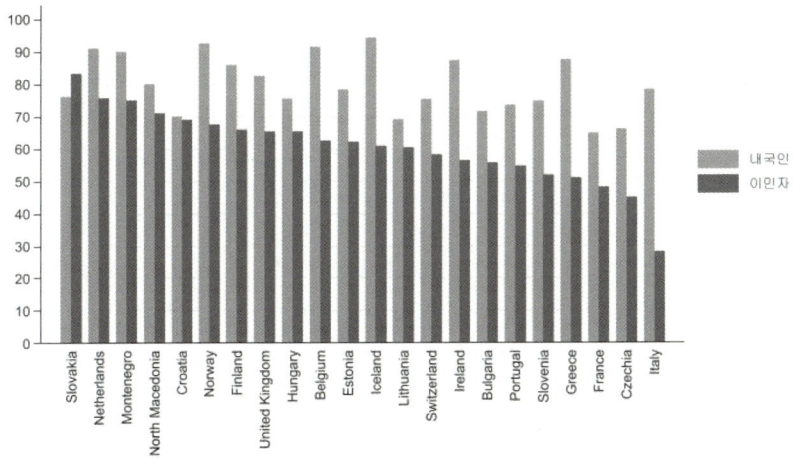

〈그림 12-1〉 유럽 국가에서 내국인과 이민자 간 투표율 차이 (%)

출처: European Social Survey, round 10 (2020–2022).

그중 가장 중요한 것은 크게 두 가지라고 할 수 있다. 첫 번째는 최소한의 언어 능력과 함께 거주 국가의 정치적 현안과 이슈 그리고 정치체제 등에 대한 지식과 경험을 쌓을 수 있는 충분한 거주 기간(length of residence)이다. 다시 말해서 거주 국가에서 오래 살아온 이민자일수록, 혹은 이민 2세대가 이민 1세대에 비해, 더 열심히 선거에 참여하여 투표한다는 것이다

두 번째는 개인적 수준에서 충분히 갖추지 못한 정치적 자원을 보충할 수 있는 집단 차원에서의 정치적 자원이다(Leighley 2001; Ramakrishnan 2005). 예를 들어 소수 인종으로서의 집단의식(group consciousness), 즉 다양한 문화적·인종적 배경에도 불구하고 이민자 혹은 소수 인종 집단의 구성원으로서 거주 국가 내에서 정치적 이해관계를 공유한다는 의식은 많은 이민자들이 불리한 사회경제적 위치에도 불구하고 선거와 정치에 적극적으로 참여하도록 이끄는 중요한 요인이 된다. 마찬가지로 인종적·문화적 이유로 인해 차별을 받은 경

어느 도시를 방문하더라도 차이나타운이나 코리아타운과 같이 이민자들이 집중적으로 모여 생활하는 지역이 있다. 이와 관련한 오랜 논쟁은 이민자 집단 거주지에 정착하는 것이 과연 정치참여에 어떠한 영향을 끼치는가이다. 한쪽에서는 이민자 집단 거주지에 살면 주류 사회와의 제한적인 접촉으로 인해 통합이 지체되고, 거주 국가의 정치에 대한 정보와 관심을 축적하기도 어렵기 때문에, 정치참여에도 소극적일 것이라고 주장한다. 반대쪽에서는 이민자 집단 거주지에 사는 것이 소수 인종으로서의 집단 의식을 강화시키고, 민족 단체와 네트워크의 도움을 받기 쉽기 때문에, 정치참여에 오히려 긍정적인 역할을 한다고 주장한다. 그러나 설문조사에 의존하는 기존 연구로는 정확한 인과관계를 밝히기 어려웠는데, 이는 정치참여에 적극적인 혹은 소극적인 이민자가 의도적으로 이민자 집단 거주지에 정착하는 것을 선택할 가능성도 있기 때문이다. 그런데 최근 흥미로운 연구는(Andersson et al. 2022; Bratsberg et al. 2021) 각각 노르웨이와 스웨덴에서 난민 재정착 프로그램을 통해 거주지가 강제로 배정된 사람들을 분석하여 같은 국가 출신과 모여 사는 것이 단기적으로는 별다른 영향이 없지만, 장기적으로는 정치참여에 긍정적인 영향을 끼친다는 점을 발견하였다. 다만 이러한 긍정적인 효과는 항상 나타나지는 않았으며, 기존 주민들이 정치참여에 적극적인 지역으로 이주한 이민자들 사이에서 관찰되었다.

험도 소수 인종으로서의 집단의식을 강화시키고, 이는 다시 이민자들의 정치 참여를 촉진하는 역할을 할 수 있다. 비슷한 맥락에서 이민자들 사이에서 형성된 민족 단체와 네트워크(ethnic organizations and networks) 역시 이들을 정치적으로 동원하고 참여를 이끄는데 중요한 역할을 수행한다.

그러나 근본적인 차원에서, 이민자들의 투표율이 내국인에 비해 상대적으로 낮다는 사실만으로 이민자들이 정치참여에 소극적이라는 단정할 수는 없다. 민주주의하에서 유권자의 정치참여는 매우 다양한 형태로 이루어질 수 있으며, 선거에서 투표하는 것은 —비록 가장 기본적이고 중요하다고 하더라도 — 다양한 정치참여의 형태 중 하나일 뿐이다. 그리고 〈그림 12-2〉에서는 이와 같은 투표 외 다양한 형태의 정치참여가 유럽의 여러 국가에서 얼마나 활발하게 이루어지는지 보여 주고 있다. 그림의 자료는 지난 1년간 각각의 정치적 활동에 참여한 경험이 있다고 대답한 비율을 보여 주고 있으며, 결과가 보여 주는 사실은 명확하다. 투표를 제외한 다른 형태의 정치적 활동에 있어서

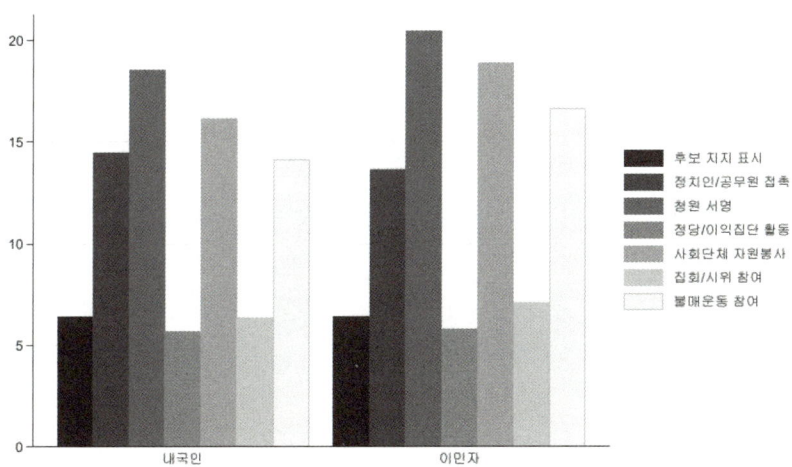

〈그림 12-2〉 유럽 국가에서 투표 외 다양한 형태의 정치참여 (%)
출처: European Social Survey, round 10 (2020-2022).

이민자들의 참여율은 내국인에 비해 결코 낮지 않으며, 청원서 서명이나 사회단체에서의 자원봉사 활동, 그리고 불매운동 등에 있어서는 이민자들 사이에서 참여한 경험이 있는 비율이 오히려 더 높게 나타났다.

투표에는 상대적으로 소극적인 이민자들이 다른 형태의 정치참여에는 내국인과 비슷하거나 오히려 더 적극적인 이유는 서로 다른 형태의 정치참여가 가지는 특성에서 찾을 수 있다. 선거에서는 수많은 이슈가 동시에 다루어지기 때문에, 투표를 통해서는 내가 중요하다고 생각하는 특정 이슈에 대해 목소리를 내기 어려운 측면이 있다. 더구나 어차피 거주국 내에서 소수 집단의 위치를 벗어나기 어려운 이민자 입장에서는 한 명이 한 표만 행사할 수 있는 선거를 통해서는 자신들의 요구를 관철시키기 어렵다. 이러한 특성으로 인해 그렇지 않아도 정치적 자원과 기술이 부족한 이민자들이 선거에 적극적으로 참여할 유인이 약하다고 할 수 있다.

반면에 다른 형태의 정치참여에서는 참여자들이 중요하게 생각하는 특정한 의제에 초점을 맞추어 활동이 진행된다. 따라서 새로운 사회에 적응하기 위해 노력하는 이민자들이 당면한 어려움에 대해 의견을 직접적으로 표출할 수 있다는 장점이 있다. 또한 투표와는 달리 이러한 형태의 정치참여는 한 개인이 제공할 수 있는 참여의 양에 있어 원칙적으로 한계가 없다. 예를 들어 나의 의지와 능력만 허락한다면 얼마든지 자주 정치인을 접촉할 수 있고, 얼마든지 오래 자원봉사에 참여할 수 있으며, 얼마든지 많은 집회나 시위에 참여할 수 있기 때문이다. 따라서 제한적인 정치적 자원이라도 효율적으로 집중할 수 있다면, 이민자들도 정치참여를 통해 자신들의 목소리를 표출할 수 있다.

물론 유권자가 특별히 요구하거나 노력하지 않아도 주기적으로 실시되는 선거와는 달리, 다른 형태의 정치참여는 참여자의 자발적인 조직과 노력을 요구하기 때문에 상당한 난이도와 바용을 수반한다. 따라서 성공적인 정치참여를 위해서는 앞서 언급했던 이민자 집단 차원의 정치적 자원이 가지는 중요성이 더욱 커진다고 할 수 있다. 특히 이민자들이 경험하고 관심을 가지는 많은 이슈가 특정 국가 출신에만 국한되지 않는 경우가 대부분이기 때문에, 개별 민족(ethnic) 집단의 경계를 넘어선 범민족적(pan-ethnic)* 차원의 정치적 자원과 동원이 적극적인 정치참여를 위해 중요한 역할을 할 수 있다.

2. 이민자 정치참여의 결과

이민자들의 정치참여는 여러 가지 측면에서 긍정적인 효과를 가져올 수 있다. 무엇보다도 이민자들의 정치참여는 이들의 정치적 통합과 역량 강화(political empowerment)에 기여한다. 많은 수의 이민자들이 다양한 정치적 활동에 적극적으로 참여할수록 이들의 정치적 영향력이 커지게 되며, 이는 다시 주류 사회가 이민자들의 현실과 요구에 주목할 수 있는 계기를 마련해 줄 수 있다. 이민자들 스스로도 정치참여를 통해 거주 국가의 정치과정에 편입되는 한편, 참여를 통해 거둔 정치적 성과는 이들의 정치적 관심과 효능감(efficacy) 증가에 도움을 줄 수 있다.

이와 더불어 이민자들의 정치참여가 이민에 대한 주류 사회의 여론에도 영향을 끼칠 수 있다. 무엇보다도 내국인들의 시각에서 이민자들이 거주 국가의 정치에 관심을 가지고 적극적으로 참여하는 모습을 새로운 사회에 동화되고 정당한 구성원으로서 받아들여지기 위한 노력으로서 긍정적으로 평가할 수 있다. 그리고 이러한 평가는 이민에 대한 긍정적인 태도로 이어질 가능성이 높다. 실제로 2006년 미국에서 보다 엄격한 이민정책을 도입하려는 시도에 항의하여 발생한 이민자들의 대규모 시위는 미국에서 태어난 —따라서 새

---

* 한국계, 중국계, 필리핀계 등이 민족적 정체성이라면, 이러한 다양한 민족 집단을 포괄하는 아시아계 미국인(Asian Americans)이 범민족적 정체성이라고 할 수 있다.

로운 정책에 의해 영향을 받지 않는— 시민들로 하여금 보다 관대한 이민정
책을 지지하도록 이끌었던 것으로 나타났다(Branton et al. 2014).

그러나 다른 한 편으로는 이민자들의 적극적인 정치참여가 내국인들에게
기존 사회질서와 자신들의 정치적 지위에 대한 도전과 위협으로 인식되고, 결
과적으로 이민에 대한 부정적인 여론으로 이어질 수 있다. 특히 이민자들의
정치참여가 사회의 보편적 이익을 희생하여 자신들의 협소한 이해관계를 추
구하는 것으로 인식된다면, 정치참여가 부정적인 결과로 이어질 가능성이 높
다. 예를 들어 네덜란드에서 실시된 한 실험 결과에 따르면, 무슬림의 정치참
여가 일반적인 이슈를 다룰 때에는 무슬림에 대한 부정적인 태도에 별다른 영
향을 끼치지 않지만 무슬림의 집단적 이익과 관련된 이슈를 다룰 때에는 무슬
림에 대한 부정적인 태도를 강화하는 것으로 나타났다(Hindriks 2014).

이민자들의 정치참여가 이민에 대한 여론에 부정적인 영향을 끼칠 가능성
은 이민자들을 정치적·사회적으로 통합하려는 정책과 관련하여 흥미로운 질
문을 던지고 있다. 한 편으로 이민자들의 문화와 권리를 인정하려고 노력하는
다문화주의 정책은 이민자들의 사회통합과 정치참여를 촉진하는 역할을 한
다(Wright and Bloemraad 2012). 그러나 동시에 다문화주의 정책의 결과로 이
민자들이 적극적으로 거주 국가의 정치에 참여하여 목소리를 내는 모습이 오
히려 이민에 대한 부정적인 태도와 엄격한 이민정책에 대한 지지를 강화함으
로써 장기적으로 다문화주의 정책의 효과를 감소시킬 수 있다는 것이다. 이와
같은 역설은 이민자들의 정치참여가 그들의 삶에 실질적인 변화를 가져오기
위해서는 단순히 정치참여에 적극적으로 나서는 것을 넘어서, 정치참여의 증
가가 거주 국가 내 이민자들의 정치적 대표성을 확대하는 성과로 이어져야 한
다는 점을 보여 주고 있다.

3. 이민자들의 정치적 대표성

이민자들의 정치참여와 그에 따른 정치적 영향력의 확대는 궁극적으로 이들의 정치적 대표성 강화로 이어질 수 있다. 〈표 12-1〉에서 볼 수 있듯이, 실제로 유럽의 주요 국가에서 적지 않은 이민자 출신 정치인들이 의회에 진출하여 활동하고 있으며, 이러한 숫자는 점차 늘어나는 추세인 것이 사실이다. 그러나 동시에 이민자 출신 의원의 비율은 전체 인구에서 이민자들이 차지하는 비중에 훨씬 미치지 못하며, 결과적으로 이민자들의 기술적(descriptive) 대표성은 여전히 매우 취약한 상태라는 점 역시 부정할 수 없는 현실이다.

〈표 12-1〉 유럽 주요 국가에서 이민자 출신 의원 비율

국가	회기	이민자 출신 의원 비율(%)
오스트리아	2008-2013	0.5
	2013-2017	2.7
벨기에	1999-2003	2.7
	2003-2007	5.9
	2007-2010	4.1
	2010-2014	7.1
덴마크	2007-2011	2.2
	2011-2015	2.2
프랑스	2002-2007	5.8
	2007-2012	2.8
독일	2002-2005	2.2
	2005-2009	3.1
	2009-2013	4.0
	2013-2017	5.9
그리스	2009-2012	0.6
이탈리아	2001-2006	0.9
	2008-2013	1.6

네덜란드	2002-2003	9.3
	2003-2006	11.8
	2006-2010	10.3
	2010-2012	12.8
스페인	2004-2008	1.0
	2008-2011	0.7
	2011-2015	0.7
스웨덴	2006-2010	12.0
	2010-2014	16.0
영국	2001-2005	8.4
	2005-2010	9.7
	2010-2015	11.2

자료: Geese (2023)

대표성이란 대표자(의원)가 정책을 결정하고 집행하는 과정에서 피대표자(유권자)의 선호와 요구가 잘 반영되는 모습을 의미한다. 기술적 대표성은 대표자가 누구인가와 관련한 문제로서, 대표자의 구성이 피대표자의 구성과 유사할수록 대표성이 확보될 수 있다는 것을 의미한다. 사회의 다양한 집단이나 계층이 골고루 대표자를 배출할수록 정책 결정과 집행 과정에서 대표되지 않는 선호와 요구가 줄어들기 때문이다. 반면에 실질적 대표성은 대표자가 누구인가와는 별개로, 실제로 대표자가 피대표자의 선호와 요구에 부응하는 활동을 하는가의 문제이다. 실질적 대표성이 반드시 기술적 대표성을 전제하는 것은 아니지만 (꼭 여성 의원만이 여성을 대표할 수 있는가?) 현실적으로 기술적 대표성 없이는 실질적 대표성을 확보하기 어려운 (남성 의원이 얼마나 여성들의 선호와 요구를 이해하고 반영할 수 있는가?) 것도 사실이다.

물론 단순히 이민자의 숫자가 늘어나고 이들의 정치참여가 활발하게 이루어진다고 해서 이민자들의 정치적 대표성이 자동으로 증가하는 것은 아니다. 이민자들의 정치적 대표성이 확대되기 위해서는 이들을 대표하는 후보가 —부족한 자원과 불리한 여건에도 불구하고— 출마하여 당선하는 것을 가능하게 하는 정치 제도와 맥락, 즉 정치적 기회구조(political opportunity structures)가 존재해야 한다. 예를 들어 이민자들이 시민권을 획득하고 정치에 참여하는 것을 도와주는 법과 제도, 비례대표제와 같이 사회적 소수자를 대표하는 정당과 후보가 의석을 차지할 수 있도록 도와주는 보다 포괄적인(inclusive) 선거제도, 그리고 선거에서 이민자들을 동원하고자 하는 유인을 제공할 정도로 충분히 경쟁적인 정당정치 등의 요인들이 이민자 집단의 정치적 영향력 및 참여와 결합한다면 이민자들의 정치적 대표성이 확대될 수 있다는 것이다(Bird et al. 2011).

이민자들에게 우호적인 정치적 기회구조를 제외하고도, 이민자의 정치적 대표성 확대를 위해서 넘어야 할 또 다른 장애물이 존재한다. 아무리 이민자들이 적극적으로 투표에 참여하고 정치적 기회구조가 우호적이라고 하더라도, 정작 이민자 출신 후보들이 주요 정당의 후보로 공천받아 출마하지 못한다면 이민자들의 정치적 대표성 확대는 제한적일 수밖에 없다. 그런데 기존 연구에 따르면 많은 국가에서 주요 정당의 지도자들이 이민자 출신 정치인들을 당선이 가능한 선거구에 공천하는데 소극적이며, 이러한 경향이 이민자들의 정치적 대표성 확대를 지연시키는 요인으로 작용하고 있다(Dancygier et al. 2021). 후보 공천이 공급 측면에서 이민자들의 정치적 대표성을 제약하는 요인이라면, 수요 측면에서는 유권자들의 편견과 차별이 대표성 확대를 제약하고 있다. 실제로 내국인 유권자의 상당수는 이민자 출신 후보에 대해 부정적인 선입견을 가지고 있으며, 결과적으로 비슷한 경력과 자질을 가진 내국인 후보에 비해 이민자 출신 후보들이 선거에서 종종 불이익을 당한다는 사실이 실험 연구를 통해 밝혀진 바 있다(Portmann and Stojanovic 2022).

그렇다면 이러한 수많은 장애물을 극복하고 이민자들의 정치적 대표성이 확대되는 것은 어떠한 의미를 가지는가? 첫 번째로 정치적 대표성의 확대는 이들이 대표하는 집단의 정치적 이해관계가 정책에 더 잘 반영될 수 있다는 것을 의미한다. 실제로 미국에서 소수 인종 출신 의원들은 법안 표결이나 의

정 활동에 있어서 소속 인종 집단의 선호와 우선 순위를 반영하여 행동한다. 그리고 소수 인종 출신 의원들이 이와 같이 행동하는 것은 단순히 선거에서의 유불리를 따지는 것이 아니라, 자신이 속한 인종 집단의 이해관계 그 자체를 추구하고자 하는 동기에서 비롯되는 것으로 밝혀졌다(Broockman 2013).

이민자들의 정치적 대표성 확대가 가져올 수 있는 두 번째 효과는 이민자들의 정치참여 증진이다. 실제로 소수 인종 출신 후보의 당선이 해당 집단 구성원의 정치적 관심과 효능감을 강화시키고, 나아가 이들의 정치참여 제고에도 긍정적인 효과를 가진다. 다시 말해서 이민자들의 정치참여와 정치적 대표성 강화 사이에는 일종의 선순환 구조가 존재한다는 것이다.

마지막으로 이민자들의 정치적 대표성 확대는 반드시 이민과 직접적으로 연관되지 않는 정책 영역에서도 변화를 이끌어 낼 가능성도 있다. 특히 이민자들은 현실적으로 내국인에 비해 사회경제적 지위가 낮을 가능성이 크다는 점에서, 이들의 정치적 대표성 확대가 사회적 약자를 대상으로 한 정책에 영향을 끼칠 수 있다. 예를 들어 미국의 주의회를 대상으로 실시한 연구에 따르면, 히스패닉계 이민자들의 대표성 확대는 주정부의 복지 지출 확대와 분명한 상관관계를 가진다(Preuhs 2007). 물론 아직까지 이민자 출신 의원의 비율이 실질적인 정책 변화를 이끌어 낼 정도의 수준에 도달한 국가가 많지 않기 때문에, 과연 이민자들의 정치적 대표성 확대가 다양한 정책 영역에 걸쳐 어떠한 영향을 끼치는지에 대한 명확한 증거는 부족한 상황이다.

4. 초국가적 정치참여

이민자 중 상당수는 새로운 국가로 이주한 이후에도 다양한 형태로 출신국과의 연계를 유지하는 경우가 많다. 많은 이민자들이 출신국에서 벌어지는 일에 관심을 가지고 정보를 공유하며, 출신국에 남아 있는 가족 및 친지들과의 교류도 이어간다. 경제적으로도 출신국의 상품을 구매하거나 거주국에서 모은 돈을 출신국으로 송금하고, 나아가 출신국과 거주국을 연계하는 기업 활동에 나서기도 한다. 그리고 정보통신기술의 발전은 공간의 제약을 최소화함으로써 국경을 넘나드는 이민자들의 초국가적인(transnational) 활동을 폭발적으로 증가시켰다. 그리고 이러한 현상은 정치참여와 관련해서도 마찬가지로 관찰된다.

정치참여라는 측면에서 나타나는 초국가적 활동의 대표적인 예는 바로 재외선거(overseas voting) 제도를 통해 거주국에서 출신국의 선거에 참여하는 것이다. 한국의 경우에도 2012년부터 거주국에서 영주권을 획득한 사람을 포함한 국외 거주자들에게 대통령선거와 국회의원선거에서 투표권을 부여하고 있다. 한 걸음 더 나아가서 미국으로 많은 이민자들이 이주한 멕시코의 경우 아예 이들에게 복수국적으로 허용함으로써 멕시코와 미국 양 쪽의 선거에 모두 참여할 수 있도록 하고 있다. 비록 재외선거 제도의 도입 배경과 이민자에게 부여하는 권리의 범위는 국가마다 상이하지만, 많은 국가에서 재외선거제도를 통해 이민자들이 출신 국가의 정치에 참여할 수 있는 법적·제도적 장치를 마련하고 있다.

출신 국가의 선거에 참여하는 것 외에도 초국가적 정치참여는 다양한 형태로 나타날 수 있다. 예를 들어 자신이 지지하는 출신국의 정치 단체나 후보를 위해 모금이나 선거 운동에 나설 수 있다. 출신국의 정책을 지지 혹은 반대하기 위해 거주국의 정부에 로비를 하거나 거주국 내에서 집회 및 시위를 조직하는 경우도 찾아볼 수 있다. 또한 거주국 내 민족 단체를 구성·조직하고, 단순히 거주국 내에서 이민자의 권익을 보호하는 것을 넘어 출신국과 거주국 사이를 정치적으로 매개하는 역할을 수행하기도 한다. 많은 경우 이민자들이 자발적으로 다양한 초국가적 정치참여에 나서기도 하지만, 때로는 거주국 정부에 대한 정치적 영향력 강화를 꾀하는 출신국의 정부나 정당이 전략적으로 정치적·제도적 지원을 제공하기도 한다. 그러나 이와 동시에 이민자들의 초국가적 정치참여는 거주국의 정치 관행과 규범을 전파함으로써 출신국의 정치에 의도치 않은 변화를 가져올 수도 있다.

초국가적 정치참여와 관련하여 가장 핵심적인 질문은 과연 출신국의 정치에 대한 관심과 개입이 거주국 내에서 이민자들의 정치적 통합에 어떠한 영향을 끼치는가이다. 한편에서는 출신국과의 연계가 거주국에서의 새로운 정체성 획득을 지연시키고, 한정된 정치적 관심과 자원을 출신국에 쏟다 보니 거주국에서의 정치참여 및 정치적 통합에 부정적인 영향을 끼친다고 우려한다. 그러나 다른 편에서는 초국가적 정치참여가 이민자들의 정치적 통합을 저해하지 않는다고 주장한다. 무엇보다도 출신국의 정치에 대한 관심과 참여가 반드시 새로운 사회의 일원으로서 정체성을 형성하는 것과 배치되지 않으며, 초국가적 정치참여를 통해 이민자들이 이후 거주국의 정치에 참여하기 위한 자원과 조직, 그리고 심리적 태도를 기를 수도 있다는 것이다.

여러 가지 상반된 증거에도 불구하고, 지금까지의 연구는 거주국의 정치에 적극적으로 참여하는 사람들이 출신국의 정치에도 관심을 가지고 참여한다는, 즉 초국가적 정치참여와 거주국에서의 정치적 통합이 서로 충돌하지 않는다는 점을 보여 주고 있다. 그렇다고 해서 초국가적 정치참여를 단순히 거주국과 출신국 중 어디에 참여할 것인가에 대한 이민자들의 선택 문제로만 이해해서는 안 된다. 초국가적 정치참여가 어떻게 나타나는가는 이민자들의 특성뿐만 아니라, 거주국 및 출신국의 정치적 기회구조, 국제기구 및 이민자 관련 다양한 비정부기구, 그리고 이민자들과 출신국을 연결해 주는 초국가적 네트워크 등 다양한 변수와 행위자들이 복합적으로 상호작용한 결과라고 할 수 있다.

5. 소결

　이민자들이 거주국의 정치에 적극적으로 참여하는 데 있어 여러 가지 장애물이 존재하는 것이 현실이지만, 동시에 많은 이민자들이 이러한 장애물을 극복하고 다양한 형태의 정치적 활동에 참여하고 있다. 특히 본 장의 논의에서 가장 핵심적인 것은 투표율이 낮다고 해서 이민자들은 정치적으로 무관심하거나 주변화(marginalized)되어 있다고 단순하게 결론을 내려서는 안 된다는 점이다. 오히려 이민자들의 정치참여는 한정된 정치적 자원을 효율적으로 사용하여 거주국에서 자신들의 목소리를 정치적으로 표출하기 위한 노력을 반영한다고 할 수 있다.

　이민자들의 투표율, 그리고 그 결과인 이들의 정치적 대표성은 여전히 이들이 거주하는 국가에서 차지하는 비율에 미치지 못하는 상황이다. 그리고 이러한 현실이 이민자들이 거주국에서 겪는 경제적·사회적 어려움과 차별이 사라지지 않는 중요한 원인 중 하나이기도 하다. 물론 정치참여가 이민자들이 경험하는 모든 문제를 해결해 줄 만병통치약은 결코 아니지만, 여러 가지 문제를 해결하기 위한 핵심적인 조건 중 하나라는 점은 부정할 수 없다. 그리고 앞서 논의했듯이 이민자들의 정치참여 증진은 이민자들의 자발적 의지에만 맡겨 둘 수 있는 문제가 아니며, 이들이 거주국의 정치에 관심을 가지고 적극적으로 참여할 수 있도록 하는 제도적 환경을 만들어 가는 노력이 반드시 필요하다.

참고문헌

김태운. 2006. "국제레짐 분석에 대한 주류 국제정치이론의 고찰: 현실주의와 신자유주의이론을 중심으로." 『담론201』 제9권 1호, 127-154.

김희강·임현. 2018. "이주노동자의 권리: 인권 대 주권의 이분법을 넘어서." 『법학논총』 제42권 4호. 133-176.

박명희. 2020. "일본, 이민국가로 전환할 것인가?: 이민국가 논의와 사회적 기반을 중심으로." 『동북아연구』 제35권 1호, 115-138.

서정민·이병하. 2013. 『외국인 정책 관련 외교통상부의 바람직한 역할』. 서울: 외교통상부.

석하림·고민희. 2022. "이민정책의 파편화와 선별적 사회통합: 한국의 외국인 근로자 정책을 중심으로." 『담론201』 제25권 2호, 103-138.

설동훈. 2016. "이민자의 시민권." 이혜경 외. 『이민정책론』. 서울: 박영사.

설동훈·김철효. 2018. 『이민자 사회통합정책 집행 전담기관 설립방안』. 과천: 법무부.

설동훈·이병하. 2013. "다문화주의에서 시민통합으로: 네덜란드의 이민자 통합정책." 『한국정치외교사논총』 제35권 1호, 207-238.

설동훈·전진영. 2016. "국회의 이민정책 결정과 정당정치: 제18대 국회를 중심으로." 『한국과 국제정치』 제32권 2호, 137-172.

송영훈. 2017. "장기화된 난민위기와 국제개발협력." 『담론201』 제20권 3호, 7-36.

신지원·송영훈·박가영·신예진. 2012. 『한국 난민정책의 방향성과 정책의제 연구』. 고양: 이민정책연구원.

유민이·이정우·최효원. 2020a. 『국경관리체계의 유형과 패러다임의 변화: 해외사례를 중심으로』. 서울: 이민정책연구원.

유민이·김도원·박성일. 2020b. 『이민정책 재정지출구조 분석: 중앙정부 세부사업 예산을 중심으로』. 서울: 이민정책연구원.

이병하. 2023. "한국에서 인구정책과 이민정책의 연계: 이민국가의 관점에서." 『담론201』 제26권 1호, 7-36.

이병하. 2021. "글로벌 난민 레짐의 변화: 「난민 글로벌 컴팩트」의 의미와 한계." 『담론201』 제22권 3호, 73-111.

이병하. 2019. "글로벌 이주 거버넌스 2.0의 등장: GCM 사례를 중심으로." 『동서연구』 제31권 4호. 5-34.

이병하. 2014. "국제인권규범과 한국의 이주민 인권." 『21세기정치학회보』 제24권 1호, 269-290.

이병하. 2013. "해외의정 리뷰: 미국 의회의 이민법 개혁 논의." 『의정연구』 제 19권 2호, 284-293.

이병하. 2011. "한국 이민관련 정책의 입법과정에 관한 연구." 『의정연구』 제17권 1호, 1-34.

이진영. 2016. "국제이민협력." 이혜경 외. 『이민정책론』 서울: 박영사.

이철우. 2024. "국적의 취득과 상실." 이철우 외. 『이민법 제3판』. 서울: 박영사.

이혜경. 2016. "이민과 이민정책 개념." 이혜경 외. 『이민정책론』. 서울: 박영사.

이혜경. 2008. "한국 이민정책의 수렴현상: 확대와 포섭의 방향으로." 『한국사회 학』 제42권 2호, 104-137.

전진영. 2009. "정책유형별 입법과정 비교분석: 정책의제의 설정 및 대안채택과정 을 중심으로." 『한국정당학회보』 제8권 2호, 35-65.

정용덕·정순영·나위문. 1996. "한국의회이 정책유형별 입법과정." 『의정연구』 제2권 1호, 197-224.

채형복. 2008. "국제이주노동자권리협약에 대한 고찰." 『법학논고』 제29권. 339-365.

최서리·이창원·신예진. 2019. 『일본의 취업이민제도 최근 변화와 정책적 함의』. 서울: 이민정책연구원.

최원근. 2022. "국제개발협력과 난민보호의 분절현상에 대한 소고: SDGs 속 난민 소외와 비호-개발 연계의 모색." 『OUGHTOPIA』 제37권 2호, 69-105.

한준성. 2023. "우크라이나 난민 위기에 대한 유럽의 대응: '환대'와 '연대'에 가려진 '인종주의'와 '동맹'" 『담론201』 제26권 3호, 7-37.

한준성. 2022. "통치성 관점에서 본 글로벌 난민정치: '국민국가 주권'에 포획된 '국가들의 사회'." 『민족연구』 제79호, 4-30.

허준영. 2025. "인구구조 변화 대응을 위한 이민정책 거버넌스 개편 방향." 『노동리뷰』 제242호, 39-52.

Andersson, Henrik, Nazita Lajevardi, Karl-Oskar Lindgren, and Sven Oskarsson. 2022. "Effects of Settlement into Ethnic Enclaves on Immigrant Voter Turnout." *Journal of Politics* 84(1): 578-584.

Atim, Grace. 2013. "The Impact of Refugees on Conflicts in Africa," *IOSR Journal of Humanities and Social Science* 14(2): 4-9.

Banting, Keith, and Will Kymlicka, eds. 2006. *Multiculturalism and the Welfare State: Recognition and Redistribution in Contemporary Democracies*. New York: Oxford University Press.

Barari, Hassan A. 2008. "Four Decades after Black September: A Jordanian Perspective," *Civil Wars* 19(3): 231-243.

Battistella, Graziano. 2009. "Migration and human rights: the uneasy but essential relationship." in *Migration and Human Rights: The United Nations Convention on Migrant Workers' Rights* edited by Ryszard Cholewinski, Paul De Guchteneire and Antoine Pécoud. Cambridge: Cambridge University Press.

Bengio, Ofra. 2014. "Surprising Ties between Israel and Kurds," *Middle East Quarterly* 21(3): 1-12.

Betts, Alexander. 2011. "Substantive issue-linkage and the politics of migration." in *Arguing*

Global Governance: Agency, lifeworld, and shared reasoning edited by Cornelius Bjola and Markus Kornprobst. London and New York: Routledge.

Betts, Alexander and James Milner. 2019. *Governance of the Global Refugee Regime*, World Refugee Council Research Paper No. 13.

Betts, Alexander and Paul Collier. 2017. *Refuge: Rethinking Refugee Policy In A Changing World*. Oxford: Oxford University Press.

Betts, Alexander and Lena Kainz. 2017. "The history of global migration governance." Working Paper Series No. 122. Oxford: Refugee Studies Centre, Oxford University.

Betz, Hans-George. 1994. *Radical Right-Wing Populism in Western Europe*. New York: St. Martin's Press.

Bloemraad, Irene, Anna Kortegweg and Gökçe Yurdakul. 2008. "Citizenship and Immigration: Multiculturalism, Assimilation, and Challeges to the Nation-State." *Annual Review of Sociology* 34: 153-179.

Boeri, Tito, Gordon H. Hanson, and Barry McCormick. 2002. *Immigration Policy and the Welfare System: A Report for the Fondazione Rodolfo Debendetti*. Oxford: Oxford University Press.

Bollard, Albert, David McKenzie, Melanie Morten, and Hillel Rapoport. 2011. "Remittances and the Brain Drain Revisited: The Microdata Show That More Educated Migrants Remit More," *World Bank Economic Review* 25(1): 132-156.

Bonjour, Saskia. 2016. "Speaking of Rights: The Influence of Law and Courts on the Making of Family Migration Policies in Germany." *Law & Policy* 38(4): 328-348.

Boswell, Christina. 2007. "Theorizing Migration Policy: Is There a Third Way?" *International Migration Review* 41(1): 75-100.

Boucher, Anna. 2016. *Gender, Migration and the Global Race for Talent*. Manchester: Manchester University Press.

Bracking, Sarah. 2023. "Sending Money Home: Are Remittances Always Beneficial to Those Who Stay Behind?" *Journal of International Development* 15(5): 633-644.

Brader, Ted, Nicholas A. Valentino, and Elizabeth Suhay. 2008. "What Triggers Public Opposition to Immigration? Anxiety, Group Cues, and Immigration Threat." *American Journal of Political Science* 52(4): 959-978.

Branton, Regina P,, Valerie Martinez-Ebers, Tony E. Carey Jr., and Tetsuya Matsubayashi. 2014. "Social Protest and Policy Attitudes: The Case of the 2006 Immigrant Rallies." *American Journal of Political Science* 59(2): 390-402.

Branton, Regina P., and Bradford S. Jones. 2005. "Reexamining Racial Attitudes: The Conditional Relationship between Diversity and Socioeconomic Environment." *American Journal of Political Science* 49(2): 359-372.

Bratsberg, Bernt, Jeremy Ferwerda, Henning Finseraas, and Andreas Kotsadam. 2021. "How Settlement Locations and Local Networks Influence Immigrant Political Integration." *American Journal of Political Science* 65(3): 551-565.

Broockman, David E. 2013. "Black Politicians Are More Intrinsically Motivated to Advance Blacks' Interests: A Field Experiment Manipulating Political Incentives." *American Journal of Political Science* 57(3): 521-536.

Brubaker, Rogers. 1992. *Citizenship and Nationhood in France and Germany*. Cambridge: Harvard University Press.

Buehler, Matt, Kristin E. Fabbe, and Kyung Joon Han. 2020. "Community-Level Postmaterialism and Anti-Migrant Attitudes: An Original Survey on Opposition to Sub-Saharan African Migrants in the Middle East," *International Studies Quarterly* 64(3): 669-683.

Burgoon, Brian. 2014. "Immigration, Integration, and Support for Redistribution in Europe," *World Politics* 66(3): 365-405.

Castles, Stephen and Mark J. Miller. 2009. *The Age of Migration*, 4th ed. Basingstoke: Palgrave MacMillan.

Castles, Stephen and Mark J. Miller. 1993. *The Age of Migration*, 1st ed. New York: The Guilford Press.

Cervantes, Mario and Dominique Guellec. 2002. "The Brain Drain: Old Myths, New Realities," *The OECD Observer* 230: 40-42.

Chun, Kyung Ock and Kwang-Il Yoon. 2013. "MIPEX and Korea: Assessment and Lessons." *OMNES: The Journal of Multicultural Society* 4(2): 27-58.

Citrin, Jack, Donald P. Green, Christopher Muste, and Cara Wong. 1997. "Public Opinion Toward Immigration Reform: The Role of Economic Motivations." *Journal of Politics* 59(3): 858-881.

Citrin, Jack, Morris Levy, and Mattehw Wright. 2014. "Multicultural Policy and Political Support in European Democracies." *Comparative Political Studies* 47(11): 1531-1557.

Coleman, David and Robert Rowthorn. 2004. "The Economic Effects of Immigration into the United Kingdom," *Population and Development Review* 30(4): 579-624.

Colombo, Enzo. 2015. "Multiculturalism: An Overview of Multicultural Debates in Western Societies," *Current Sociology* 63(6): 800-824.

Cordera, Sonia. 2015. "India's Response to the 1971 East Pakistan Crisis: Hidden and Open Reasons for Intervention," *Journal of Genocide Research* 17(1): 45-62.

Cornelius, Wayne A., Philip L. Martin, and James F. Hollifield. 1994. *Controlling Immigration: A Global Perspective*, 1st ed. Stanford, California: Stanford University Press.

Cortell, Andrew P. and James W. Davis, Jr. 1996. "How Do Institutions Matter? The Domestic Impact of International Rules and Norms." *International Studies Quarterly* 40(4): 451-478.

Dancygier, Rafaela, Karl-Oskar Lindgren, Pär Nyman, and Kåre Vernby. 2021. "Candidate Supply Is Not a Barrier to Immigrant Representation: A Case-Control Study." *American Journal of Political Science* 65(3): 683-698.

de Haas, Hein, and Sonja Fransen, 2018, *Social Transformation and Migration: An Empirical*

Inquiry. International Migration Institute, University of Amsterdam.

de Haas, Hein, Stephen Castles, and Mark J. Miller. 2020. *The Age of Migration: International Population Movements in the Modern World*, 6th ed. New York: The Guilford Press.

de Haas, Hein. 2010, *Migration Transitions: A Theoretical and Empirical Inquiry into the Developmental Drivers of International Migration*. IMI working paper 24, International Migration Institute, University of Oxford.

De Vries, Catherine E. and Sara B. Hobolt. 2023. *Political Entrepreneurs: The Rise of Challenger Parties in Europe*. Princeton, NJ: Princeton University Press.

Defoort, Cécily. 2008. "Long-term Trends in International Migration: An Analysis of the Six Main Receiving Countries," *Population* 63(2): 285-317.

Docquier, Frédéric, B. Lindsay Lowell, and Abdeslam Marfouk. 2009. "A Gendered Assessment of Highly Skilled Emigration," *Population and Development Review* 35(2): 297-321.

Dörr, Silvia, and Thomas Faist. 1997. "Institutional Conditions for the Integration of Immigrants in Welfare States: A Comparison of the Literature on Germany, France, Great Britain, and the Netherlands," *European Journal of Political Research* 31(4): 401-426.

Doyle, David, 2015. "Remittances and Social Spending," *American Political Science Review* 109(4): 785-802.

Easton, David. 1957. "An Approach to the Analysis of Political Systems," *World Politics* 9(5): 383-400.

Eberl, Jakob-Moritz, Robert A. Huber, and Esther Greussing. 2021. "From Populism to the "plandemic": Why Populists Believe in COVID-19 Conspiracies," *Journal of Elections, Public Opinion and Parties* 31(S1): 272-284.

Egger, Peter H., Maximilian von Ehrlich, and Douglas R. Nelson. 2012. "Migration and Trade," *The World Economy* 35(2): 216-241.

Ellermann, Antje. 2021. *The Comparative Politics of Immigration: Policy Choices in Germany, Canada, Switzerland, and the United States*. Cambridge: Cambridge University Press.

Escriba-Folch, Abel, Covadonga Meseguer, and Joseph Wright. 2015. "Remittances and Democratization," *International Studies Quarterly* 59(3): 571-586.

Faist, Thomas. 1994. How to Define a Foreigner? The Symbolic Politics of Immigration in German Partisan Discourse, 1978-1992. *West European Politics* 17(2): 50-71.

Felbermayr, Gabriel J. and Farid Toubal. 2012. "Revisiting the Trade-Migration Nexus: Evidence from New OECD Data," *World Development* 40(5): 928-937.

Freeman, Gary P. 1995. "Modes of Immigration Politics in Liberal Democratic States." *International Migration Review* 29(4): 881-902.

Gay, Claudine. 2006. "Seeing Difference: The Effect of Economic Disparity on Black Attitudes toward Latinos." *American Journal of Political Science* 50(4): 982-997.

Geddes, Andrew. 2003. *The Politics of Migration and Immigration in Europe*. London: Sage Publications.

Geese, Lucas. 2023. "Does Descriptive Representation Narrow the Immigrant Gap in Turnout?: A Comparative Study across 11 Western European Democracies." *Political Studies* 71(4): 1277-1297.

Gest, Justin, Carolyn Armstrong, Elizabeth Carolan, Elliott Fox, Vanaessa Holzer, Tim McLellan, Audrey Cherryl Mogan, and Meher Talib. 2013. "Tracking the Process of International Norm Emergence: A Comparative Analysis of Six Agendas and Emerging Migrants'Rights." *Global Governance* 19: 153-185.

Gibson, John and David McKenzie. 2011. "Eight Questions about Brain Drain," *Journal of Economic Perspective* 25(3): 107-128.

Girmaj, Sourafel and Zhihao Yu 2002. "The Link between Immigration and Trade. Evidence from the United Kingdom," *Review of World Economics* 138(1): 115-130.

Goodwin, Matthew and Caitlin Milazzo. 2017. "Taking Back Control? Investigating the Role of Immigration in the 2016 Vote for Brexit," *British Journal of Politics and International Relations* 19(3): 450-464.

Gozdecka, Dorota A., Selen A. Ercan, and Magdalena Kmak. 2014. "From Multiculturalism to Post-Multiculturalism: Trends and Paradoxes," *Journal of Sociology* 50(1): 51-64.

Gribble, Cate. 2008. "Policy Options for Managing International Student Migration: The Sending Country's Perspective," *Journal of Higher Education Policy and Management* 30(1): 25-39.

Gurowitz, Amy. 1999. "Mobilizing International Norms: Domestic Actors, Immigrants, and the Japanese State." *World Politics* 51(3): 413-445.

Gurowitz, Amy. 2006. "The Diffusion of International Norms: Why Identity Matters." *International Politics* 43(3): 305-341.

Hainmueller, Jens, and Michael J. Hiscox. 2007. "Educated Preferences: Explaining Attitudes towards Immigration in Europe." *International Organization* 61(2): 399-442.

Han, Kyung Joon. 2016. "Income Inequality and Voting for Radical Right-Wing Parties." *Electoral Studies* 42(1): 54-64.

Hasenau, Michael. 1991. "ILO Standards on Migrant Workers: The Fundamentals of the UN Convention and Their Genesis." *The International Migration Review* 25(4): 687-697.

Hathaway, James C. and R. Alexander Neve. 1997. "Making International Refugee Law Relevant Again: A Proposal for Collectivized and Solution-Oriented Protection." *Harvard Human Rights Journal* 10: 15-211.

Hatzigeorgiou, Andreas. 2010. "Migration as Trade Facilitation: Assessing the Links between International Trade and Migration," *The B.E. Journal of Economic Analysis & Policy* 10(1): 1-33.

Hindriks, Paul, Maykel Verkuyten, and Marcel Coenders. 2014. "The Evaluation of Immigrants' Political Acculturation Strategies." *International Journal of Intercultural Relations* 47(1): 131-142.

Hollifield, James F. and Neil Foley. 2022. "Migration Interdependence and the State." in

Understanding Global Migration edited by James F. Hollifield and Neil Foley. Stanford: Stanford University Press.

Hollifield, James F. 2004. "The Emerging Migration State." *International Migration Review* 38(3): 885-912.

Hopkins, Daniel L. 2010. "Politicized Places: Explaining Where and When Immigrants Provoke Local Opposition." *American Political Science Review* 104(1): 40-60.

Hudson, Michael C. 1978. "The Palestinian Factor in the Lebanese Civil War," *Middle East Journal* 32(3): 261-278.

Joppke, Christian. 2007. "Beyond National Models: Civic Integration Policies for Immigrants in Western Europe." *West European Politics* 30(1): 1-22.

Joppke, Christian. 1998. "Why Liberal States Accept Unwanted Immigration." *World Politics* 50(2): 266-293.

Kaihovaara, Antti and Zhen Jie Im. 2020. "Jobs at Risk? Task Routineness, Offshorability, and Attitudes toward Immigration," *European Political Science Review* 12(3): 327-345.

Kaplowitz, Craig. 2018. "The Great Repudiator and Immigration Reform: Ronald Reagan and the Immigration Reform and Control Act of 1986," *Journal of Policy History* 30(4): 635-656.

Karnitschnig, Matthew. 2018. "Angela Merkel's Political Near-death Experience in Bavarian Brawl." *Politico,* June 15, 2018.

Kettani, Houssain. 2010. "Muslim Population in Europe: 1950-2020," *International Journal of Environmental Science and Development* 1(2): 154-164.

Khan, Sarfraz, Mirza Rizwan Sajid, Maria Abbas Gondal, and Nadeem Ahmad. 2009. "Impacts of Remittances on Living Standards of Emigrants' Familiefs in Gujrat-Pakistan," *European Journal of Social Sciences* 12(2): 205-215.

Kinder, Donald R., and Cindy D. Kam. 2009. *Us Against Them: Ethnocentric Foundations of American Opinion*. Chicago: University of Chicago Press.

Lahav, Gallya. 2004. *Immigration and Politics in the New Europe: Reinventing Borders*. Cambridge: Cambridge University Press.

Leighley, Jan E. 2001. *Strength in Numbers?: The Political Mobilization of Racial and Ethnic Minorities*. Princeton, NJ: Princeton University Press.

Lyon, Alynna J. and Emek M. Uçarer. 2001. "Mobilizing Ethnic Conflict: Kurdish Separatism in Germany and the PKK," *Ethnic and Racial Studies* 24(6): 925-948.

Magalhães, Pedro C. and Rui Costa-Lopes. 2024. "Populist Radical Right Rhetoric Increases Discrimination towards Minorities: Welfare Ethnocentrism and Anti-Roma Attitudes," *European Journal of Political Research* 63(2): 787-797.

Malhotra, Neil, Yotam Margalit, and Cecilia Hyunjung Mo. 2013. "Economic Explanations for Opposition to Immigration: Distinguishing between Prevalence and Conditional Impact." *American Journal of Political Science* 57(2): 391-410.

Mayda, Anna Maria. 2006. "Who Is against Immigration? A Cross-Country Investigation of

Individual Attitudes toward Immigrants." *Review of Economics and Statistics* 88(3): 510-530.

Meer, Nasar and Tariq Modood. 2012. "How Does Interculturalism Contrast with Multiculturalism? *Journal of Intercultural Studies* 33(2): 175-196.

Michal'ák, Tomáš. 2013. "The Palestinians and the Outbreak of Civil War in Lebanon (1975)," *Asian and African Studies* 22(1): 112-130.

Money, Jeannette, and Sarah P. Lockhart. 2017. "The Paucity of International Protections: Global Migration Governance in the Contemporary Era" *Global Summitry* 3(1): 45-67.

Morgenthau, Hans J. 1950. "The Mainsprings of American Foreign Policy: The National Interest vs. Moral Abstractions," *American Political Science Review* 44(4): 833-854.

Mudde, Cas and Cristobal Rovira Kaltwasser. 2013. "Exclusionary vs Inclusionary Populism: Comparing Contemporary Europe and Latin America," *Government and Opposition* 48(2): 147-174

Mudde, Cas. 2007. Populist Radical Right Parties in Europe. Cambridge: Cambridge University Press.

Newland, Katheleen. 2019. "Global Governance of International Migration 2.0: What Lies Ahead?" Policy Brief, Washington D.C.: Migration Policy Institute.

Newman, Benjamin J. 2013. "Acculturating Contexts and Anglo Opposition to Immigration in the United States." *American Journal of Political Science* 57(2): 374-390.

OECD. 2018. *Settling In 2018: Indicators of Immigrant Integration*. Paris: OECD

Paquet, Mireille. 2015. "Bureaucrats as Immigration Policy-Makers: The Case of Subnational Immigration Activism in Canada, 1990-2010." *Journal of Ethnic and Migration Studies* 41(11): 1815-1835.

Passel, Jeffrey S., and Jens Manuel Krogstad. 2024. "What We Know about Unauthorized Immigrants living in the U.S." Pew Research Center. https://www.pewresearch.org/short-reads/2024/07/22/what-we-know-about-unauthorized-immigrants-living-in-the-us/

Pécoud, Antoine 2017. "The Politics of the UN Convention on Migrant Workers' Rights." *Groningen Journal of International Law* 5(1): 57-72.

Pedersen, Morten Jarlbæk. 2015. "The Intimate Relationship between Security, Effectiveness, and Legitimacy: A New Look at the Schengen Compensatory Measures," *European Security* 24(4): 541-559.

Pepinsky, Thomas B., Ádám Reiff, and Krisztina Szabó. 2024. "The Ukrainian Refugee Crisis and the Politics of Public Opinion: Evidence from Hungary." *Perspectives on Politics.* Published online. doi:10.1017/S1537592724000410.

Portmann, Lea, and Nenad Stojanovic. 2022. "Are Immigrant-Origin Candidates Penalized Due to Ingroup Favoritism or Outgroup Hostility?" *Comparative Political Studies* 55(1): 154-186.

Preuhs, Robert R. 2007. "Descriptive Representation as a Mechanism to Mitigate Policy Backlash: Latino Incorporation and Welfare Policy in the American States." *Political Research Quarterly* 60(2): 277-292.

Ramakrishnan, S. Karthick. 2005. *Democracy in Immigrant America: Changing Demographics and Political Participation*. Stanford, CA: Stanford University Press.

Razin, Assaf, and Efraim Sadka. 1999. "Migration and Pension with International Capital Mobility," *Journal of Public Economics* 74(1): 141-150.

Rodrik, Dani. 2011. *The Globalization Paradox: Why Global Markets, States, and Democracy Can't Coexist*. Oxford: Oxford University Press.

Rosenhek, Zeev. 2000. "Migration Regimes, Intra-State Conflicts, and the Politics of Exclusion and Inclusion: Migrant Workers in the Israeli Welfare State." *Social Problems* 47(1): 49-67.

Rubenberg, Cheryl A. 1984. "The Israeli Invasion of Lebanon: Objectives and Consequences," *Journal of South Asian and Middle Eastern Studies* 8(2): 3.

Salehyan, Idean and Kristian Skrede Gleditsch 2006. "Refugees and the Spread of Civil War," *International Organization* 60(2): 335-366.

Scheve, Kenneth F., and Matthew J. Slaughter. 2001. "Labor Market Competition and Individual Preferences over Immigration Policy." *Review of Economics and Statistics* 83(1): 133-145.

Schildkraut, Deborah J. 2011. *Americanism in the Twenty-First Century: Public Opinion in the Age of Immigration*. New York: Cambridge University Press.

Semyonov, Moshe, Rebeca Raijman, and Anastasia Gorodzeisky. 2006. "The Rise of Anti-foreigner Sentiment in European Societies, 1988-2000." *American Sociological Review* 71(3): 426-449.

Seol, Dong-Hoon. 2024. "International Migration and Socioeconomic Linkages in East Asia." in *Asianization of Asia* edited by Chang Kyung-Sup, Kim Taekyoon, and Lee Joonkoo. London: Routledge.

Shapiro, Alan Finkelstein and Federico S. Mandelman. 2016. "Remittances, Entrepreneurship, and Employment Dynamics over the Business Cycle," *Journal of International Economics* 103: 184-199.

Sides, John, and Jack Citrin. 2007. "European Opinion about Immigration: The Role of Identities, Interests and Information." *British Journal of Political Science* 37(3): 477-504.

Slinckx, Isabelle. 2009. "Migrants' rights in UN human rights conventions." in *Migration and Human Rights: The United Nations Convention on Migrant Workers' Rights* edited by Ryszard Cholewinski, Paul De Guchteneire and Antoine Pécoud. Cambridge: Cambridge University Press.

Sniderman, Paul M., Louk Hagendoorn, and Markus Prior. 2004. "Predisposing Factors and Situational Triggers: Exclusionary Reactions to Immigrant Minorities." *American Political Science Review* 98(1): 35-49.

Soysal, Yasemin Nuhoglu. 1994. *Limits of Citizenship: Migrants and Postnational Membership in Europe*. Chicago: The University of Chicago Press.

Stephenson, Andrew and Amanda Wilsker 2016. "Consumption Effects of Foreign

Remittances in Jamaica," *International Advances in Economic Research* 22: 309-320.

Strausz, Michael. 2019. *Help (Not) Wanted: Immigration Politics in Japan*. Albany: SUNY Press.

Syed, Iffath U. B. 2013. "Forced Assimilation is an Unhealthy Policy Intervention: The Case of the Hijab Ban in France and Quebec, Canada," *International Journal of Human Rights* 17(3): 428-440.

Tichenor, Daniel J. 2023. "The Development of the US Migration State." in *Understanding Global Migration* edited by James F. Hollifield and Neil Foley. Stanford: Stanford University Press.

Tichenor, Daniel J. 2002. *Dividing Lines: The Politics of Immigration Control In America*. Princeton: Princeton University Press.

Timmer, Ashley S. and Jeffrey G. Williamson. 1996. "Racism, Xenophobia or Markets?: The Political Economy of Immigration Policy Prior to the Thirties," National Bureau of Economic Research Working Paper 5867.

Torpey, John. 1999. *The Invention of the Passport: Surveillance, Citizenship, and the State*. Cambridge University Press.

Triadafilopoulos, Triadafilos. 2012. "From National Models to Indices: Immigrant Integration in Political Science." *Migration and Citizenship: Newsletter of American Political Science Association* 1(1): 22-29.

UNHCR. 2023. *UNHCR Global Trends: Forced Displacement in 2022*. Geneva: UNHCR.

UNHCR. 2022. *UNHCR Global Trends: Forced Displacement in 2021*. Geneva: UNHCR.

UNHCR. 2020. *UNHCR Global Trends: Forced Displacement in 2019*. Geneva: UNHCR.

UNHCR. 2019. *UNHCR Global Trends: Forced Displacement in 2018*. Geneva: UNHCR.

Uprety, Dambar. 2020. "Does Skilled Migration Cause Income Inequality in the Source Country?" *International Migration* 58(4): 85-100.

Uslaner, Eric M. 2002. *The Moral Foundations of Trust*. Cambridge: Cambridge University Press.

Valentino, Nicholas A., Stuart N. Soroka, Shanto Iyengar, Toril Aalberg, Raymond Duch, Marta Fraile, Kyu S. Hahn, Kasper M. Hansen, Allison Harell, Marc Helbling, Simon D. Jackman, and Tetsuro Kobayashi. 2019. "Economic and Cultural Drivers of Immigrant Support Worldwide." *British Journal of Political Science* 49(4): 1201-1226.

Vasilopoulou, Sofia. 2016. "UK Euroscepticism and the Brexit Referendum," *The Political Quarterly* 87(2): 219-227.

Verba, Sidney, Key Lehman Schlozman, and Henry E. Brady. 1995. *Voice and Equality: Civic Voluntarism in American Politics*. Cambridge, MA: Harvard University Press.

Wilson, James Q. 1973. "The Politics of Regulation." in *The Politics of Regulations* edited by James Q. Wilson. New York: Basic Books.

Wolfers, Arnold. 1952. ""National Security" as an Ambiguous Symbol," *Political Science Quarterly* 67(4): 481-502.

Wong Cara J. 2010. *Boundaries of Obligation in American Politics: Geographic, National, and Racial Communities.* New York: Cambridge University Press.

Wong, Janelle S. 2006. *Democracy's Promise: Immigrants and American Civic Institutions.* Ann Arbor, MI: University of Michigan Press.

Wright, Matthew, and Irene Bloemraad. 2012. "Is There a Trade-off between Multiculturalism and Socio-Political Integration? Policy Regimes and Immigrant Incorporation in Comparative Perspective." *Perspectives on Politics* 10(1): 77-95.

Ziguras, Christopher and Cate Grigbble. "Policy Responses to Address Student "Brain Drain": An Assessment of Measures Intended to Reduce the Emigration of Singaporean International Students." *Journal of Studies in International Education* 19(3): 246-264.

국제 이주의 정치학

국경을 넘는 사람들이 우리의 삶과 정치를 어떻게 바꾸는가?

초판 1쇄 발행 2026년 2월 9일

지은이 이병하, 장승진, 한경준
펴낸이 김선기
펴낸곳 (주)푸른길
출판등록 1996년 4월 12일 제16-1292호
주소 (08377) 서울특별시 구로구 디지털로 33길 48 대륭포스트타워 7차 1008호
전화 02-523-2907, 6942-9570-2
팩스 02-523-2951
이메일 purungilbook@naver.com
홈페이지 www.purungil.com

ISBN 979-11-7267-078-8 93340

*이병하는 이 저서의 일부가 2024년 대한민국 교육부와 한국연구재단의 지원을 받아
수행한 연구임을 밝힌다(NRF-2024S1A3A2A07046269)